Die Akkord-Skalen-Theorie & Jazz-Harmonik

Die Akkord-Skalen-Theorie & Jazz-Harmonik

RICHARD GRAF
BARRIE NETTLES

Umschlaggestaltung: 10eg
Layout und Notation: Thomas M. Zentawer
Produktion: Hans Gruber

Bestell-Nr. 11215

ISBN 3-89221-055-1

Inhalt

Vorwort

Inhalt dieses Buches ist die Jazz-Harmonik und ihre Analyse unter Verwendung der Akkord-Skalen-Theorie. Diese Methode, vor einigen Jahrzehnten vom Berklee College of Music in Boston, USA ausgegangen, ist nun – in weiterentwickelter Form – erstmals als umfassendes Lehrwerk für Studium und Selbststudium verfügbar. Dabei werden auch Aspekte der klassischen Musik und Harmonielehre mit einbezogen. Ein Rückblick auf die harmonische Entwicklung der Musik soll die Entstehungsgeschichte einiger Akkorde an Hand konkreter Beispiele klären und das Verständnis für moderne Harmonik erhöhen.

Während die übliche Verwendung von Akkord-Symbolen die Akkorde nur isoliert beschreibt, wird in diesem Buch eine Analyse-Methode gezeigt, die nicht nur die Funktion eines Akkords in Beziehung zu einer Tonart klärt, sondern auch die Beziehung der Akkorde untereinander. Das Wissen über Akkord-Strukturen und die damit verbundene vertikale Analyse bildet nur einen Teilaspekt der Harmonielehre. Erst ein umfassendes Verständnis für die Wechselbeziehung von Akkord-Folgen und den horizontalen Fluss ermöglicht ein tieferes Verstehen von „bewegender" Musik.

Professionelle Musiker unterschiedlicher Sparten benötigen heutzutage auch fundierte Kenntnisse über die inneren Zusammenhänge von Musik. Die in diesem Buch beschriebene Methode lässt sich auf unterschiedliche Stile tonaler Musik anwenden: Von Jazz und verwandten Musikrichtungen bis zu Pop und Rock. Selbst die Analyse der klassischen Musik zwischen 1650 und 1900 erhält durch sie eine neue Dimension. Viel Vergnügen und Erfolg auf der Reise durch die Welt der Akkord-Skalen-Theorie und der Jazz-Harmonik.

Danksagung

Wir bedanken uns herzlich bei folgenden Personen für die Mithilfe bei der Entstehung dieses Buches:

- Mag. Michaela Mohr für sprachliche Überarbeitung und Korrekturen.
- Steve Rochinski für musikalische Diskussionen und Vorschläge.
- Dr. Bob Myers für das Korrektur lesen der englischsprachigen Auflage.

Einleitung

Jazz-Harmonik und klassische Musik

Jazz – ca. 100 Jahre jung – ist eine Kunstform, die aus der Verbindung afrikanischer und europäischer Musik auf amerikanischem Boden hervorgegangen ist. Afrikanische Musik ist im Wesentlichen von Melodik und Tanz geprägt, welche eine akkurate und facettenreiche Rhythmik aufweisen. Die Musik der westlichen Hemisphäre ist von einer traditionsreichen Harmonik bestimmt. Beide Einflüsse waren notwendig für die Entstehung des Jazz.

Spirituals zeigen eine direkte Verbindung zwischen der Harmonik europäischer protestantischer Musik und der schwarzen Interpretation von Melodie und Rhythmus. Dieses Phänomen ist auch in anderen frühen Jazz-Stilen zu beobachten: Der Ragtime lässt Einflüsse europäischer Marschmusik erkennen. Umgekehrt hat der Ragtime wieder klassische Komponisten wie Claude Debussy und Charles Ives inspiriert.

Auch nachdem Jazz schon seine eigene Sprache gefunden hatte, hörte dieser gegenseitige Austausch nicht auf. Komponisten und Interpreten erweiterten durch Mischen verschiedener Stile und rhythmischer bzw. harmonischer Elemente ihre musikalische Ausdrucksweise. Das offensichtlichste und markanteste Beispiel dieses gegenseitigen Austauschs findet sich bei George Gershwin, der einerseits Elemente des Jazz in seine Musik einfließen ließ (was zu seiner Popularität beitrug) und andererseits mit seinem Stück „I Got Rhythm" das harmonische Gerüst für „Rhythm Changes" geprägt und somit einen wichtigen Grundstein für die Ära des Bebop-Jazz gelegt hat.

Dieser musikalische Austausch ist heute stärker als je zuvor und betrifft nicht mehr ausschließlich das Tonmaterial, sondern hat sich auch auf Instrumentierung und Aufführungspraxis ausgeweitet. Während sich der Jazz von der reinen Nachtclub- und Caféhaus-Musik löst und sich zu einer konzertanten Kunstform entwickelt, gibt es starke Tendenzen, Elemente der Improvisation und die Instrumentierung des Jazz (elektrisch verstärkte bzw. elektronische Instrumente) in die europäische zeitgenössische Kunstmusik mit einzubeziehen.

Die Beschäftigung mit klassischer Musik war für Jazzmusiker immer wieder anregend; das Interesse nahm mit jeder neuen Generation zu: Benny Goodman, John Coltrane, Bill Evans, Wynton Marsalis bis zu Keith Jarrett und viele mehr (vergleiche: „Classical Influences on Jazz", Journal of Jazz Studies, Vol.3 Spring 1976). Dieser Einfluss hat sich deutlich in der Harmonik des Jazz niedergeschlagen und mündete in der Zusammenfassung aller harmonischen Phänomene tonaler Musik bzw. deren Weiterentwicklung. Diese vom Jazz absorbierte harmonische Reichhaltigkeit wird deutlich, wenn man einen Blick auf die Musikgeschichte und einige typische Merkmale ihrer Epochen wirft:

Modalität; Entwicklung der Mehrstimmigkeit	Mittelalter und Renaissance 900-1600
Dur-Moll-Harmonik; Sequenzierung und Quintfall-Sequenzen; 4-stimmiger Satz	Barock 1600-1750
Vorherrschaft der Hauptfunktionen; Dominant-Sept-Akkord	Wiener Klassik 1750-1820
Verstärkter Einsatz von Neben-Sept-Akkorden mit Erweiterung (Sept-None-Akkorde), zunehmende Chromatik, verminderte Sept-Akkorde, alterierte Akkorde	Romantik 1820-1900
Verwendung von bislang ungebräuchlichen Skalen (Ganztonleiter, Pentatonik,...); klanglich erweiterte Akkorde, Parallelführung, Modalität, unregelmäßig konstruierte Phrasen	Impressionismus 1880-1920
Nichtfunktionale, freitonale und atonale Elemente, Akkorde als Klangfarben, Cluster; Quarten-, Quinten-Harmonik	Musik des 20. Jahrhunderts

Inhalt und Aufbau des Buches

Im Mittelpunkt dieses Buches steht die so genannte Akkord-Skalen-Theorie. Sie beschreibt die unmittelbare Beziehung von Akkorden und Skalen, die nicht unabhängig voneinander, sondern als eine Einheit mit zwei verschiedenen Ausprägungen betrachtet werden und eine auf ein Tonzentrum bezogene Funktion haben.

Die folgenden Seiten dieser Einleitung enthalten eine kurze Entwicklungsgeschichte der Harmonik, eine Einführung in die Akkord-Skalen-Theorie und eine Besprechung der Unterschiede in der Anwendung moderner im Vergleich zur klassischen Harmonielehre.

Die einzelnen Kapitel sind in zunehmender Komplexität angeordnet und setzen die Kenntnis vorangehender voraus. Deshalb empfiehlt sich zum Verständnis des Buches die chronologische Aufarbeitung des gesamten Materials. Sollte der Leser bereits Vorkenntnisse besitzen und sich nur mit einzelnen Kapiteln beschäftigen, muss sichergestellt werden, dass die verwendeten Fachausdrücke, Analyseverfahren und Symbole verstanden und in der korrekten Bedeutung verwendet werden. Diese lassen sich im Anhang nachschlagen, zur genauen Klärung der Bedeutung wird aber zusätzlich das Lesen vorangehender bzw. korrespondierender Kapitel empfohlen. Voraussetzung für ein erfolgreiches Studium dieser Lektüre ist ein allgemeines musikalisches Grundwissen.

Englische Bezeichnungen, die sich im deutschen Sprachraum bereits eingebürgert haben oder für die es kein Äquivalent in der deutschsprachigen Musiktheorie bzw. keine prägnante Übersetzung gibt, werden unverändert übernommen, auch um die Kompatibilität zur englischsprachigen Literatur zu wahren. Deutsche Übersetzungen werden manchmal als erklärende Ergänzung hinzugefügt.

Theorie und Praxis

Die harmonischen Phänomene tonaler Musik und ihr Zusammenwirken münden mit der vorliegenden Akkord-Skalen-Theorie in ein Konzept, welches theoretisch durchdacht und begründet ist und über Jahrzehnte praktisch erprobt wurde.

Da diese Harmonielehre von der Rezeption ausgeht, sollte die Analyse immer mit dem Hören und einer intensiven Klangvorstellung in Verbindung stehen. Das bedeutet, den Klang eines Akkords einer Funktion zuordnen zu können und umgekehrt eine geistige Klangvorstellung von notierter Musik zu haben. Es ist dazu kein absolutes Gehör notwendig. Funktionales Hören, welches das Erkennen von Spannung und Entspannung in einem harmonischen Verlauf und das Zuordnen zu den Funktionsgruppen beinhaltet, in Verbindung mit dem relativen Hören, welches das Erkennen von Intervallen und Stufen ermöglicht, bieten dem Musiker einen Zugang zur Musik, der wichtiger ist als die absolute Beschreibung einer Tonhöhe. Funktionales und relatives Hören sind erfahrbar und daher trainierbar. Das Studium dieses Buches soll mit einer Sensibilisierung und Differenzierung des Hörens und einer Intensivierung der Klangvorstellung einhergehen.

Die abgedruckten Notenbeispiele, welche typische Erscheinungen der Praxis aufgreifen, sollen den Text veranschaulichen und als erster Einstieg für die hörbare Umsetzung am Klavier dienen. Grundkenntnisse des Klavierspiels sind daher von Vorteil.

Es sei nochmals darauf hingewiesen, dass diese Methode in der Praxis entstanden ist und für die Praxis geschaffen wurde. Obwohl sich das vorliegende Werk mit der „Theorie" der Akkord-Skalen befasst, trifft dieser Begriff nur insofern zu, als es sich hier um den Versuch handelt, verschiedene musikalische Erscheinungen in ein umfassendes Konzept und schließlich in Buchform zu bringen.

Die Entwicklung der Harmonik

Der Kernpunkt tonalitätsbezogener Musik ist die **Dur-Moll-Harmonik.** In der uns bekannten Form ist sie um 1650 entstanden und blieb bis heute ein wesentlicher Faktor der Musik. Basis dieser Musik ist die gleichmäßig temperierte Stimmung, welche das Spielen und Transponieren von Stücken in allen Tonarten erlaubt. In Verbindung mit der Entwicklung der Dur-Tonleiter entstand eine neue Art des Zusammenklangs.

Skalen

ein geschichtlicher Überblick

Die Musik des Mittelalters und der Renaissance (von ca. 900 bis ca. 1600) war von den so genannten **Kirchentonarten** oder **Modi** geprägt (lat. modus: Art, Weise, Melodie). In der Kirchenmusik blieben sie noch bis ca. 1700 relevant.

Die Bezeichnungen für die Kirchentonarten stammen aus der griechischen Antike: Seit dem 9. Jahrhundert wurden die Gesangsmodi gelegentlich mit den Namen griechischer Völker, wie Dorer, Phrygier, etc., in Verbindung gebracht. Aber durch Überlieferungsfehler bzw. Fehlinterpretationen wurden die Namen den Skalen falsch zugeordnet, so dass z.B. der dorische Modus des Mittelalters nichts mit dem antiken „dorisch" zu tun hat.

Die Zeit von ca. 1400-1600 (Renaissance = Wiedergeburt) ist durch eine intensive Auseinandersetzung mit der Antike gekennzeichnet:

Franchino Gaffurio (1451-1522) greift in **„Practica musicae"** (Milan, 1496) die griechischen Namen wieder auf.

Heinrich Glarian (1488-1563) glaubt in seinem theoretischen Lehrwerk **„Dodekachordon"** (Basel, 1547), das modale System der griechischen Antike rekonstruiert zu haben. Zum ersten Mal führt er die äolische Tonleiter mit dem Ausgangston A und die ionische Tonleiter mit dem Ausgangston C ein. Damit wurde die Ausgangsbasis der Dur-Moll-Harmonik geschaffen.

Gioseffo Zarlino (1517-1590) beschreibt in **„Le Institutioni Harmoniche"** (Venedig, 1558) die „neuen" Modi als sehr verschieden von den griechischen Modi, welche nach antiken Völkern, in Übereinstimmung mit ihren kulturellen Eigenheiten, benannt wurden. Während die „modernen" Skalen ausschließlich auf melodischen und harmonischen Faktoren beruhen, wurden bei den antiken Modi auch rhythmisch-metrische Überlegungen, Affekte, typische Instrumente und Instrumentalbegleitung mit einbezogen. Zarlino schuf die Grundlage der für die weitere Entwicklung der Musik wichtigen Dreiklangsharmonik, indem er alle Akkorde auf Dur und Moll zurückführte.

Das heute noch benutzte **System der modalen Skalen** geht im Wesentlichen auf Glarian zurück und repräsentiert das Tonmaterial des 16. Jh.s.

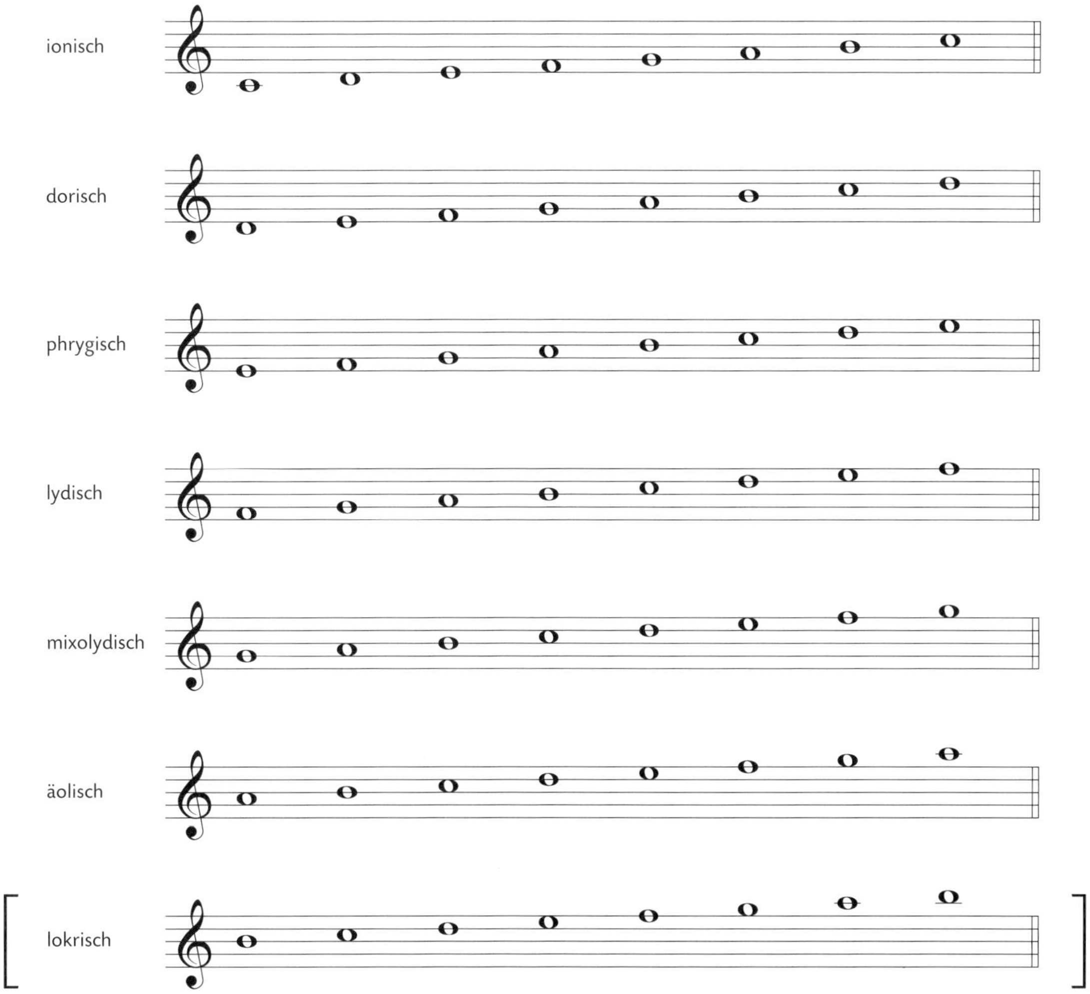

Lokrisch wurde aufgrund seines Aufbaus (instabile Tonika, da Quint vermindert) in der alten Musik nie verwendet.

Der Ausgangston bzw. das melodische Zentrum wurde auch als **Finalis** (Zielton) bezeichnet. Die vorangehende Darstellung zeigt die so genannten authentischen Skalen, bei denen der tiefste Ton gleichzeitig die Finalis ist. Um den verschiedenen Stimmlagen gerecht zu werden, gab es früher zusätzlich Komplementärskalen (plagale Skalen). Sie liegen um eine Quart tiefer, wodurch sich zwar der Tonumfang (= Ambitus) verschiebt, die Finalis jedoch gleich bleibt.

Durch die heute verwendete gleichschwebend temperierte Stimmung können auch Modi transponiert werden. Die Verwendung von Kirchentonarten in neuerer Musik, z.B. Jazz, sowie ihre Handhabung in diesem Buch, berücksichtigen nur die Finalis (=Tonzentrum) und nicht mehr den Tonumfang, weshalb eine Unterscheidung zwischen authentisch und plagal nicht mehr notwendig ist.

Wie bereits erwähnt waren die Kirchentonarten bis ca. 1650 bzw. 1700 (geistliche Musik) relevant. Danach wurden sie vom Dur-Moll-System abgelöst, welches die Musik der nächsten 150 Jahre dominierte, die heute unter dem Begriff „tonale Musik" zusammengefasst wird. Ende des 19. Jh.s gab es ein erneutes Interesse an Kirchentonarten als Reaktion auf die gesättigte chromatisch durchsetzte Dominant-Harmonik.

Wichtig: In diesem Buch werden modale und davon abgeleitete Skalen zur Beschreibung funktionaler Zusammenhänge (Akkord-Skalen) und nicht zur Beschreibung modaler Musik herangezogen. Deshalb kann man auch nicht von Kirchentonarten sprechen, denn es handelt sich nicht um eine Tonart (wie z.B. Dur oder Moll), sondern um Tonleitern, die je nach Erfordernissen eingesetzt werden.

Harmonik

Ein geschichtlicher Überblick

Die erste Harmonik im weitesten Sinn begann mit dem Verdoppeln einer Singstimme (unisono oder in Oktaven). Diese Erscheinung entspricht dem natürlichen unterschiedlichen Register von Mann und Frau, hat aber nichts mit akkordischem Denken zu tun.

Im Mittelalter wurde eine Quint (seltener eine Quart) hinzugefügt. Dieser Stil wird auch **Organum** genannt. In der Obertonreihe ist die Quint – nach dem Unisono und der Oktave – das nächste perfekte Intervall. Es war also noch immer eine Art der Verdoppelung.

In der Zeit zwischen 1450 und 1600 (Renaissance) war die Harmonik ein Resultat der Kombination einzelner Stimmen und ihrer konsonanten bzw. dissonanten Beziehungen. Es unterschied sich von dem, was wir heute unter Harmonik verstehen.

Wie bereits erwähnt war **Gioseffo Zarlino** (1517-1590) der Erste, der alle Akkorde in Dur und Moll einteilte („Le Institutioni Harmoniche", Venedig 1558). Dies war die Basis für die Dreiklangsharmonik.

Um 1600 war der Dreiklang, der durch Übereinanderschichtung zweier Terzen entsteht, bereits etabliert und das wichtigste musikalische Element. Akkorde, die durch Schichtung einer Terz und einer Quart entstehen und heute als erste Umkehrung betrachtet werden, bildeten eine weitere, aber nicht so häufig verwendete Akkord-Struktur. Zu dieser Zeit entwickelte sich auch die Praxis, eine Melodie mit Akkorden zu begleiten:

Generalbass bzw. Bezifferter Bass. Diese Praxis war in der Barockzeit (1600-1750) allgemein üblich. Es wurde vom Spieler eines Tasteninstruments erwartet, die Begleitung von Noten durchzuführen, die nur aus einer Bassstimme und einigen zusätzlichen Zeichen (Ziffern) bestanden, welche die zu spielenden Intervalle kennzeichneten. Zur Zeit der Entstehung des Generalbass-Spiels war die Theorie vom Akkord-Grundton und den Umkehrungen noch nicht etabliert. Deshalb wurden Akkorde durch die Beschreibung von zwei Intervallen über einem vorgegebenen Basston konstruiert. Meistens wurden vierstimmige Akkorde verwendet, die durch Verdoppeln eines Akkordtons entstehen.

Wie der Generalbass bestimmte Kenntnisse über Stimmführung voraussetzt, erfordern Symbole, die im Jazz und verwandter Musik verwendet werden, Kenntnisse über Harmonielehre und Akkord-Skalen.

Jean-Philippe Rameau (1683-1764), einer der bedeutendsten Theoretiker des 18. Jh.s, führte die grundlegenden Konzepte funktionaler Analyse ein und prägte die Namen der Primär-Akkorde: Tonika, Subdominante, Dominante. In „Traité de l'harmonie" (1722) setzte er sich mit der Umkehrung von Akkorden auseinander. Dies bedeutete eine Weiterentwicklung der Harmonielehre und beeinflusste andere, später veröffentlichte theoretische Werke. Ab diesem Zeitpunkt wurden Akkorde auf deren Grundposition zurückgeführt und sie wurden vom Grundton aus benannt und analysiert.

Hugo Riemann (1849-1919) reorganisierte Rameaus System der drei Akkordgruppen (Tonika, Subdominante und Dominante) und entwickelte es weiter zu einer umfassenden Methode. In seinem Buch über Harmonielehre (1880) führte er neue Analyse-Symbole ein. Sein Konzept ist als funktionale (oder funktionelle) Harmonielehre bekannt, da jede Funktionsgruppe besondere Charakteristika und Tendenzen im Zusammenspiel von Akkord-Folgen hat. Während die Tonika das stabilste Tonzentrum einer tonalen Akkord-Folge repräsentiert, hat die Dominante die stärkste Tendenz zur Auflösung in die Tonika. Jeder diatonische Akkord kann einer Funktionsgruppe zugeordnet werden.

Einführung in die Akkord-Skalen-Theorie

Wie bereits erwähnt sind viele Elemente der klassischen Harmonik in den Jazz eingeflossen. Es ist daher auch nicht verwunderlich, dass dort ebenso musiktheoretische Grundlagen der klassischen Harmonielehre, insbesondere der Funktionsharmonik, wieder zu finden sind. Sie haben sich aber zu einem umfassenden, eigenständigen Konzept weiterentwickelt, welches der Mittelpunkt dieses Buches ist: Die Akkord-Skalen-Theorie.

Tonale funktionale Harmonielehre arbeitet mit Akkorden, die durch Terzschichtung entstehen. (Unter tonaler, traditioneller = klassischer Harmonielehre versteht man die Zusammenfassung allgemeiner Regeln, die sich auf die Musik der Zeit von ca. 1650 bis ca. 1900 anwenden lassen.) Während der Grundbaustein der klassischen Lehre der Dreiklang ist, geht die Akkord-Skalen-Theorie vom Vierklang aus, der aus drei auf einen Grundton aufbauenden Terzen (Grundton, Terz, Quint und Sept) besteht. Die harmonischen Funktionen bleiben prinzipiell gleich (Tonika, Subdominante, Dominante).

Es gibt einen entscheidenden Unterschied zwischen der Akkord-Skalen-Theorie und traditioneller Analyse. Letztere beschreibt Musik für theoretische Zwecke, ohne die potenziellen Möglichkeiten, die in den vorgegebenen harmonischen Strukturen liegen, zu berücksichtigen und eventuell praktisch anzuwenden. Jazz und verwandte Stilrichtungen sind Kunstformen, die primär nicht ein und dieselbe Version eines Stücks über Jahrhunderte gleich reproduzieren, sondern sich mit Improvisation, Innovation und Arrangement beschäftigen.

Die Akkord-Skalen-Theorie beschreibt einen Akkord oder eine Akkord-Progression (= Akkord-Folge) mit all ihrem tonalen Potenzial. Neues musikalisches Material lässt sich einfach durch Analysieren eines Stücks und die Zuordnung der richtigen Akkord-Skalen ableiten.

Es mag für klassische Komponisten und Musiker interessant sein, klassische Werke mit Hilfe der Akkord-Skalen zu analysieren. Es eröffnet einen neuen Weg für Verständnis und Komposition von Musik. Musik soll kein unabänderliches Relikt der Vergangenheit sein.

Die Akkord-Skalen-Theorie beschreibt die **Wechselwirkung zwischen Akkorden und Skalen.** Diese bilden eine funktionale Einheit mit zwei unterschiedlichen Ausprägungen, wobei jede die Eigenschaften der jeweils anderen repräsentiert. Akkorde stellen eine vertikale Tonkonstruktion dar, während Skalen eine horizontale (lineare) Tonfolge beschreiben. Erweiterte Akkorde, die durch zusätzliche Terzschichtung aufgestockt wurden (7-stimmig), enthalten bereits alle Töne der dazugehörigen Skala. Bringt man deren vertikale Struktur in eine horizontale, so ensteht die zum Akkord passende Skala. Natürlich gilt dieses Prinzip auch umgekehrt.

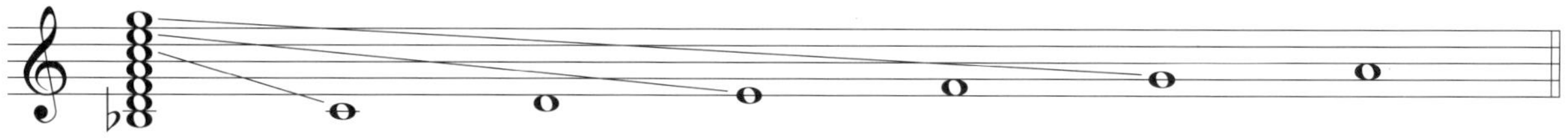

Welche Akkord-Struktur samt dazugehöriger Skala (= Akkord-Skala) in einer harmonischen Verbindung zur Anwendung kommt, wird von der Funktion des Akkords bestimmt. Wie die Funktion eines Akkords bestimmt wird und welche Akkord-Verbindungen es gibt, ist Thema folgender Kapitel. Zur Namensgebung der Skalen werden die Kirchentonarten herangezogen. Diese Zuordnung geschieht aber immer in einem funktionalen Kontext und darf nicht mit der Verwendung einer Kirchentonart (Modus; modale Komposition) verwechselt werden. In dem oben gezeigten Beispiel etwa besteht das Tonmaterial aus der F Dur Tonleiter und beginnt auf der IV. Stufe (B$\flat$maj$^{7\sharp 11}$). Die Bezeichnung dieser Skala ist daher lydisch. Das heisst aber nicht, dass das ganze Stück (wie in einem modalen Kontext) nur aus dieser Skala besteht, sondern sie wechselt mit jedem Akkord. Daher wird diese Art der Untersuchung auch als vertikale Analyse bezeichnet, während die tonartbezogene Analyse horizontal ist.

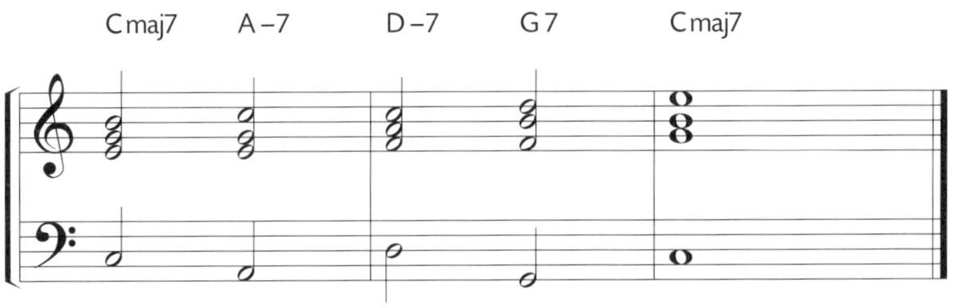

> **Vertikale und horizontale Analyse:**
>
> **Horizontal:** Alle Akkorde enthalten dasselbe Tonmaterial, die C Dur-Tonleiter. Funktioniert nur mit diatonischen Akkord-Verbindungen.
>
> **Vertikal:** Jedem Akkord wird, abhängig von seiner Funktion, eine eigene Skala zugeordnet: Cmaj7 = ionisch, A–7 = äolisch, D–7 = dorisch, G7 = mixolydisch.

Beide Resultate sind in Bezug auf das Tonmaterial gleich, aber nur die zweite Methode berücksichtigt die Qualität jedes Skalentons in Beziehung zum Akkord.

Wenn die Akkorde nicht-diatonische Töne enthalten, ist die vertikale Analyse notwendig. Der zweite Akkord des folgenden Beispiels enthält ein C♯, obwohl die Akkord-Folge definitiv in der Tonart C Dur steht. Das tonale Material für diese Akkord-Skala leitet sich aus der Alteration des Tons C zum C♯ ab.

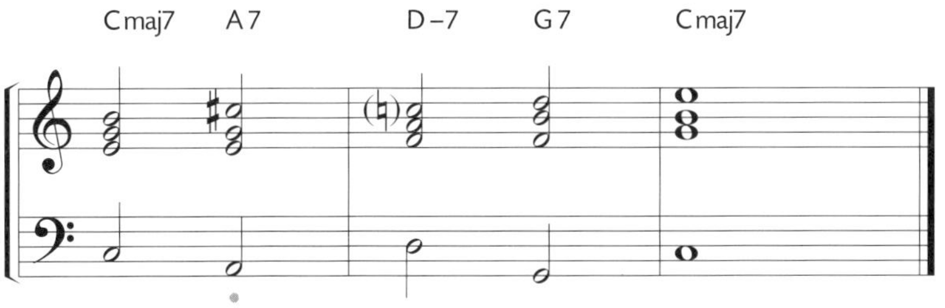

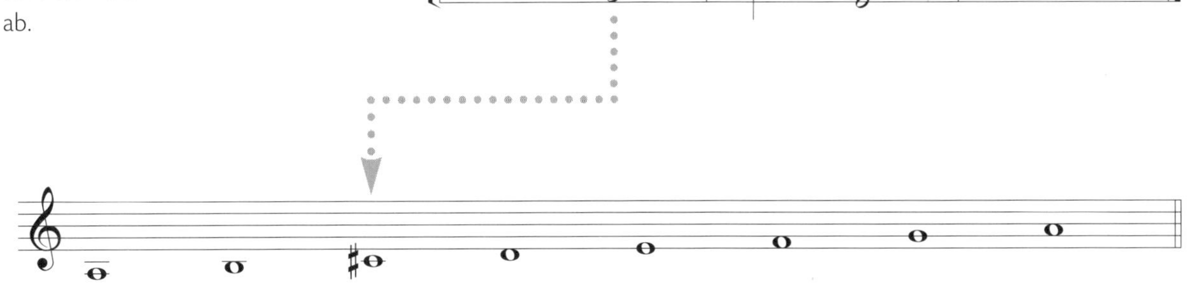

Akkord-Skalen haben drei Grundqualitäten:

1. **Akkordtöne:** Der Vierklang ist die Grundstruktur.
2. **Tensions** (=Akkord-Erweiterungen, Spannungstöne, Optionen): Zum Grundakkord (durch weitere Terzschichtung) hinzugefügte Töne, die spezielle Farben und Spannungen erzeugen.
3. **Avoid-Noten:** Töne, die im Akkord stark dissonant klingen und deshalb vermieden werden.

Zur Beschreibung und **Analyse** von harmonischen Progressionen werden römische Ziffern und einige zusätzliche Symbole herangezogen. Daraus ergibt sich eine Symbolsprache, die erlaubt, die Funktion eines Akkords und seine Beziehung zur gegebenen Tonart und zu anderen Akkorden zu definieren. Dies ist Voraussetzung für eine klare, vollständige Analyse.
Folgende **Akkord-Kategorien** werden in der Akkord-Skalen-Theorie verwendet:

- Primär-Akkorde (diatonische Akkorde)
- Sekundär-Dominanten und bezügliche II–7 Akkorde
- Sequenz-Dominanten
- Substitutions-Dominanten
- Sequenz-Substitutions-Dominanten
- Modale Austausch-Akkorde (einschließlich Subdominant-Moll-Akkorde)
- Blues-Akkorde
- Akkorde mit speziellen Funktionen
- Nicht-funktionale Akkorde

Anwendung der Akkord-Skalen-Theorie

Unterschiede und Ähnlichkeiten im Vergleich zur traditionellen Harmonik:

Tonarten-Beziehungen: Es sei darauf hingewiesen, dass die englischsprachige Literatur den im deutschsprachigen Raum verwendeten Begriff „Paralleltonart" als „Relative Key" (z.B.: C Dur – A Moll) und den Ausdruck „Gleichnamige Tonart" (z.B.: C Dur – C Moll) als „Parallel Key" bezeichnet. In diesem Buch werden die traditionellen (deutschsprachigen) Begriffe beibehalten.

Tonleitern: Die melodische Moll-Tonleiter ist auf- und absteigend gleich (siehe *Moll-Harmonik*).

Stimmführung: Parallele Oktaven und Quinten sind generell erlaubt und oft erforderlich. Sie kommen in der tonalen klassischen Musik (1650-1900) kaum vor, weil ihr eigenständiger, starker Klangcharakter die Ausgewogenheit eines musikalischen Satzes bzw. die Selbständigkeit melodischer Einzelstimmen mitunter störend beeinflusst, und nicht, wie so oft publiziert, weil sie an sich schlecht klingen (Oktaven und Quinten sind die reinsten Konsonanzen). Im Jazz können parallele Oktaven und Quinten problemlos eingesetzt werden, was darauf zurückzuführen ist, dass Parallelität typisch für Jazz ist bzw. dass Akkorde als funktionale Klangereignisse und weniger als das Ergebnis individueller Einzelstimmen gehört werden.

Die Lage der Akkorde (Terz-, Quint-, Oktavlage) ist nicht fix vorgegeben und hängt, wie auch die tatsächlich verwendeten Akkordtöne und ihre Position (=„Voicing"), vom Können und Ermessen des Arrangeurs oder des ausführenden Musikers ab. Slash-Akkorde (Umkehrungen, „Hybrids") und polytonale Akkorde enthalten auch genauere Informationen zum Aufbau eines Voicings (siehe *Voicing-spezifische Akkord-Strukturen und Symbole*). Sie treten erst im moderneren Jazz häufiger auf.

Es gibt Unterschiede zwischen der in diesem Buch verwendeten und der traditionellen Schreibweise, bzw. zwischen dem deutsch- und englischsprachigen Raum.

Noten- und Akkordschreibweise: Es kommt die internationale Notenschreibweise zur Anwendung (H = B und B = B♭). Mit einem „♭" oder „♯" können die Stammtöne erniedrigt oder erhöht werden.

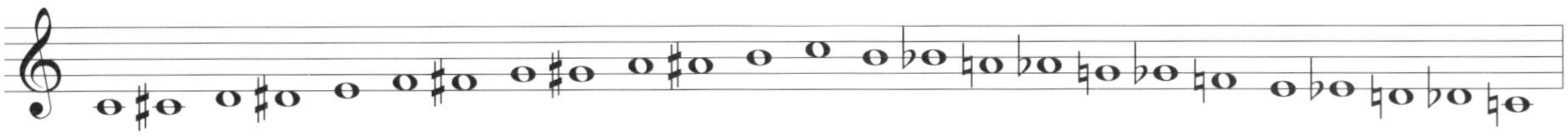

Akkorde und römische Ziffern (Stufenbezeichnungen für die Analyse) werden im Gegensatz zur klassischen Harmonielehre immer groß geschrieben, unabhängig davon, ob es sich um einen Dur-, Moll-, oder anderen Akkord handelt (siehe *Harmonische Strukturen*). Im Jazz steht die Eindeutigkeit und einfache Lesbarkeit im Vordergrund.

Enharmonik: Aus den vorher genannten Gründen werden auch Doppelkreuze und Doppel-♭ vermieden, z. B.:

Cx = D, G♭♭ = F

Nummerieren von Skalenstufen: Jedem Ton einer Akkord-Skala wird eine Zahl von 1 bis 13 zugeordnet. (Ziffern, die in Klammer stehen, werden üblicherweise von den eine Oktave tiefer liegenden ersetzt.) Die 9, 11 und 13 sind wichtige Indikatoren einer Akkord-Skala. Die 7. Tonstufe einer Dur-Tonleiter ist maj7 und nicht 7, die für eine kleine Sept steht.

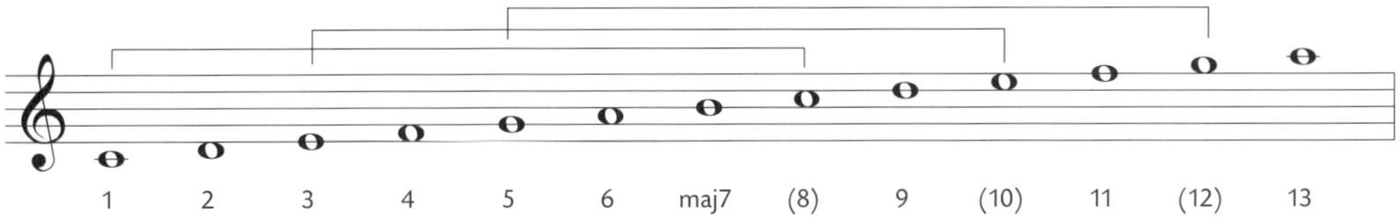

Alterationen sehen folgendermaßen aus: kleine Terz = –3; verminderte Quint = °5 oder ♭5, übermäßige Quint = +5; kleine Sept = 7 (oder zur Verdeutlichung auch –7 bzw. ♭7), verminderte Sept = °7. Auch Tensions werden mit entsprechenden Vorzeichen versehen.

Intervalle: Alternativ zum Namen eines Intervalls kann auch die entsprechende Zahl mit eventuellen Vorzeichen verwendet werden, z.B.:

Tredezime = 13, übermäßige Undezime = ♯11, kleine None = ♭9, kleine Sept = 7

Oktaveinteilung: Im englischsprachigen Raum hat sich die Tonhöhenbezeichnung nach dem Vorbild des Klaviers durchgesetzt. Demnach wird das tiefste C auf dem Klavier als C1 bezeichnet. Unser c' ist demnach das C4 (wird auch als mittleres C bezeichnet). Diese Schreibweise wird von der „International Acoustical Society" empfohlen.

1 Harmonische Strukturen

Sept-Akkorde

Einige der nun folgenden Informationen mögen manchen Lesern trivial erscheinen. Um jedoch eine gemeinsame Sprache als Grundlage sicherzustellen, ist es ratsam, diese nicht zu überspringen. Akkord-Strukturen, ihre Bezeichnungen und Schreibweisen werden oft nachlässig behandelt, was zu Missverständnissen in der Notation und daher in der Kommunikation führen kann. Es werden nur die Ausdrücke und Bezeichnungen verwendet, die für professionelle Musiker eindeutig verständlich sind.

Die Akkord-Konstruktionen basieren, wie in der traditionellen Musik, in erster Linie auf Terzschichtungen. Obwohl auch vereinzelt Dreiklänge benutzt werden, sind Sept-Akkorde und deren Erweiterungen (engl. „tension") die Regel. Vierklänge bzw. Sept-Akkorde werden als Grundstruktur behandelt. Die hinzugefügten Erweiterungen, wie None = 9, Undezime = 11 und Tredezime = 13, werden oft gar nicht zusätzlich angegeben, da sie nach der Akkord-Skalen-Theorie gewissen Gesetzmäßigkeiten folgen und durch die Bezeichnung des Vierklangs bereits definiert sind. Die gebräuchlichsten Sept-Akkorde, aufgebaut auf dem Ton C, sind:

C Major 7

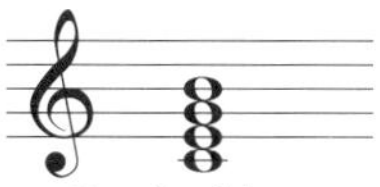

Dur-Dreiklang
große Sept

C Moll 7

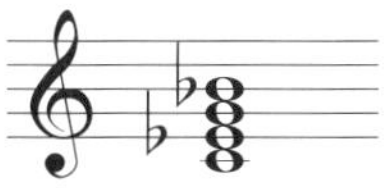

Moll-Dreiklang
kleine Sept

C Moll 7 mit
verminderter Quint

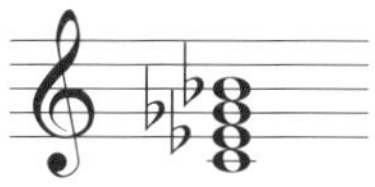

verminderter
Dreiklang
kleine Sept

C Dominant-
Sept-Akkord

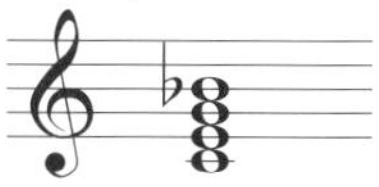

Dur-Dreiklang
kleine Sept

C verminderter
Sept-Akkord

verminderter Dreiklang
verminderte Sept
(enharmonisch
verwechselt)

C übermäßiger
Dominant-Sept-
Akkord

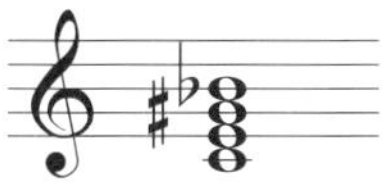

übermäßiger
Dreiklang
kleine Sept

C Dominant-
Sept-Akkord mit
verminderter Quint

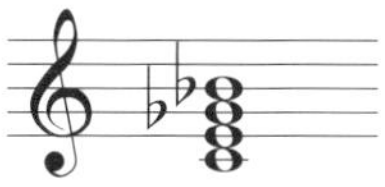

Dreiklang mit Durterz
verminderte Quint
kleine Sept

C übermäßiger
Major 7

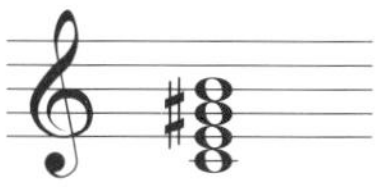

übermäßiger
Dreiklang
große Sept

C Moll-Major 7

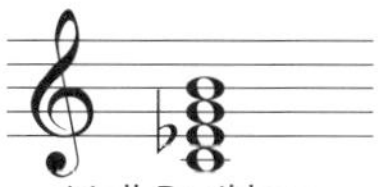

Moll-Dreiklang
große Sept

C Dominant-Sept-
Akkord mit vorgehal-
tener Quart

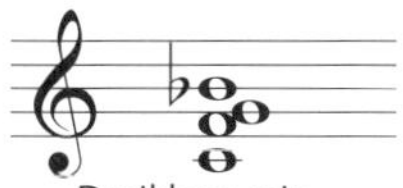

Dreiklang mit
Vorhaltsquart
kleine Sept

C Major 6

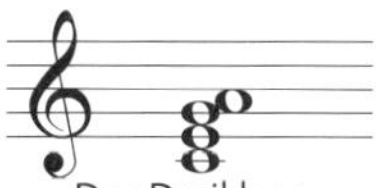

Dur-Dreiklang
große Sext

C Moll 6

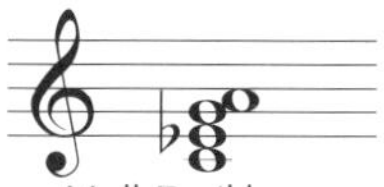

Moll-Dreiklang
große Sext

Einige Bemerkungen zu diesen Akkorden:

- Der Moll-Sept-Akkord mit verminderter Quint wird nicht als „Halbverminderter" bezeichnet, obwohl dieser Name gewisse Verbreitung gefunden hat. (Begründung folgt später.)
- Die Sept des verminderten Sept-Akkords wird meist ohne Doppel-♭ notiert.
- Die vorgehaltene Quart des Dominant-Sept-Akkords mit Vorhaltsquart ersetzt die Terz des Akkords.
- Der Dur- und der Moll-Dreiklang mit hinzugefügter Sext sind Alternativen zu Dreiklängen mit hinzugefügter Sept.

Es gibt noch andere Akkord-Typen, die aber nicht so verbreitet sind.

Akkord-Symbole

Akkord-Symbole sind eine verkürzte Schreibweise für die Notation von Akkorden, vergleichbar mit dem „bezifferten Bass" der Barockzeit. Sie enthalten nur die notwendigsten Informationen, welche durch den Musiker/Arrangeur ergänzt oder auch vereinfacht werden können. Diese Methode, Akkorde quasi in Kurzschrift zu notieren, hat auch ihre Verbindung zur klassischen Funktionstheorie und zur Stufentheorie. Die Entwicklung erfolgte unkontrolliert, das heißt ohne Normierung, wodurch heute eine weitläufige und nicht immer eindeutige Symbolschrift zur Verfügung steht. Im Laufe ihrer – noch andauernden – Veränderung bzw. Präzisierung wurden einige Innovationen allgemein akzeptiert, andere jedoch verworfen. Die Gründe dafür liegen in der angestrebten eindeutigen und allgemeinen Verständlichkeit. Es lassen sich zum Beispiel sehr viele verschiedene Schreibweisen für den Dur-Dreiklang mit großer Sept finden. Innovativ zu sein ist großartig, wenn man aber nicht verstanden wird, wo liegt dann der Nutzen?

Einige Punkte sind bei der Verwendung von Akkord-Symbolen wichtig und sollen unbedingt beachtet werden:

- Akkord-Symbole sind eine Form von Abkürzung, und als solche sollen sie so einfach wie möglich gehalten werden, unabhängig vom Stil.
- Experimente sind nicht notwendig. Wenn nötig, muss die herkömmliche Notenschreibweise benutzt werden.
- Jede Alteration oder Zusatztöne zu einem normalen Akkord (Dreiklang, Vierklang) sollen in Klammer geschrieben werden, um sie zur besseren Lesbarkeit vom Basis-Akkord-Symbol zu trennen.
- Einige Akkord-Symbole sind verwirrend oder einfach falsch. (Die bekanntesten werden gezeigt.)
- Es gibt einen Unterschied, ob Symbole gedruckt oder mit der Hand geschrieben werden. Einige Zeichen können bei schneller oder nachlässiger Handschreibweise missverständlich sein. Z.B. mag ein Dreieck durch abgerundete Ecken wie ein Kreis aussehen.
- Für Akkord-Symbole: „♯" heißt erhöht, „♭" = erniedrigt; „+" = übermäßig; „–" = Moll; „°" = vermindert.
- Zeichen sollen nicht mit Ziffern oder Buchstaben gekreuzt werden. Eine durchgestrichene 7 ist nach wie vor eine 7 und keine Abkürzung für eine große Sept.
- Die Ziffer 7 eines Akkords bedeutet immer kleine Sept (große Sept = maj 7).

Akkord-Symbole enthalten vier Informationselemente

1. Den Grundton des Akkords (immer Großbuchstaben)
2. Die Qualität des enthaltenen Dreiklangs (Dur, Moll, übermäßig, vermindert), wobei oft Zeichen verwendet werden (Dur: ohne zusätzliche Zeichen; Moll: – ; übermäßig: +; vermindert: °)
3. Den höchsten Ton einer Akkord-Struktur (7, 9, 11, 13)
4. Alterationen oder hinzugefügte Einzeltöne. Diese werden in Klammer gesetzt.

Akkord-Symbole für die vorher angeführten Akkorde:

Dur-Dreiklang mit großer Sept: Cmaj7 und CMaj7 sind allgemein verständlich und gebräuchlich. CMa7 ist akzeptabel. CM7 wird, mit der Hand geschrieben, leicht mit Cm7 (als Alternative für Cmin7) verwechselt. Genauso kann CMj7 irrtümlich als Cmi7 gelesen werden. CΔ7 wird häufig verwendet. Es ist leicht zu schreiben, hat aber einige Nachteile: Das Δ bezeichnete ursprünglich nur einen Dreiklang; nachlässiges Schreiben kann zur Verwechslung des Δ mit einem Kreis (= vermindert) führen.

Moll-Sept-Akkord: C–7 und Cmin7 sind allgemein verständlich und gebräuchlich. Cm7 und Cmi7 sind, wie oben erwähnt, problematisch.

Moll-Sept-Akkord mit verminderter Quint: C–7(♭5) und Cmin7(♭5) sind allgemein verständlich und gebräuchlich. Das ist ein Fall, wo zur Darstellung von Alterationen Klammern notwendig sind, denn die Quint des Moll-Sept-Akkords ist tief alteriert. Die klassische Schreibweise Cø bzw. Cø7 ist, obwohl sehr verbreitet, in den meisten Fällen falsch und daher nicht empfehlenswert. Der Unterschied ist folgender: Während C–7(♭5) eine Alteration eines Moll-Sept-Akkords ist, bezeichnet Cø eine Alteration eines verminderten Sept-Akkords (deshalb der Name „Halbverminderter"). Im Jazz gibt es diesen Fall nur sehr selten, weshalb das Symbol grundsätzlich vermieden wird. Auch die Schreibweisen Cm7(♭5) oder Cmi7(♭5) sind, wie bereits besprochen, problematisch.

Dominant-Sept-Akkord: C7 ist allgemein verständlich und gebräuchlich. Es gibt keine alternativen Schreibweisen.

Verminderter Sept-Akkord: C°7 ist allgemein verständlich und gebräuchlich. Auch Cdim7 ist akzeptabel.

Übermäßiger Dominant-Sept-Akkord: C+7 ist allgemein verständlich und gebräuchlich. Auch C7(♯5) und Caug7 sind akzeptabel.

Dur-Dreiklang mit großer Sept und übermäßiger Quint: C+maj7 ist allgemein gebräuchlich. Auch Cmaj7(♯5) und Cmaj7(+5) sind akzeptabel.

Dominant-Sept-Akkord mit verminderter Quint: Die Schreibweise C7(♭5) ist allgemein verständlich und gebräuchlich. C7(–5) ist missverständlich, weil „–" Moll bezeichnet.

Moll-Dreiklang mit großer Sept: Cmin(maj7) und C–(maj7) sind allgemein verständlich und gebräuchlich. Da zwei verschiedene Qualitäten beschrieben werden, ist zur Trennung der beiden eine Klammer notwendig. Der Akkord ist Moll (min oder „–"), die Sept ist groß (maj7).

Dominant-Sept-Akkord mit Vorhaltsquart: C7(sus4) ist allgemein verständlich und gebräuchlich. Die Schreibweisen C4 und C47 sind zu vermeiden. C11 ist häufig anzutreffen aber falsch, weil in dieser Akkord-Struktur (bestehend aus 1, 3, 5, 7, 9, 11) große Terz und reine Quart (11 = sus4) gleichzeitig auftreten.

Dur-Dreiklang mit großer Sext: C6 ist allgemein verständlich und gebräuchlich.

Moll-Dreiklang mit großer Sext: Cmin6 und C–6 sind allgemein verständlich und gebräuchlich.

Es gibt einige spezielle Akkord-Symbole, die mit Dreiklängen zusammenhängen und in keine der bisher genannten Kategorien passen:

C beschreibt einen Dur-Dreiklang, Cmin oder C– einen Moll-Dreiklang, C+ oder Caug einen übermäßigen Dreiklang, C° einen verminderten Dreiklang, C(sus4) einen Dreiklang mit Vorhaltsquart.

Die bevorzugte Methode, einem Dreiklang eine None als Farbton hinzuzufügen, wird folgendermaßen dargestellt: C (add9); Cmin(add9) oder C–(add9); C+(add9), C° (add9). Anstelle der Ziffer kann auch der entsprechende Ton geschrieben werden, z.B.: C (add D).

Der Gebrauch von C(sus2) wird immer populärer im Pop-/Rockbereich. Wie sus4 ersetzt sus2 die Terz (Vorhalt von unten) und nicht den Grundton des Akkords, was absurd wäre. Die Schreibweise C(9) oder C–(9) ist nicht empfehlenswert, da diese Dreiklänge mit hinzugefügter None mit C9 bzw. C–9 (Sept-None-Akkord) verwechselt werden können.

Umkehrungen, hybride Strukturen, Poly-Akkorde und andere voicing-spezifische Akkord-Symbole werden später behandelt (siehe *Voicing-spezifische Akkord-Symbole und Strukturen*). Die folgende Zusammenfassung verwendet willkürlich ausgesuchte Grundtöne:

Akkord-Symbole

D♭maj7	Major 7
B–7	Moll 7
G♯–7(♭5)	Moll 7, ♭5
G7	Dominant 7
B♭°7	Vermindert 7
A+7	Übermäßig 7
B♭7(♭5)	Dominant 7, ♭5
G♭+maj7	Übermäßig Major 7
C♯–(maj7)	Moll, Major 7
E7(sus4)	Sus4
C6	Major 6
F–6	Moll 6
F♯	Dur-Dreiklang
E♭–	Moll-Dreiklang
A♭+	Übermäßiger Dreiklang
D♯°	Verminderter Dreiklang
A♭(add B♭)	Dreiklang mit 9

Analyse-Symbole

Für Analysezwecke werden – im Gegensatz zur klassischen Analyse – ausschließlich großgeschriebene römische Ziffern verwendet, um bei handschriftlicher Niederschrift Missverständnisse wie V statt v zu vermeiden. Die hinzugefügten Indikatoren (min, 7,...) sind dieselben wie bei Akkord-Symbolen. Der Vorteil einer Analyse mit römischen Ziffern liegt darin, dass sie sowohl die Qualität des Akkords als auch seine Beziehung zu einem diatonischen Kontext zeigt und daher nicht von einer bestimmten Tonart abhängig ist.

Akkord-Skalen-Theorie

Zur Wiederholung: Wie bereits erwähnt bezeichnen Akkord-Symbole nicht nur die Töne des in Terzen geschichteten Sept-Akkords, sondern implizieren auch dessen erweiterte Struktur. Das folgende Akkord-Symbol definiert die Noten eines Sept-Akkords:

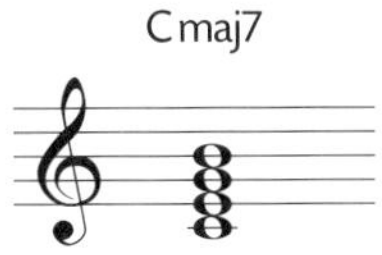

Gleichzeitig impliziert dieses Symbol die darüber geschichteten Erweiterungen: 9, 11, 13

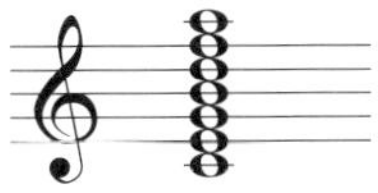

Obwohl nicht alle sieben Töne *harmonisch* stabil sind, sind sie *melodisch* verfügbar:

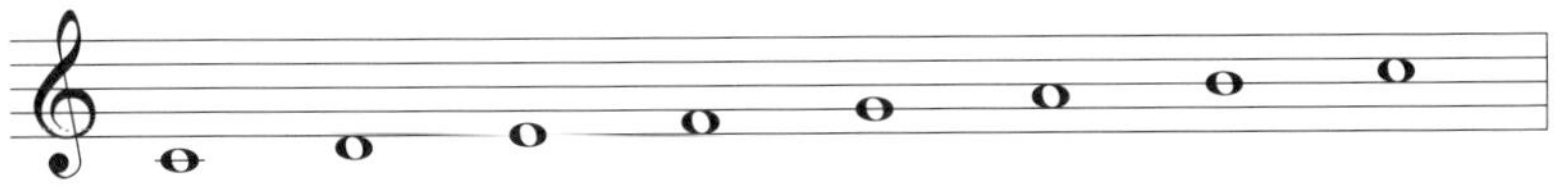

Als Skala angeordnet ergeben die harmonischen und melodischen Töne eine Akkord-Skala. Die Akkord-Skala definiert das harmonische und melodische Tonmaterial für ein vorgegebenes Akkord-Symbol. Hier ist es wichtig festzustellen, dass ein Akkord-Symbol eine Abkürzung für einen Akkord und nicht für eine Akkord-Skala ist.

Die Töne der Akkord-Skala lassen sich drei Gruppen zuordnen:

1. **Akkordtöne**
2. Verfügbare **Spannungstöne** = „**Tensions**"
3. Harmonisch vermiedene Töne = „**Avoid-Noten**" (engl. avoid notes)

Der Begriff **Akkordtöne** erklärt sich selbst.

Spannungstöne = Tensions sind Akkord-Erweiterungen, die den Grundcharakter des Akkords nicht verändern und damit sowohl harmonisch als auch melodisch stabil wirken.

Avoid-Noten werden harmonisch vermieden, da sie sehr dissonant sind und den Akkordklang verzerren. Sie sind aber, wie alle anderen Töne, melodisch verfügbar. Avoid-Noten sind Erweiterungen eines Akkords, welche einen Halbton über einem Akkordton stehen. Sie werden in weiterer Folge als schwarze Noten dargestellt. Wird eine Avoid-Note harmonisch in einer Akkord-Konstruktion verwendet, entsteht eine starke Dissonanz, welche meist das beabsichtigte Akkord-Klangbild entstellt. Es gibt zwei Ausnahmen, wo dieses Phänomen vom Hörer allgemein akzeptiert wird: die dorische Akkord-Skala und Dominant-Sept-Akkorde (die bereits in sich instabil sind).

Alle Töne einer Skala sind melodisch verwendbar

Wenn die Einzelnoten einer Akkord-Skala betrachtet werden, treten dieselben Intervallverhältnisse auf wie bei gebräuchlichen Kirchentonarten. Die Namen der Kirchentonarten werden verwendet, obwohl sie in einem nicht-modalen Kontext auftreten.

Die **ionische Akkord-Skala** enthält:

- die Akkordtöne eines major 7 Akkords (1, 3, 5, maj7)
- die verfügbaren Tensions 9 und 13 (2. und 6. Ton der Tonleiter)
- eine Quart (11), die harmonisch vermieden wird.

Cmaj7 = C ionisch

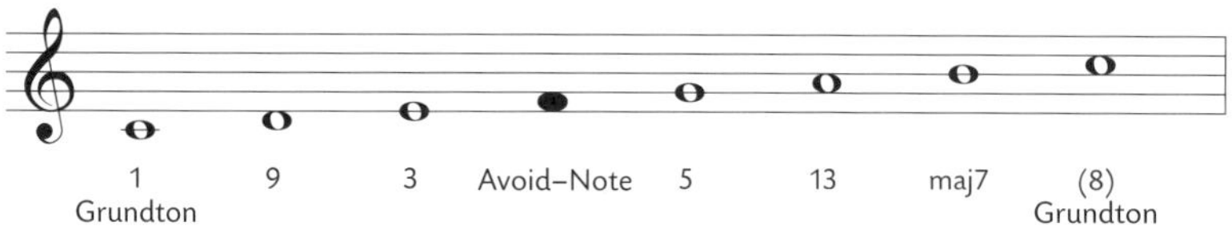

Natürlich spielt der Kontext eine wesentliche Rolle bei der Auswahl der Töne. Das F ist offensichtlich eine Note von C Dur. Wenn die Tonart G Dur wäre, so hieße die Note F♯ und wäre eine verfügbare Tension in der **lydischen Akkord-Skala:**

Cmaj7 = C lydisch

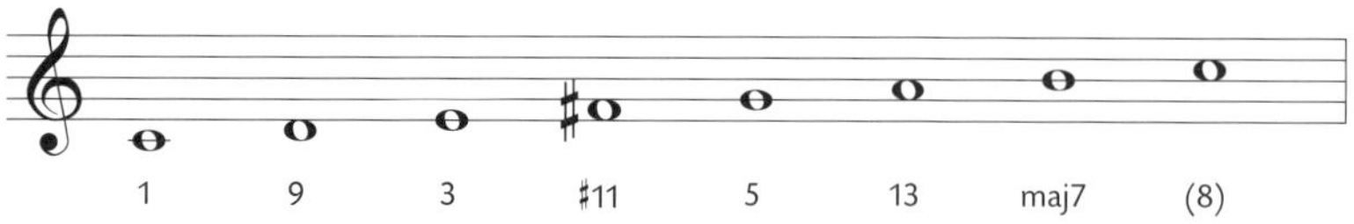

Wie bei Akkord-Symbolen bedeutet ♭ „erniedrigt" und ♯ „erhöht". Die Terz und Sept werden bei Bedarf mit einem „–" versehen: –3, –7, was in diesem Fall kleine Terz, kleine Sept bedeutet.

Die Akkord-Skalen für major 7 und major 6 Akkorde sind die oben genannten Skalen ionisch und lydisch. Major 6 und Moll 6 Akkorde können als Alternativen für major 7 und Moll(maj7) benutzt werden, besonders wenn der Melodieton gleichzeitig Grundton eines solchen Akkords ist. Der Grundton wäre eine Avoid-Note in Bezug auf die große Sept, was absurd wäre und umgangen werden kann, indem der entsprechende Akkord mit der Sext anstatt der Sept verwendet wird.

Die **Akkord-Skalen für –7 Akkorde** sind:

C–7 = C dorisch

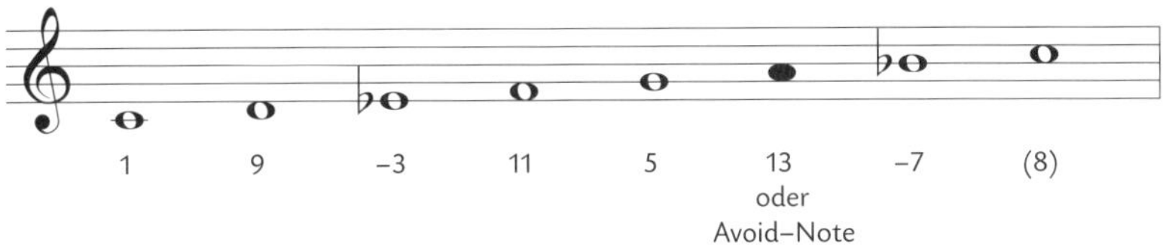

(Siehe folgenden Text)

C–7 = C äolisch

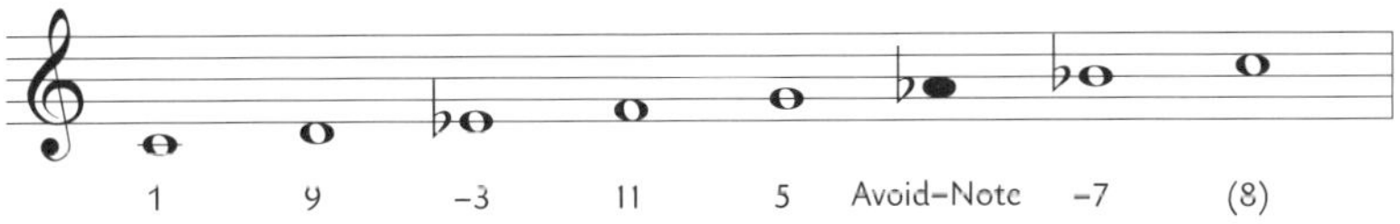

C–7 = C phrygisch

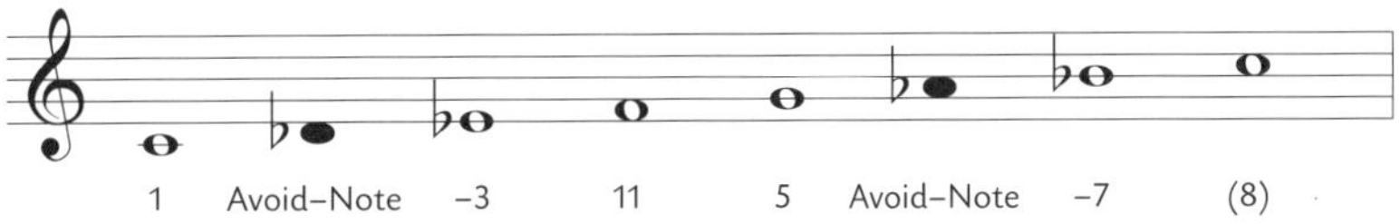

Obwohl der 6. Ton der dorischen Skala einen Ganzton über der Quint des Akkords steht, wird er in gewissen Situationen vermieden (= *Dorische Avoid-Note*). In einer II–7 V7 Kadenz würde im II–7 Akkord derselbe Tritonus (zwischen kleiner Terz und großer Sext) entstehen, der auch die Basis des nachfolgenden Dominant-Sept-Akkords bildet (große Terz, kleine Sept = Strebetöne). Um die Vorwegnahme des Dominant-Klangs zu vermeiden, wird die 13 des II–7 Akkords (= 6. Ton der dorischen Skala) vermieden. Obwohl die dorische Sext in der Praxis immer häufiger als Tension verwendet wird, soll sie einstweilen als Avoid-Note betrachtet werden.

Es ist wichtig anzumerken, dass Avoid-Noten harmonisch vermieden werden, aber ihre melodische Verwendung nicht nur möglich ist, sondern auch die Charakteristik einer Akkord-Skala definiert, da eben diese Töne im Akkord nicht auftreten. Sie werden deshalb auch *„charakteristische Töne"* einer Skala genannt.

Die Akkord-Skala für **–7(♭5)** ist ***lokrisch:***

C–7(♭5) = C lokrisch

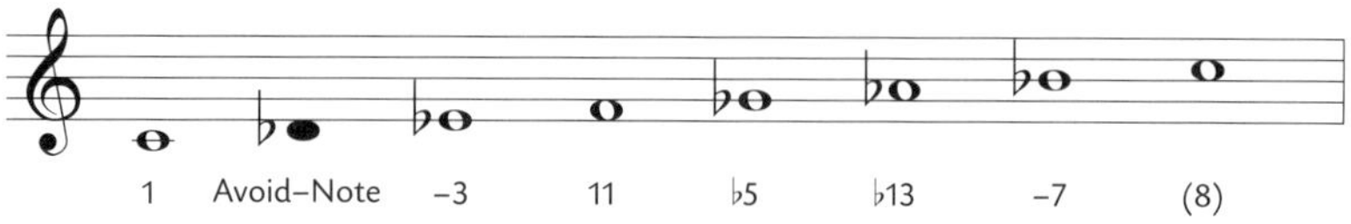

Die Akkord-Skalen für Dominant-Sept-Akkorde sind zu zahlreich, um alle an dieser Stelle anzuführen. Sie werden in den entsprechenden Kapiteln behandelt. Die am häufigsten anzutreffenden **dominantischen Akkord-Skalen** sind **mixolydisch** und **lydisch** ♭7:

C7 = C mixolydisch

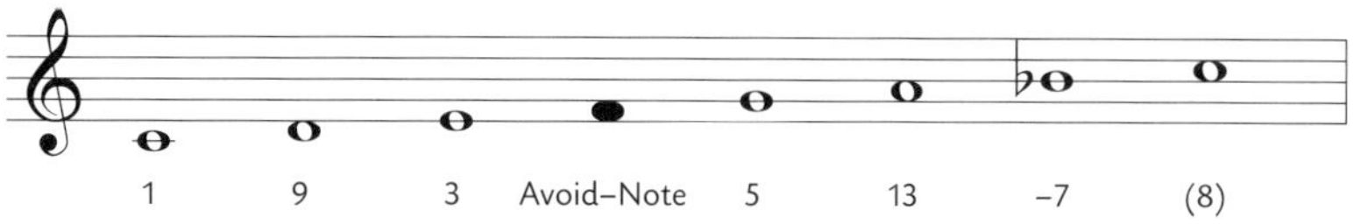

C7 = C lydisch ♭7

Man beachte, dass die Skala lydisch ♭7 nicht-diatonisch zu jeder Tonart ist (nicht-diatonisch heißt nicht in Bezug zu üblicherweise verwendeten Vorzeichen). Es ist auch wichtig zu bemerken, dass diese Skala nicht als mixolydisch ♯11 bezeichnet wird. Diese Unterscheidung wird an entsprechender Stelle genauer untersucht.

Die **Akkord-Skala** für **+7** (übermäßiger Dominant-Sept-Akkord) und **7(♭5)** (Dominant-Sept-Akkord mit verminderter Quint) ist die ***Ganztonleiter.*** 7(♭5) kommt selten vor; wird oft irrtümlicherweise anstatt 7(♯11) notiert.

C+7, C7(♭5) = C Ganzton

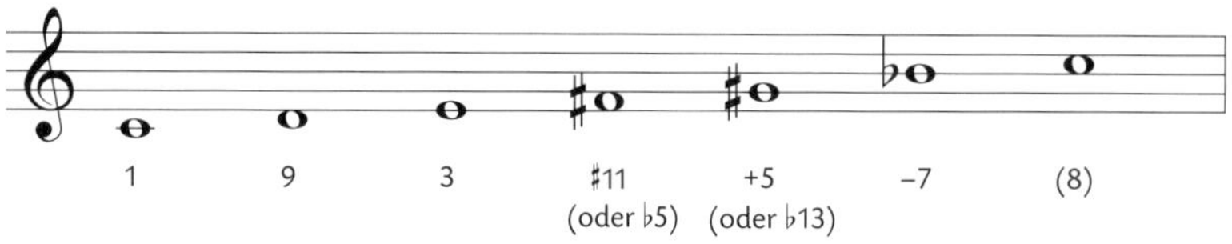

Die **Akkord-Skala** für einen **7(sus4)** ist dieselbe wie für den mixolydischen Dominant-Sept-Akkord, aber die *Avoid-Note ist die Terz* (die durch die Quart ersetzt wird).

C7(sus4) = C mixolydisch

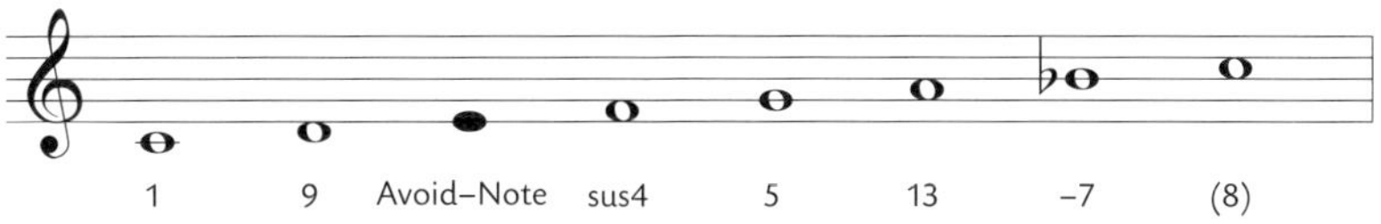

Es gibt mehrere Akkord-Skalen für **verminderte Sept-Akkorde (°7)**. Diese werden später einzeln untersucht. An dieser Stelle soll eine gebräuchliche Skala für den °7 Akkord angeführt werden:

C°7 = C symmetrisch-vermindert

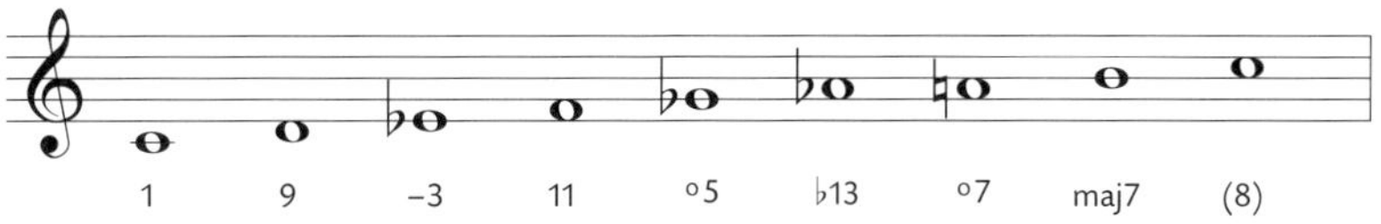

Man beachte, dass diese Skala acht statt sieben Töne hat. Dadurch ergibt sich eine ungewöhnliche Nummerierung. In diesem Fall gehört auch die große Sept, welche normalerweise Akkordton ist, zu den verfügbaren Tensions (siehe *Verminderte Sept-Akkorde).*

Die oben angeführten Skalen werden am häufigsten verwendet. Weitere Akkord-Skalen, die ausführlichere Erklärung verlangen, werden später behandelt.

Akkord-Skalen

ionisch für maj7 und maj6 Akkorde

dorisch, phrygisch, äolisch für –7 Akkorde

lydisch für maj7 und maj6 Akkorde

mixolydisch für dominant 7 und dominant 7(sus4) Akkorde

lokrisch für –7(♭5) Akkorde

lydisch♭7 für dominant 7 Akkorde

Ganzton für +7 und 7(♭5) Akkorde

symmetrisch-vermindert für °7 Akkorde

Avoid-Noten

ionisch: 11 (=4)

dorisch: 13 (=6)

phrygisch: ♭9 und ♭13 (=♭2 und ♭6)

mixolydisch: 11 (=4) oder 3 wenn (sus4)

äolisch: ♭13 (=♭6)

lokrisch: ♭9 (=♭2)

lydisch, lydisch ♭7, Ganzton und symmetrisch-vermindert haben keine Avoid-Noten

Das funktionale Konzept

2

Diatonische Harmonik

Wir können nun beginnen, Akkorde innerhalb einer Akkord-Folge zu betrachten. Jeder Akkord hat eine Funktion bzw. eine tonale Verantwortung. Wenn wir eine Akkord-Folge hören, ordnen wir den einzelnen Akkorden oft unbewusst und spontan eine Funktion zu, auch wenn anstatt des erwarteten Akkords ein anderer folgt. Je mehr Erfahrung der Zuhörer hat, desto besser versteht er jedes musikalische Ereignis als Teil eines Ganzen. Die Harmonielehre soll klären helfen, wodurch die Musik vorangetrieben wird. Die Basis funktionaler Harmonielehre ist der *Klang* und nicht das *Benennen* von Akkorden. Es gibt drei Grundkategorien von funktionalen Klängen:

- Tonika
- Subdominante
- Dominante

Während es in der klassischen Harmonielehre für jeden diatonischen Akkord einen Namen gibt, begnügen wir uns einstweilen mit den drei oben genannten Funktionsbezeichnungen.

I Imaj7 — G Gmaj7 | III– III–7 — B– B–7 | VI– VI–7 — E– E–7

Tonika-Klänge:

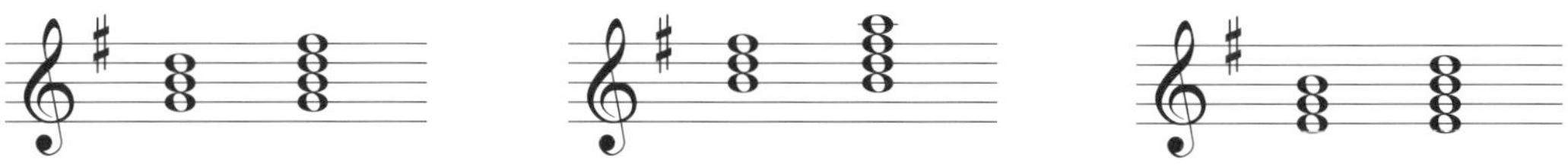

II– II–7 — A– A–7 | IV IVmaj7 — C Cmaj7

Subdominant-Klänge:

V V7 — D D7

Dominant-Klang:

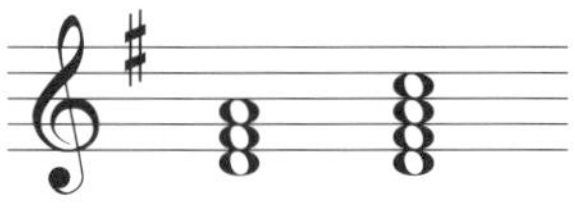

Die Analyse-Symbole sind nicht identisch mit denen der klassischen Dreiklangsanalyse. Die römischen Ziffern werden immer großgeschrieben; zusätzliche Indikatoren zeigen weitere Akkordqualitäten. II–7 bedeutet dasselbe wie ii7 in der klassischen Analyse.

- Die charakteristische Note in Dur ist der instabile 4. Skalenton.
- Zur Tonika-Kategorie gehören Akkorde, die diese instabile charakteristische Note *nicht* enthalten.
- Subdominant-Akkorde enthalten diesen charakteristischen Ton, wobei der sehr instabile diatonische Tritonus (zwischen 4. und 7. Skalenton) ausgenommen ist.
- Der Dominant-Sept-Akkord enthält neben der charakteristischen Note auch den diatonischen Tritonus zwischen Terz und Sept.
- Der VII–7(♭5) fehlt auf der Liste diatonischer Akkorde, da er zweideutig ist. Theoretisch kann er sowohl subdominantische als auch dominantische Funktion annehmen. Er enthält zwar neben der charakteristischen Note (Subdominante) den diatonischen Tritonus (Dominante), allerdings zwischen Grundton und (verminderter) Quint, und ist daher als eigenständiger Akkord kaum anzutreffen.

potenzielle dominantische Funktion:

nicht-dominantische Funktion:

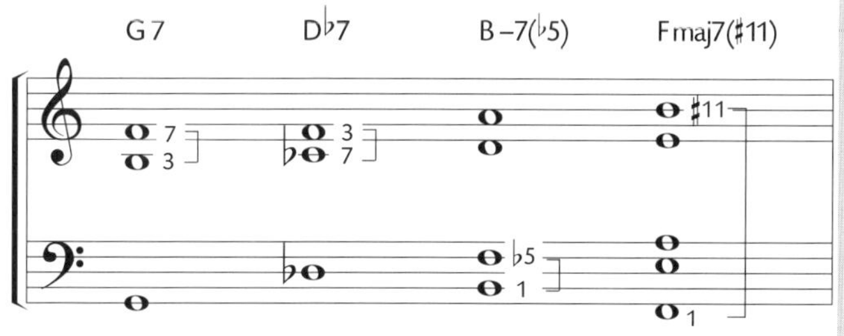

Auf die Tonika kann jeder Akkord folgen, da sie Stabilität repräsentiert. *Jeder diatonische Akkord kann zu jedem anderen diatonischen fortschreiten.* Die Beziehung zwischen den Grundtönen und auch die Stimmführung lassen manche Akkord-Verbindungen besser, andere ungewohnt klingen (was natürlich wieder auf Hörgewohnheiten zurückzuführen ist).

Grundton-Fortschreitungen

Wenn diatonische Akkorde stufenweise (in Sekunden) angeordnet und ihre funktionalen Klänge beschrieben werden, entsteht eine Akkord-Folge vom stabilsten zum instabilsten Klang (VII–7(♭5) wird die fragliche Dominant-Funktion zugeordnet):

Sekund-Sequenz

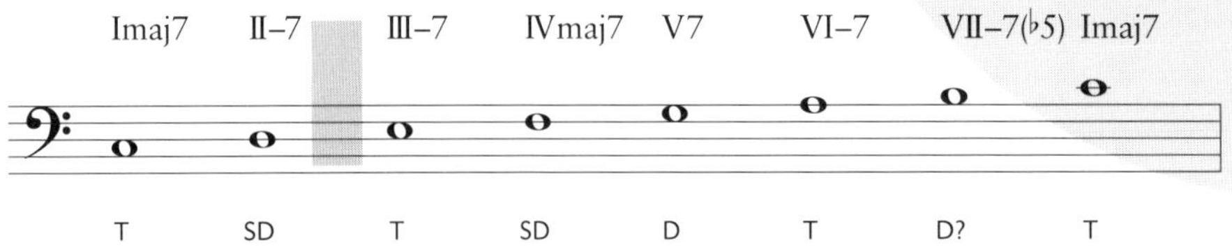

Wenn diatonische Akkorde stufenweise fortschreiten, entsteht eine Bewegung vom instabilen nicht-tonischen Klang zur stabilen Tonika oder zum auflösungsbedürftigen V7 und dann zur Tonika. Dies nennt man Akkord-Fortschreitung, wobei die Ausnahme – wenn V7 zurück zu IVmaj7 geht (ein Fall, der vor allem im Blues auftritt) – eine Rückschreitung darstellt.

Wenn die Grundton-Fortschreitung der Akkorde in diatonischen Quinten erfolgt, tritt eine ähnliche Symmetrie der Funktionen auf: instabil – sehr instabil (Dominante) – Tonika.

Quint-Sequenz

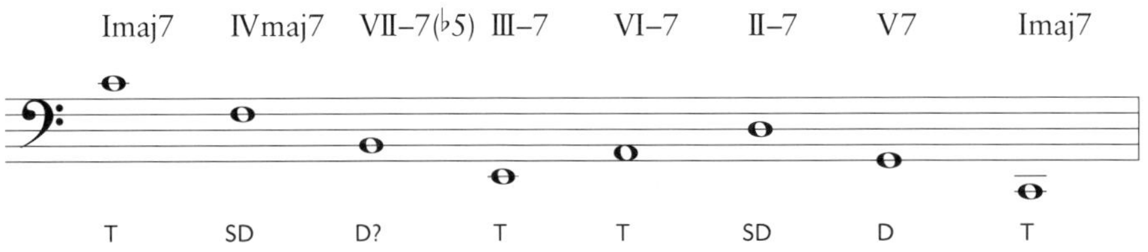

Die Quintfall-Sequenz repräsentiert den Aufbau von Spannung und die darauf folgende Auflösung. Die Fortschreitung zum VII–7(♭5) ist die einzige Stelle, an der die Reihe reiner Quinten verlassen wird. Eine aufsteigende Quint-Sequenz kommt eher selten vor, da sie Rückschreitungen im Spannungsverlauf enthält.

Terz-Sequenzen sind meist fallend. Sie sind am subtilsten, da Akkorde mit derselben Funktion jeweils nebeneinander stehen. Der Grundton ändert sich, der Klang bleibt im Wesentlichen gleich.

Terz-Sequenz

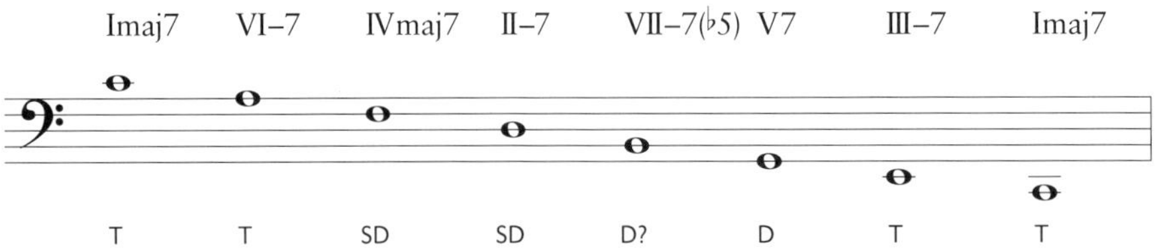

- Die stärkste diatonische Grundton-Bewegung ist die in Quinten abwärts.
- Stufenweise diatonische Fortschreitung ist ebenfalls stark.
- Diatonische Fortschreitung in Terzen abwärts ist schwächer, aber doch anzutreffen.
- Eine Fortschreitung in Quarten würde der Umkehrung einer Quintfall-Sequenz entsprechen. Es entstünde eine nicht übliche Rückschreitung, wobei die Folge IVmaj7 nach Imaj7 eine öfter anzutreffende Ausnahme bildet.

Die Akkord-Skalen werden durch die Funktion des Akkords bestimmt. Da es sich um diatonische Akkorde handelt, werden auch diatonische Akkord-Skalen, die sich von der Dur-Tonleiter ableiten, benutzt:

- ionisch · · · · · · Imaj7
- dorisch · · · · · II–7
- phrygisch · · · · III–7
- lydisch · · · · · · IVmaj7
- mixolydisch · · · V7
- äolisch · · · · · · VI–7
- lokrisch · · · · · VII–7(♭5)

V7 nach Imaj7 ist die stärkste diatonische Akkord-Verbindung, weil sie vom instabilen, auflösungsbedürftigen zum stabilsten verfügbaren Akkord erfolgt. Ein Pfeil wird benutzt, um die *dominantische Auflösung eine reine Quint abwärts* anzuzeigen.

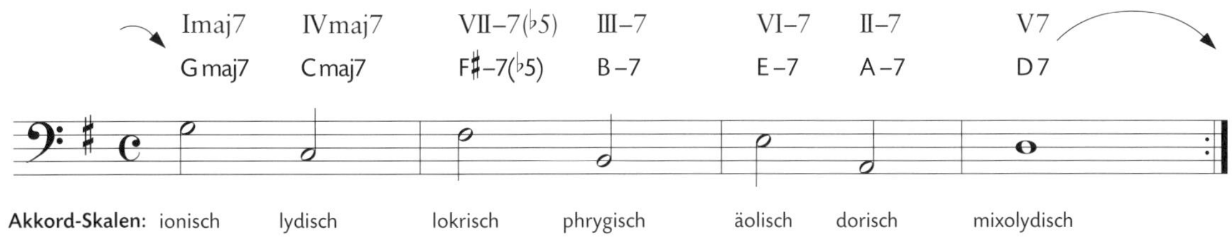

V7 ⟶ I

Der Pfeil wird *nicht* benutzt, wenn die Grundton-Bewegung keine reine Quint abwärts ist. Römische Ziffern ohne Pfeil zeigen daher die Auflösung in einen anderen Akkord. Im Falle einer Fortschreitung von V7 nach III–7 oder VI–7 spricht man von einer *diatonischen trugschlüssigen Auflösung* (siehe *Kadenzen*). Im Jazz gibt es auch eine Reihe von nicht-diatonischen Trugschlüssen, die im Laufe der weiteren Kapitel erklärt werden. Die Bedeutung des Pfeils wird erst bei nicht-diatonischen Akkord-Folgen richtig klar.

Kadenzen

Die Kadenz gehört zu den wichtigsten Akkord-Verbindungen in der Musik. Sie dient dazu, ein Tonzentrum zu beschreiben bzw. zu bestätigen und spielt deshalb besonders am Schluss eines musikalischen Abschnitts eine große Rolle. Allgemein betrachtet gehören zu einer Kadenz Akkorde, die einen Zielpunkt darstellen oder nach einem solchen streben. Alle Möglichkeiten der klassischen kadenziellen Wendungen sind auch im Jazz zu finden, allerdings treten manche häufiger auf als andere. Die wohl wichtigste Akkord-Verbindung V7 I, welche bereits vorgestellt wurde, heißt auch **authentische Kadenz** oder **authentischer Schluss:**

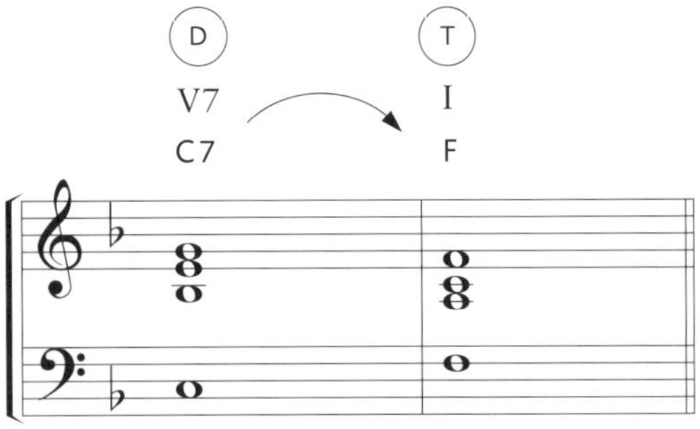

Die **plagale Kadenz** bzw. der **plagale Schluss** ist eine harmonische Formel, die vor allem im Blues Anwendung findet (siehe Kapitel *Blues*), aber manchmal auch in Pop-Songs auftaucht, z.B. „Yesterday" von den Beatles.

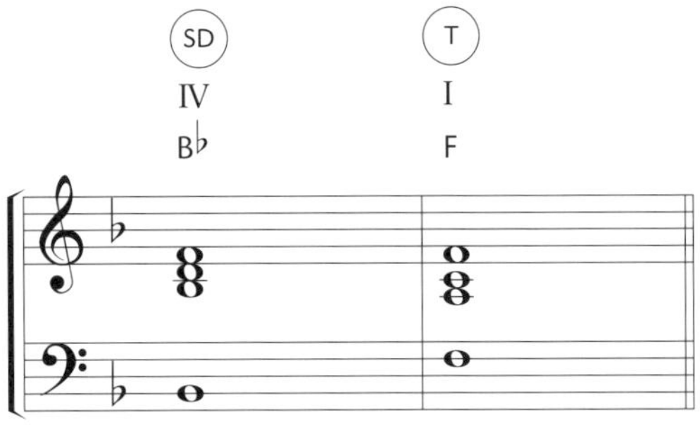

Beachten Sie, dass hier kein Pfeil verwendet wird.

Eine Kadenz, die auf einer Dominante einen Schwerpunkt bildet bzw. dort vorübergehend endet, heißt *Halbschluss*. Dabei spielt der harmonische Rhythmus eine wichtige Rolle (siehe *Harmonischer Rhythmus* und *Sequenz-Dominanten)*. Halbschlüsse sind sehr instabil, da die Dominante an ungewohnter Stelle platziert ist:

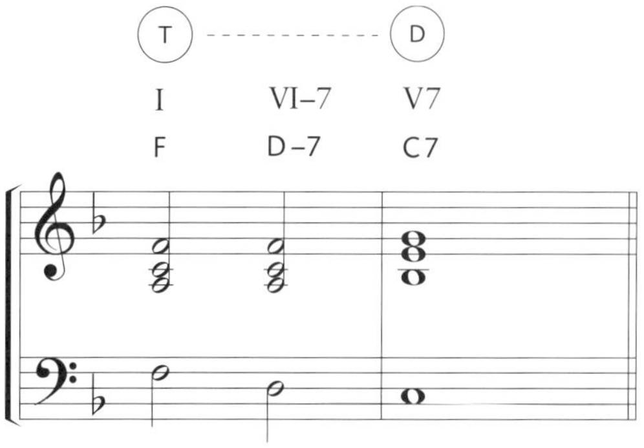

Ein Spezialfall ist der **phrygische Halbschluss** (so die traditionelle Bezeichnung). Dabei steht vor dem V7 ein ♭VImaj7 oder ♭VI6 (= 1. Umkehrung von IV–7); beide haben Subdominantcharakter (siehe *Moll-Harmonik* und *Modaler Austausch)*. Das Stück „Chega De Saudade" von Antonio Carlos Jobim enthält einen solchen phrygischen Halbschluss:

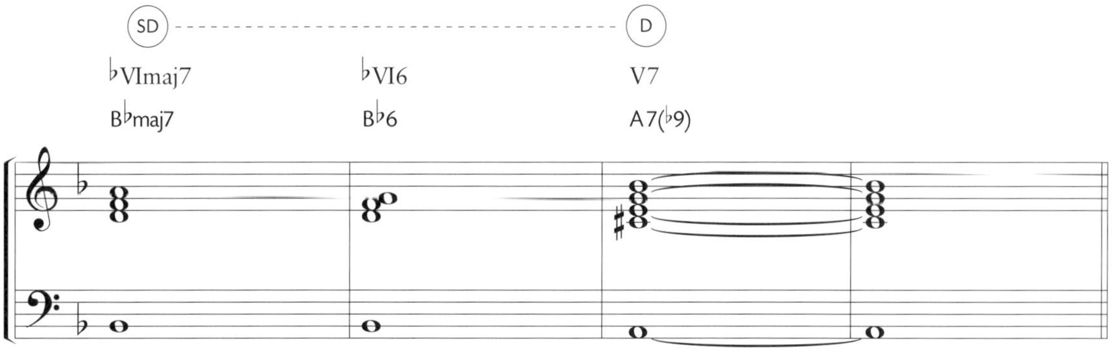

Trugschlüsse heißen alle Wendungen, in denen nach der Dominante nicht die erwartete Tonika, sondern ein anderer Akkord steht. Während in der klassischen Musik meist diatonische Trugschlüsse auftreten (VI– oder III–; Arnold Schönberg hat auch die Rückschreitung nach IV mit einbezogen), gibt es im Jazz eine große Anzahl trugschlüssiger, nicht-diatonischer Wendungen. Diese sind Thema der folgenden Kapitel. Im Moment begnügen wir uns mit diatonischen Trugschlüssen:

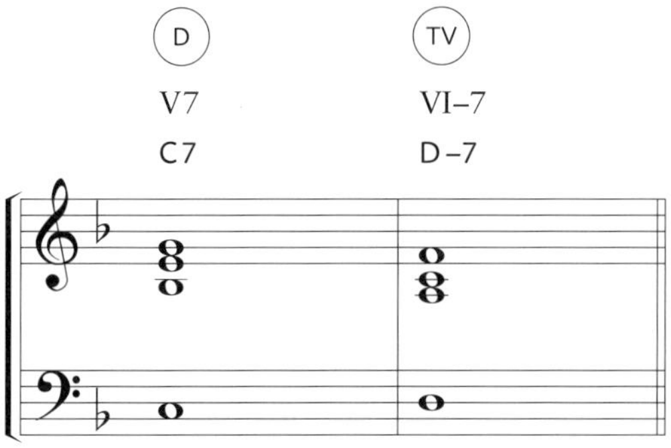

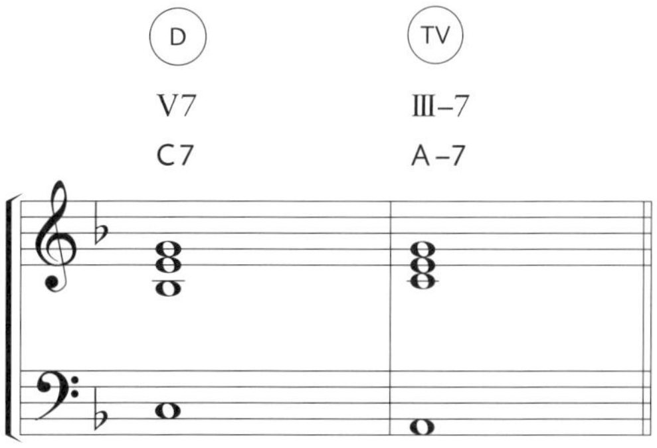

Beachten Sie, dass hier kein Pfeil zur Anwendung kommt, obwohl die Auflösung in einen Tonika-Klang (TV = Tonikavertretung) führt, da die Grundton-Fortschreitung *keine* reine Quint abwärts ist.

Zwei trugschlüssige Auflösungen, die in den Kapiteln *Moll-Harmonik* bzw. *Modaler Austausch* noch genauer untersucht werden, sollen hier vorweggenommen werden. Sie zeigen die Auflösung in ♭VI, welcher in Moll die natürliche VI. Stufe darstellt, aber auch in Stücken in Dur Verwendung findet.

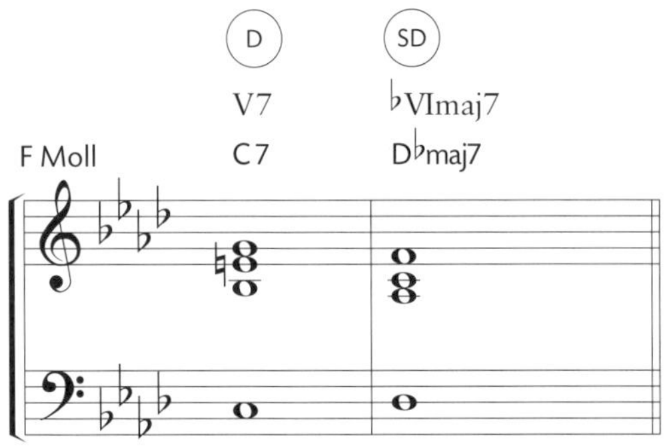

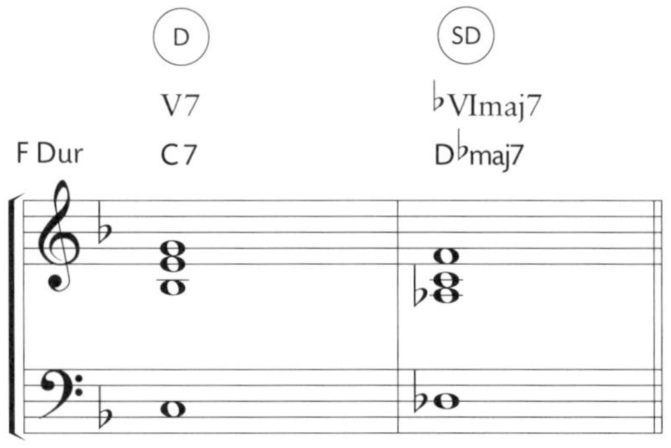

Die II V I Kadenz

Die Auflösung von V nach I bildet die Basis tonaler Musik. Doch welcher Akkord kommt vor der Dominante? Am häufigsten ist die Subdominante anzutreffen, welche als IV. oder II. Stufe auftreten kann.

Wenn man die II. Stufe als alternative Subdominante und die reine Quint abwärts als die stärkste Grundton-Fortschreitung sieht bzw. hört, so ist verständlich, dass sich im Jazz und in jazz-beeinflusster Musik die Akkord-Folge **II–7 V7 Imaj7** als Kadenz durchgesetzt hat. In dieser Anordnung erscheinen alle funktionalen Kategorien in einer logischen Reihenfolge. Aufgrund dieser starken Beziehung verdient auch das II–7 V7 Verhältnis einen eigenen graphischen Indikator. Die Klammer unter den beiden Akkorden zeigt diese Verbindung. Wiederum wird die Bedeutung dieses Zeichens erst bei komplexeren Akkord-Verbindungen sichtbar.

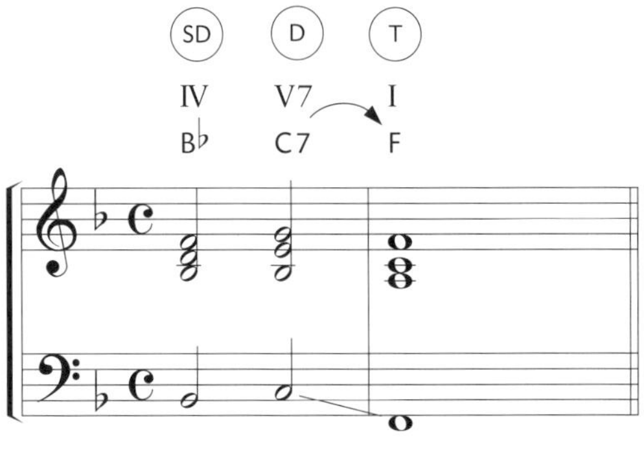

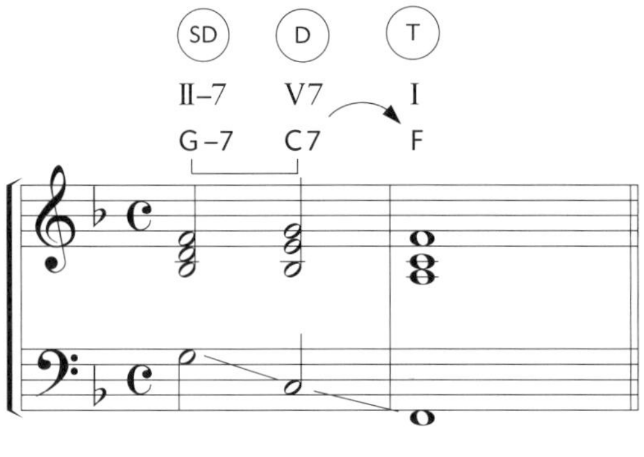

 kennzeichnet einen –7, der sich eine reine Quint abwärts zu einem Dominant 7 bewegt;

 *kennzeichnet eine Dominant 7 oder eine Dominant 7(sus4) Auflösung eine reine Quint abwärts zum Grundton des Zielakkords.*

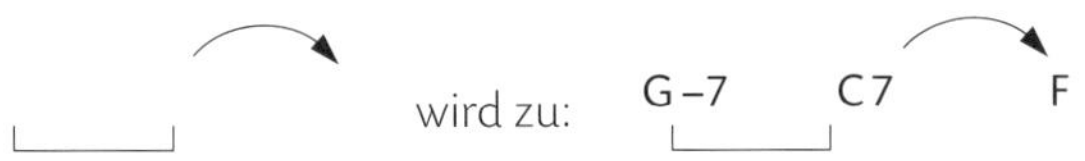

Obwohl in der klassischen Musik die Kadenz IV V I die wohl gebräuchlichste war, gibt es doch eine Reihe von Beispielen aus der Zeit des Barock und der Romantik, die die Verwendung der II V I Kadenz belegen. Das folgende, durchaus populäre Beispiel von J. S. Bach, Präludium in C Dur aus dem „Wohltemperierten Klavier", verwendet Vierklänge, die auch im Jazz üblich sind:

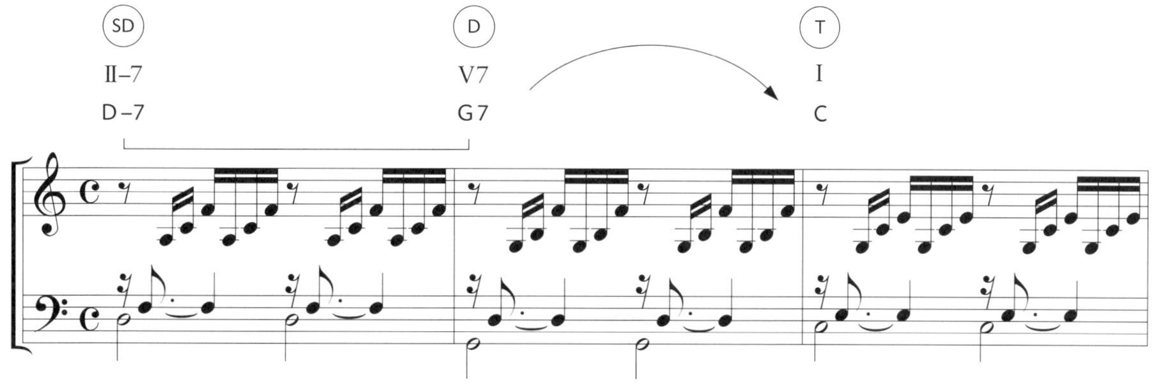

An dieser Stelle soll die II V I Kadenz in Moll vorweggenommen werden (siehe *Bezügliche II–7 Akkorde* und *Moll Harmonik*). Auch sie erhält die entsprechenden Analyse-Symbole:

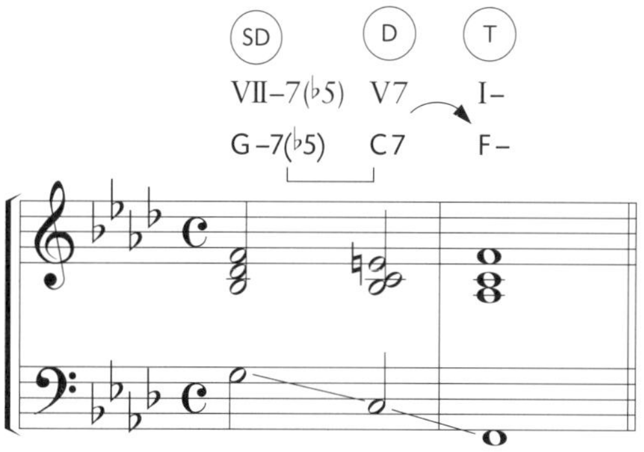

In der klassischen Musik wurde in Moll die II V I Kadenz selten verwendet, da die II. Stufe eine instabile verminderte Quint enthält, wodurch ein instabiler verminderter Dreiklang entsteht. Korrekterweise muss man von einem Moll-Dreiklang mit alterierter Quint sprechen, da er die Funktion eines solchen erfüllt. Deshalb sollte der im Jazz häufig vorkommende II–7(♭5) einer II V Verbindung auch nicht als „Halbverminderter" bezeichnet werden, da es sich nicht um eine Alteration eines verminderten Sept-Akkords, sondern eines Moll 7 Akkords handelt. Obwohl die II–7(♭5) V7 I Kadenz in der klassischen Musik nicht sehr häufig auftritt, gibt es einige Beispiele, etwa das folgende aus dem 18. Jh.:

J. S. Bach, Choral BWV 343

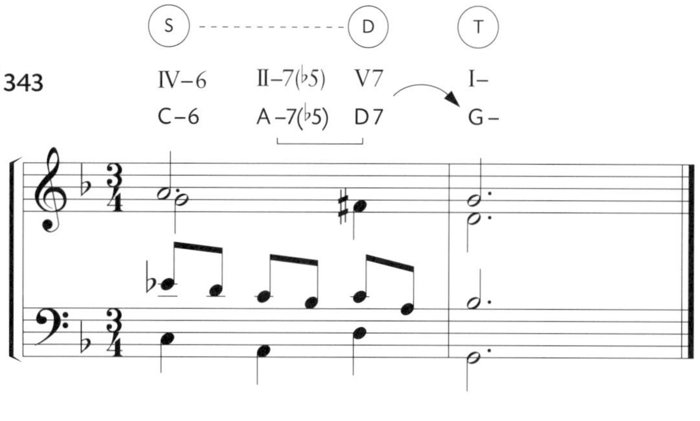

Dieses Beispiel zeigt auch sehr schön die Verwandschaft der IV. mit der II. Stufe (Subdominante).

Im Jazz hat sich im Laufe der Zeit die II V I Kadenz als wichtigste Akkord-Verbindung etabliert. Das bereits erwähnte starke II V Verhältnis entwickelte sich zu einer selbständigen Einheit, die sich nicht mehr unbedingt in die Tonika auflösen muss (obwohl diese Tendenz weiterhin besteht), sondern auch unaufgelöst mehrfach hintereinander auftreten kann, wie das Stück „Satin Doll" von Duke Ellington zeigt:

Sus4-Akkorde

Der V7(sus4) ist eine häufig anzutreffende Variante eines diatonischen Akkords. Seine Funktion hängt vom Kontext ab. Er ist auf dem dominantischen Grundton aufgebaut und enthält den charakteristischen instabilen Ton, aber nicht den diatonischen Tritonus. V7(sus4) kann als Dominante oder Subdominante gehört werden, abhängig vom harmonischen Rhythmus:

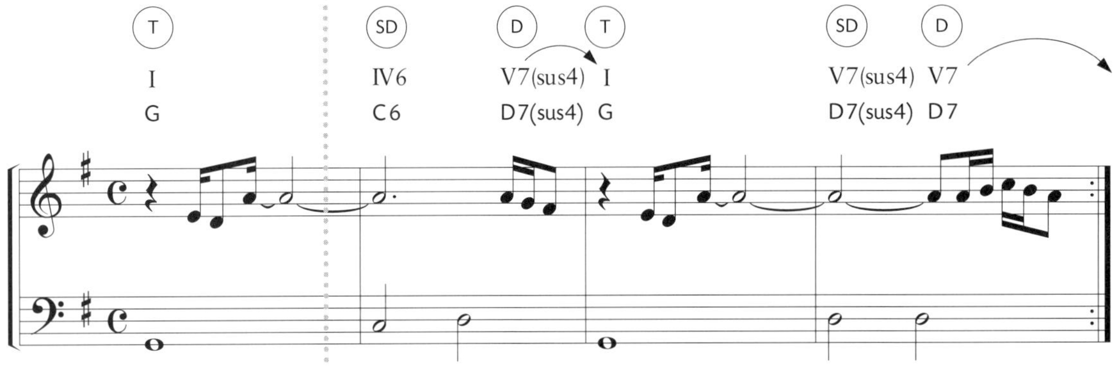

Wenn der V7(sus4) anstelle eines normalen V7 auftritt, hat er Dominant-Funktion; anstelle eines II–7 (od. IVmaj7) hat er Subdominant-Funktion. In den meisten Fällen steht eine Subdominante auf *Schwerzeit*, eine Dominante auf *Leichtzeit*.

Wenn der V7(sus4) als Subdominante auftritt, kann er (mit einem Schrägstrich, engl. slash) auch als IVmaj7 oder II–7 über den Grundton des V Akkords geschrieben werden. Solche Akkorde (*hybride Akkord-Strukturen* oder *„Hybrids"*) werden später noch genauer beschrieben.

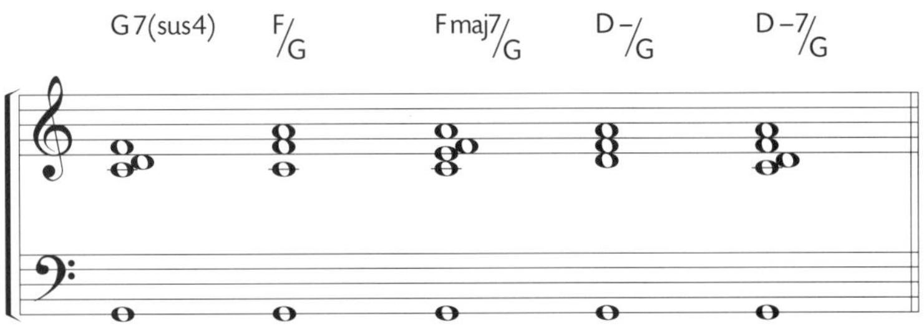

Der Schrägstrich trennt die obere Akkord-Struktur vom Grundton. Eine andere gebräuchliche Schreibweise ist: Fmaj7 (G Bass).

Diatonische Reharmonisation

Durch den Austausch von Akkorden mit derselben Funktion kann das Beispiel der vorigen Seite sehr einfach reharmonisiert werden. Das Ergebnis ist eine neue Akkord-Folge, welche ähnlich klingt wie die ursprüngliche:

Einige Bemerkungen zu dieser einfachen Reharmonisationsmethode:

- Die Melodie bleibt gleich
- Die Grundton-Fortschreitung hat sich verändert, aber nicht die Akkord-Funktionen.
- Die Melodie und die ausgewählten Reharmonisationsakkorde sind mit den Akkord-Skalen kompatibel.
- Die ursprüngliche Auflösung der beiden Dominant-Akkorde ist nicht mehr eine reine Quint abwärts.
- Der harmonische Rhythmus hat sich geändert.

Diatonische Stücke zur Analyse

„In a Mountain Greenery"
„My Romance" (erster Teil)
„Killing Me Softly" (fast alles)
„Mack The Knife"

3

Dominant-Akkorde und ihre diatonische Funktion

SEKUNDÄR-DOMINANTEN

Die Stärke der dominantischen Auflösung liegt in der Grundton-Bewegung eine *reine Quint abwärts.* Die Primär-Dominante einer Tonart ist der V7 Akkord, der nach I geht.

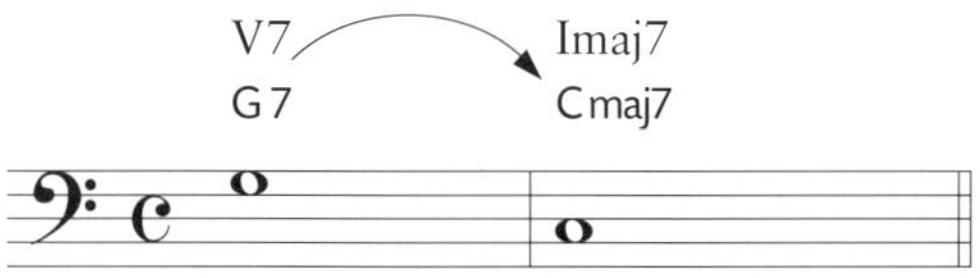

Ein Dominant-Akkord kann sich in jede Akkordqualität auflösen, obwohl die Auflösung in einen °7 oder –7(♭5) Akkord selten ist (Schluss von „Stella by Starlight"). Einzige Bedingung für die Auflösung ist die Grundton-Fortschreitung um eine reine Quint nach unten.

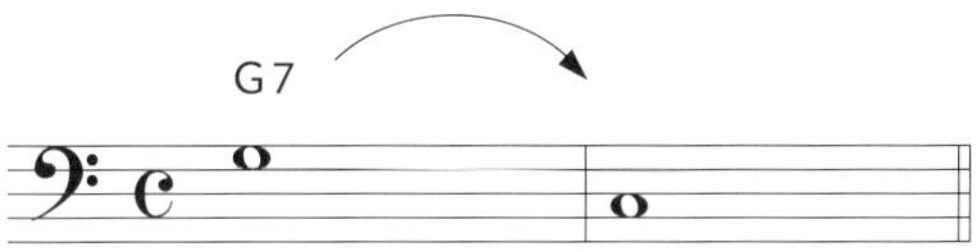

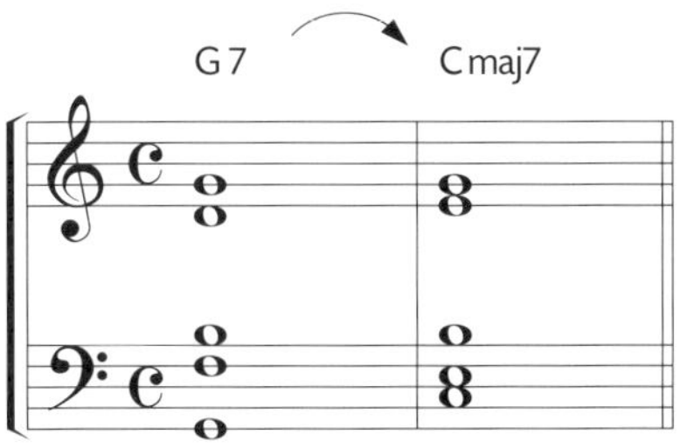

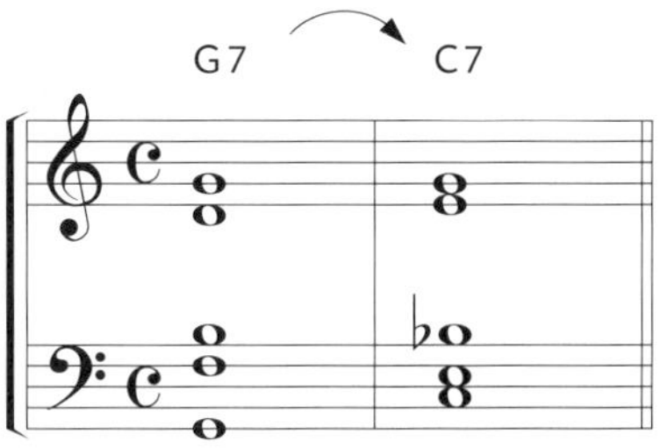

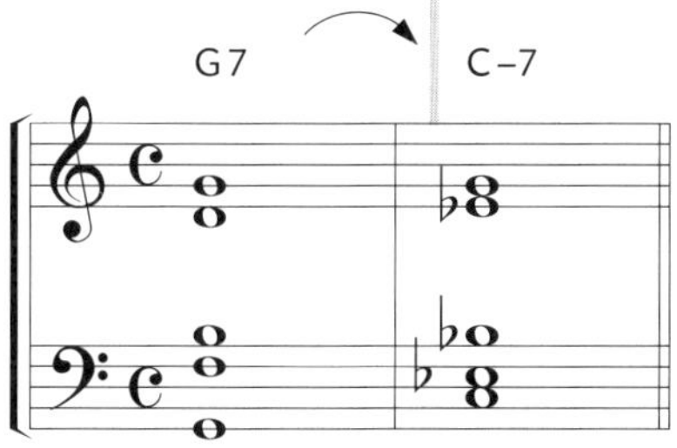

Die *Primär-Dominante* löst sich in die I. Stufe auf. *Sekundär-Dominanten* lösen sich ebenfalls eine reine Quint nach unten auf, doch Zielakkord ist einer der diatonischen Akkorde *außer I und VII–7(♭5)* (letzterer hat wieder einen Ausnahmestatus):

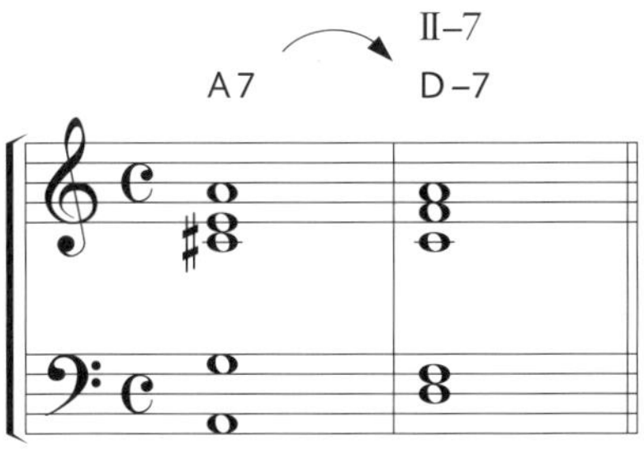

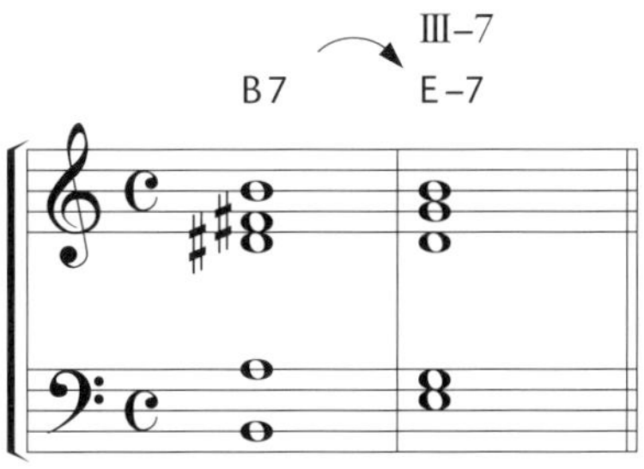

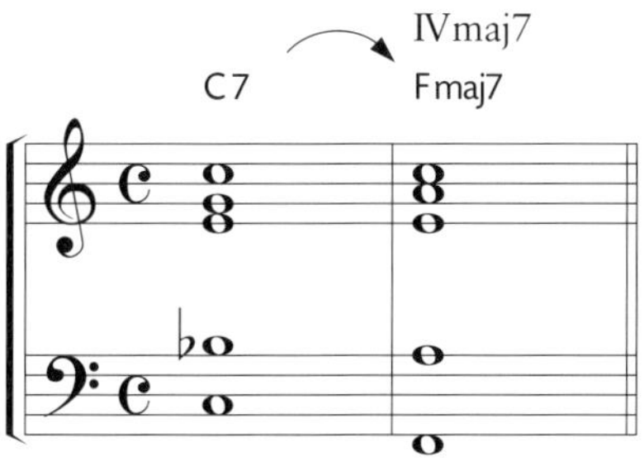

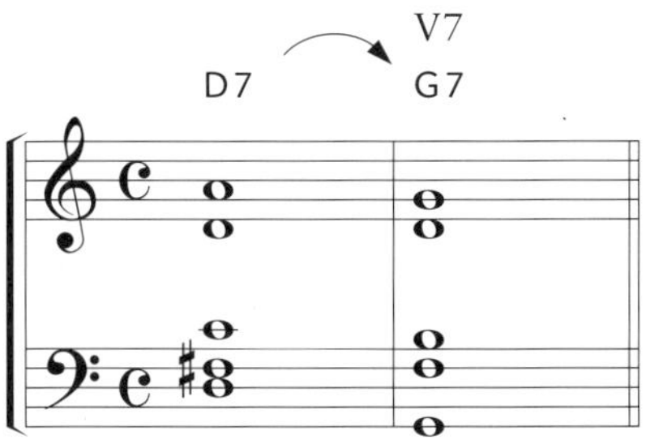

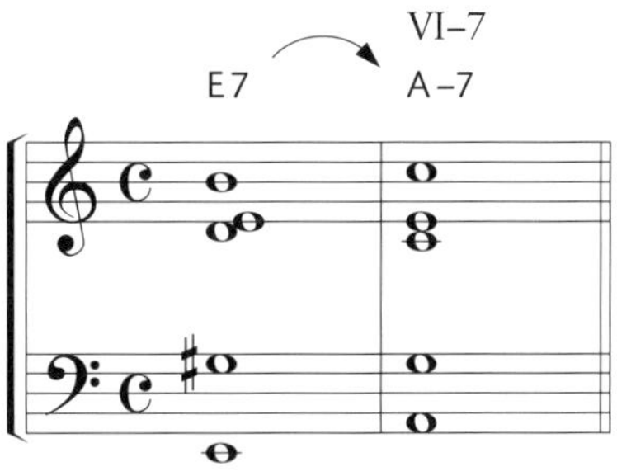

Der Pfeil zeigt eine Auflösung eine reine Quint nach unten an. Manche Analysemethoden verwenden I7, II7, III7 und so weiter, um die Sekundär-Dominanten zu bestimmen. Das Problem dieser Methode ist, dass sie zwar die Position des Akkords innerhalb der Tonart und seine Qualität angibt, aber nichts über seine Funktion aussagt. Die Funktion ist aber äußerst wichtig. Die hier verwendete Analysemethode zeigt, dass die Sekundär-Dominante die Dominante (V7) von einem diatonischen Akkord (II, III, IV, V, VI) ist. Zur Abkürzung wird „von" durch einen Schrägstrich ersetzt:

V7/II bedeutet V7 von II. Die Angabe der Qualität des Zielakkords ist nicht notwendig. Dasselbe Verfahren ist auch für Primär-Dominanten nützlich und sogar manchmal nötig:

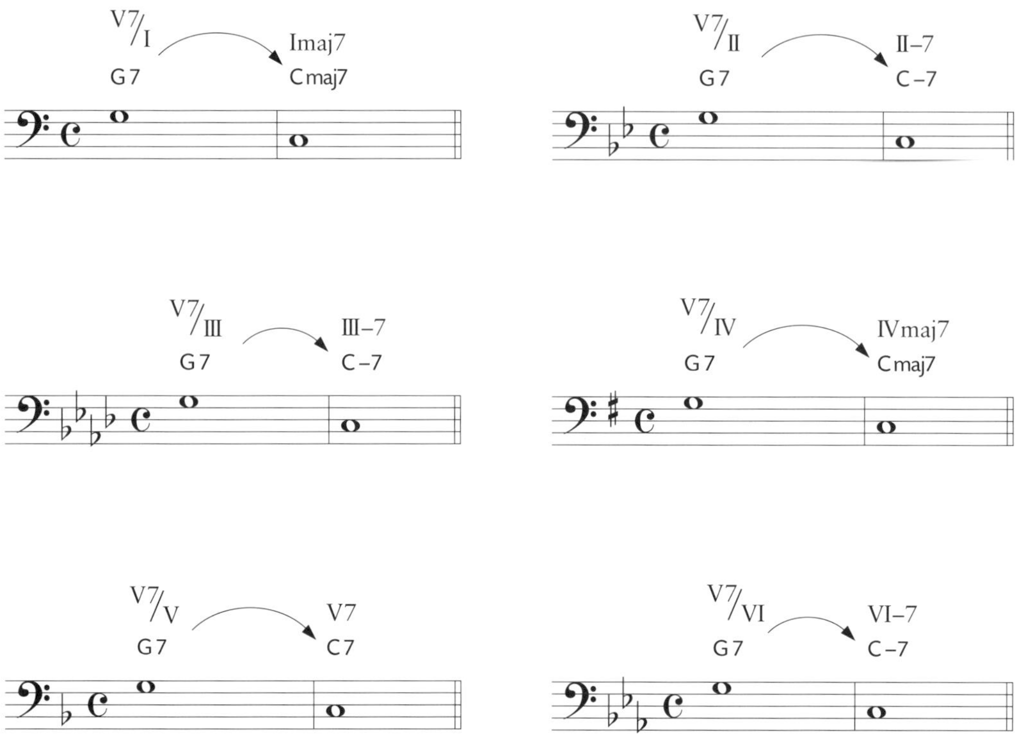

Alle Sekundär-Dominanten besitzen gemeinsame Merkmale:

- Sie enthalten mindestens einen nicht-diatonischen Akkordton.
- Sie lösen sich in einen diatonischen Akkord auf und haben daher diatonische Funktion.
- Die Grundtöne sind diatonisch. (Man beachte, dass die reine Quint über dem VII–7(♭5) nicht-diatonisch ist und es deshalb zu diesem Akkord keine Sekundär-Dominante geben kann.)

Alle Akkord-Skalen der Sekundär-Dominanten spiegeln diese gemeinsamen Eigenschaften wider: Sie enthalten *Akkordtöne* und *diatonische, nicht zum Akkord gehörende Töne:*

G7 = V7/I

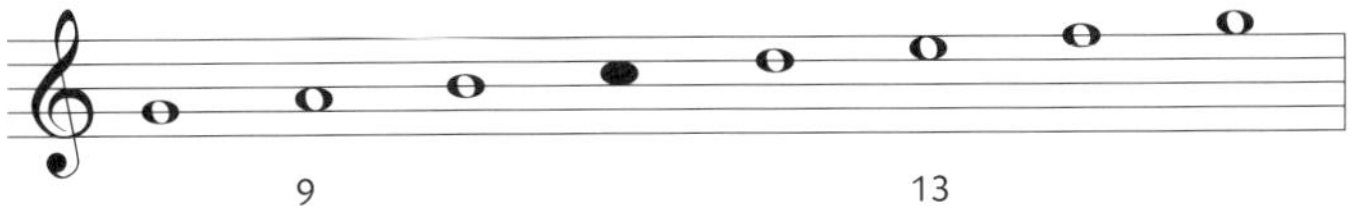

G7 = V7/II

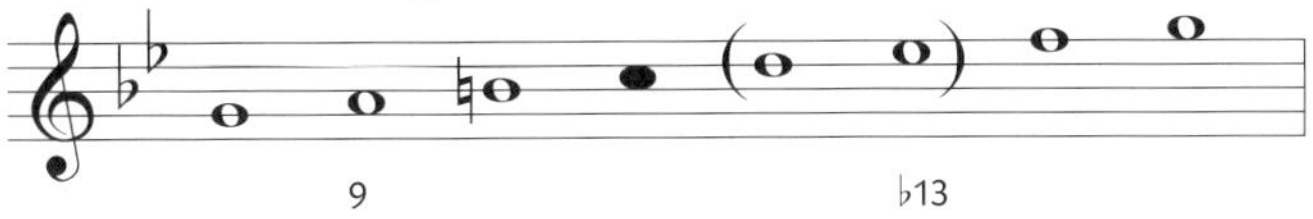

G7 = V7/III

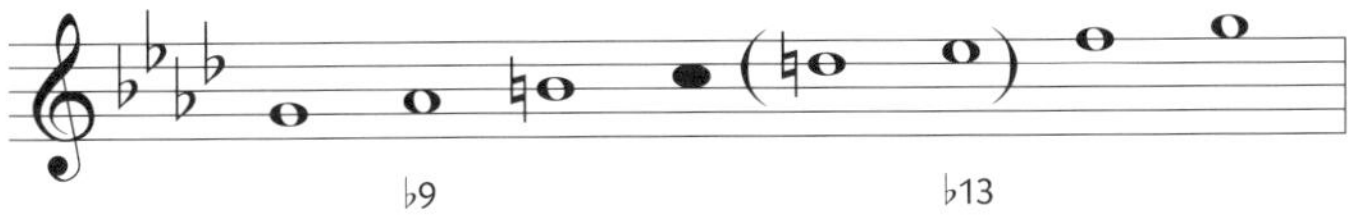

G7 = V7/IV

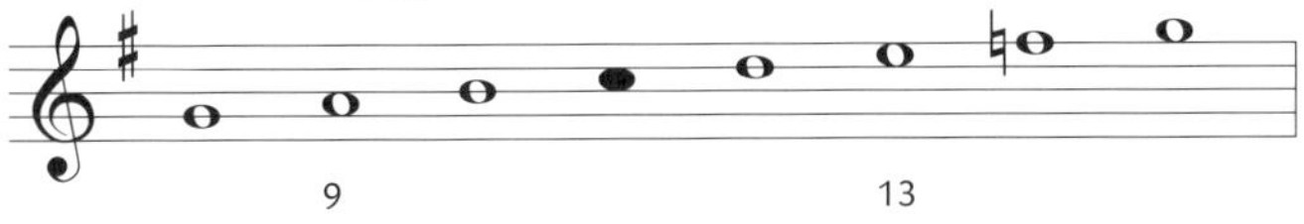

G7 = V7/V

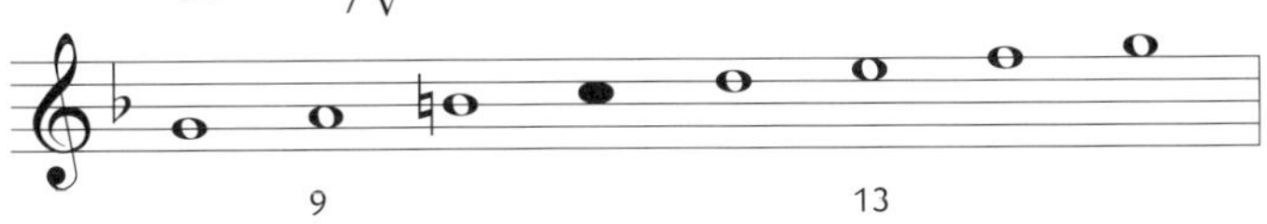

G7 = V7/VI

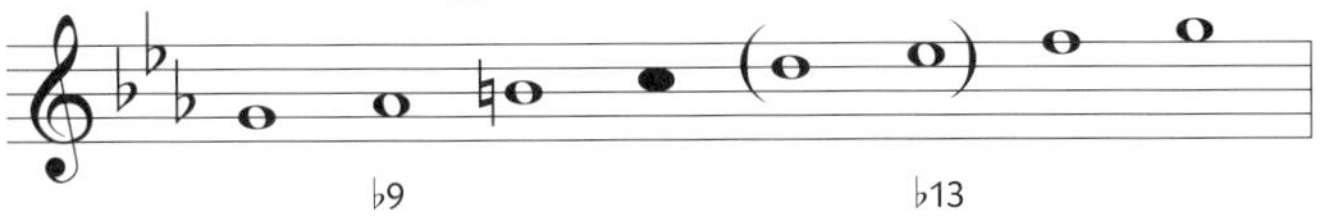

Vor der näheren Erklärung der angeführten Skalen eine kurze Anmerkung: Die Auseinandersetzung mit vielen Stücken verschiedener Stilrichtungen zeigt, dass die Analyse von Dominant-Akkorden Probleme bereitet. Sie sind sehr instabile Akkorde, haben aber auch das größte Potenzial für Trugschlüsse. Es ist beim ersten Hören eines Stücks nicht möglich zu sagen, was *passieren wird,* sondern nur, was zu *erwarten ist,* basierend auf vorangegangenen Erfahrungen. Es wäre keine trugschlüssige Wendung möglich, wenn die Akkord-Skala mit ihren verfügbaren Tensions dem Zuhörer verraten würde, dass ein Trugschluss auftreten wird.

Die verfügbaren Tensions und Avoid-Noten der Sekundär-Dominanten lassen den Zuhörer einen diatonischen Zielakkord erwarten. Hier, und nur hier, gibt es zwei weitere Ausnahmen bei den Merkmalen der Avoid-Noten:

- ♭9 ist *verfügbar*. ♭9 wurde schon früher verwendet, um den Zuhörer auf die Auflösung in einen Akkord, der eine reine Quint enthält, hinzuweisen. Ist ♭9 verfügbar, so ist auch ♯9 verfügbar. ♯9 erzeugt keine neue Avoid-Noten-Situation. Diese Skalen enthalten 8 verschiedene Töne.
- ♭13 ist *verfügbar*. ♭13 erzeugt den Klang, der die Auflösung in einen Moll-Akkord erwarten lässt. (Es ist die Moll-Terz des Zielakkords.) Es gibt jedoch eine Ausnahme: Diese klingt wie eine übermäßige Quint, obwohl sie als ♭13 zu bezeichnen ist. Wird sie in einem Akkord zusammen mit der reinen Quint verwendet, entsteht eine kleine None zwischen der reinen Quint und der ♭13, welche stark dissonant klingt und deshalb vermieden wird. Beide sind verfügbar, aber nicht im Zusammenklang. Wenn die Quint auftritt, darf die ♭13 nicht auftreten und umgekehrt. Ein Ton ist vom Auftreten des anderen abhängig, deshalb heißen sie auch **„bedingte Avoid-Noten"** (engl. conditional avoid notes) und werden in Klammer notiert.

Die einzige wirkliche Avoid-Note in allen Sekundär-Dominant-Akkord-Skalen ist der 4. Skalenton (11). Er entspricht dem Grundton des erwarteten Zielakkords und ist der Ton, der in allen mixolydischen Skalen harmonisch vermieden wird. Da erwartet wird, dass sich Dominant-Akkorde eine reine Quint nach unten auflösen, werden ihre Skalen als mixolydisch oder mixolydisch mit entsprechenden Alterationen der 9 und/oder der 13 bezeichnet:

V7/I = mixolydisch

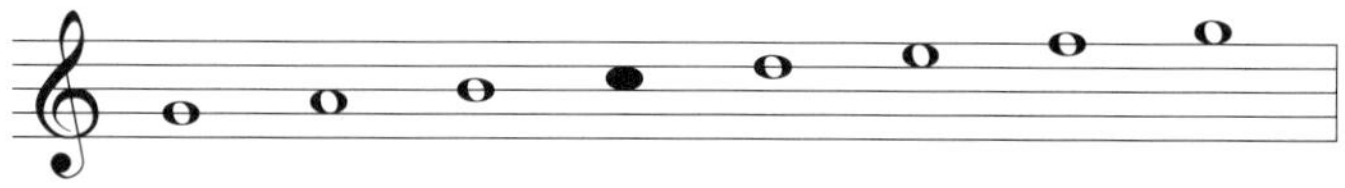

V7/II = mixolydisch (♭13)

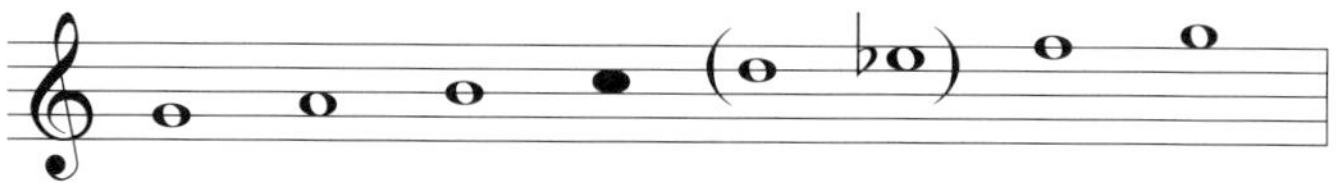

V7/III = mixolydisch (♭9, ♯9, ♭13)

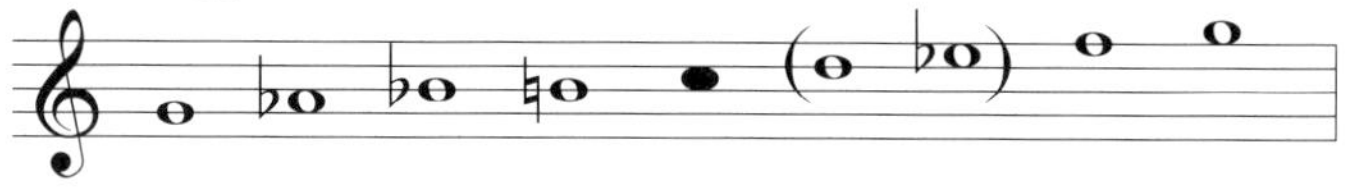

V7/IV = mixolydisch

V7/V = mixolydisch

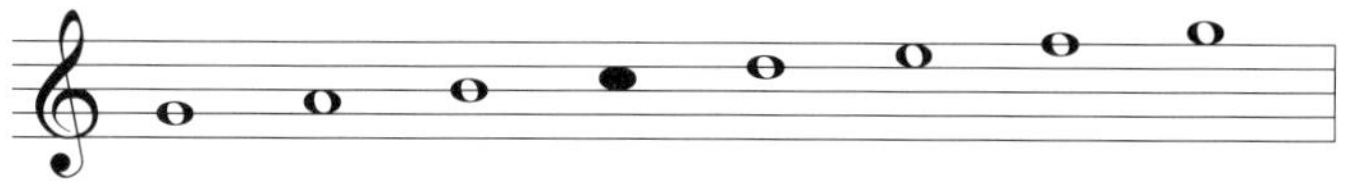

V7/VI = mixolydisch (♭9, ♯9, ♭13)

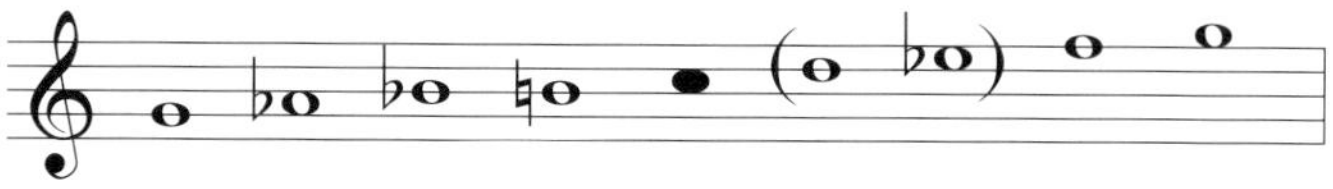

Es ist möglich, zusätzlich nicht-alterierte Töne der mixolydischen Skala zu alterieren, ohne die erwartete Auflösung zu verändern.

Die 9, 5 und/oder die 13 können zu ♭9 und ♯9, ♭5 und/oder ♭13 alteriert werden. Bereits *alterierte Töne* sollten nicht zu *nicht-alterierten* verändert werden, weil sich dadurch die erwartete Auflösung ändert:

mixolydisch

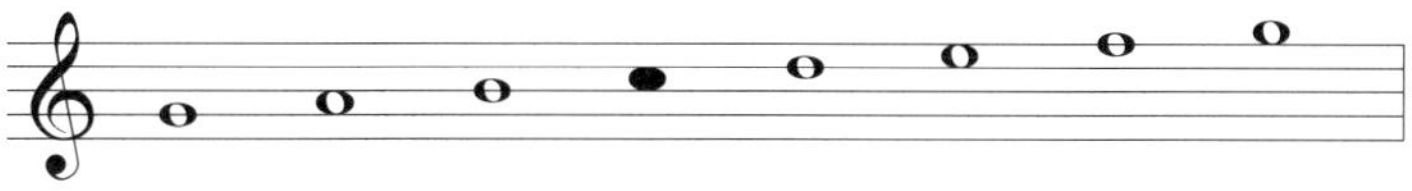

mixolydisch (♭13)

mixolydisch (♭9)

mixolydisch (♭9, ♯9, ♭13)

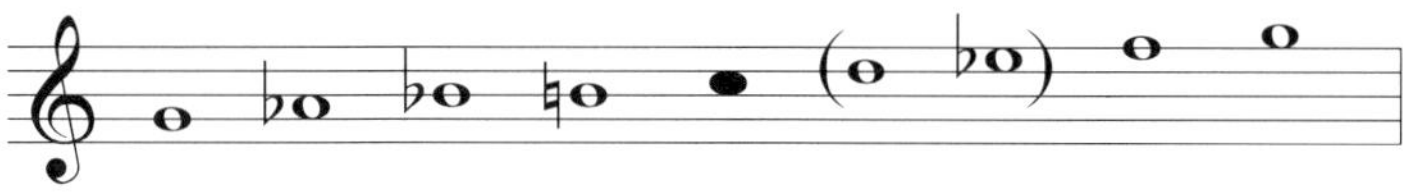

alteriert

Da die letzte der oben angeführten Skalen keine Avoid-Note enthält, scheint sie nicht mixolydisch zu sein. Ihre Funktion bleibt jedoch mixolydisch. Die alterierte Skala ist auch als **Vermindert-Ganzton-Skala** (engl. diminished wholetone) bekannt (sie enthält dasselbe Tonmaterial wie die Skala melodisch Moll, ausgehend von der VII. Stufe). Weitere Skalen, die mixolydische Funktion haben aber keine Avoid-Note enthalten, sind die Ganzton-Skala und die Symmetrisch-Dominant-Skala. Letztere wird später ausführlich behandelt. **Die Ganzton-Skala** wird für übermäßige Sept-Akkorde verwendet:

oder:

Zu bemerken ist, dass es mit Ausnahme von °7 Akkorden keine einzige Akkord-Skala gibt, in der *derselbe Skalenton gleichzeitig alteriert und nicht-alteriert* vorkommt, z.B. eine mixolydische Skala mit ♮5 and ♭5.

Primär- und Sekundär-Dominant-Akkord-skalen

Zusammenfassung

V7/I • • • mixolydisch – mixolydisch mit Alterationen – alteriert – Ganzton
V7/II • • • mixolydisch (♭13) – mixolydisch (♭9, ♯9, ♭13) – alteriert – Ganzton
V7/III • • mixolydisch (♭9, ♯9, ♭13) – alteriert
V7/IV • • mixolydisch – mixolydisch mit Alterationen – alteriert – Ganzton
V7/V • • mixolydisch – mixolydisch mit Alterationen – alteriert – Ganzton
V7/VI • • mixolydisch (♭9, ♯9, ♭13) – alteriert

Die folgende, etwas ungewöhnliche Akkord-Progression zeigt ein weiteres wichtiges Merkmal von Sekundär-Dominanten. Primär- und Sekundär-Dominanten lösen sich von Leichtzeit in einen schwereren Taktteil auf. Erfüllt ein Dominant-Akkord diese Bedingung nicht, so kann eine Sekundär-Dominante auch nicht als solche gehört werden. Zum Verständnis dieser Unterscheidung ist es notwendig, den harmonischen Rhythmus zu untersuchen:

Im obigen Beispiel wurde A–7 D7 mit Klammer analysiert. Das ist ein Beispiel für eine *Doppelfunktion*. A–7 ist der diatonische VI–7 und gleichzeitig der bezügliche II–7 Akkord von D7. A–7 D7 ist immer *ein* II–7 V7, aber nicht immer *der* diatonische II–7 V7 Akkord. Diese Doppelfunktion ermöglicht eine Auswahl von Akkord-Skalen: Entweder die diatonische Skala des VI–7 Akkords, oder, als zweite Möglichkeit, eine dorische (II–7) Akkord-Skala. Der Geschmack des Komponisten, Arrangeurs oder Musikers entscheidet.

Man beachte: Wenn V7/IV sich in IVmaj7 auflöst, bleibt der nicht-diatonische Ton im Gedächtnis des Zuhörers (siehe oben: C7 nach Fmaj7), und die daraus resultierende *Akkord-Skala für IVmaj7 ist daher in diesem speziellen Fall ionisch.* Das ist der einzige maj7 Akkord mit einer solchen Skalen-Anpassung.

Stücke zur Analyse von Sekundär-Dominanten

„Waltz For Debby" (B Teil)

„Desafinado" (Teile davon)

„Too Little Time" (Mancini, aus der „Glenn Miller Story")

Harmonischer Rhythmus

Der harmonische Rhythmus ist ein übergeordneter Puls, der durch die harmonischen Wechsel entsteht. Im 4/4 Takt hat der typische harmonische Rhythmus 2, 4 und 8 Schläge pro Akkord:

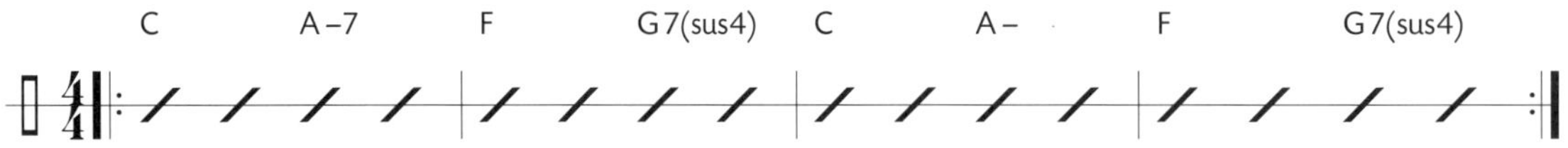

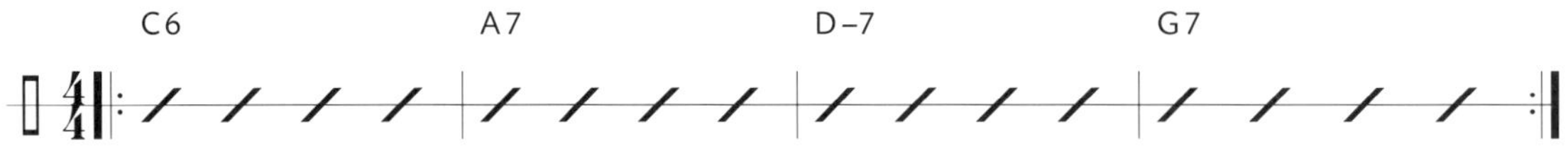

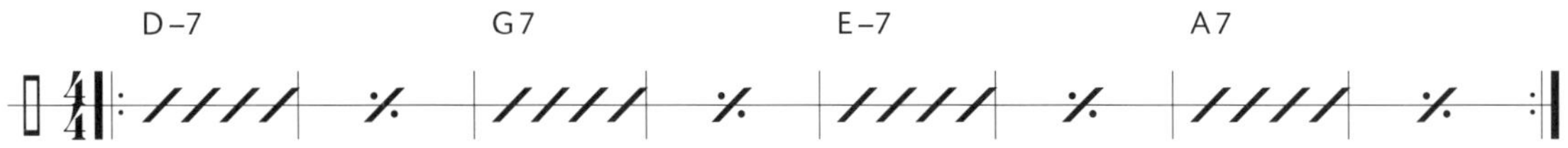

In Dreier-Takten hat er meistens 3 und 6 Schläge pro Akkord:

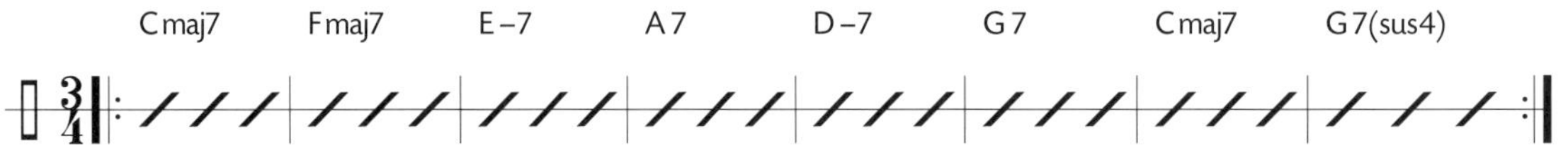

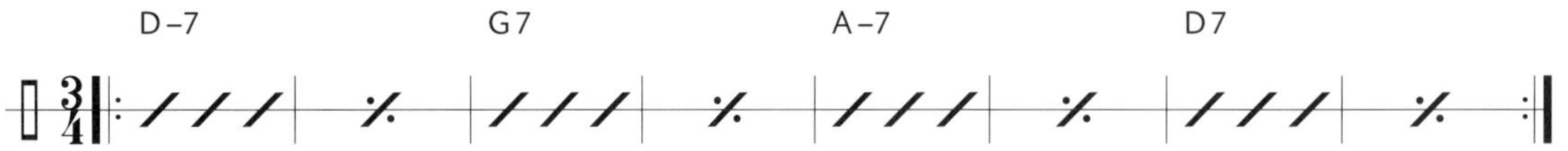

Es ist eine Hörgewohnheit, den rhythmischen Puls in Vierer-Gruppen zu hören. Der erste Schlag ist der stärkste (S=Schwerzeit), der dritte ist nicht ganz so stark (=s), der zweite ist schwächer (L=Leichtzeit), der vierte ist der schwächste (=l):

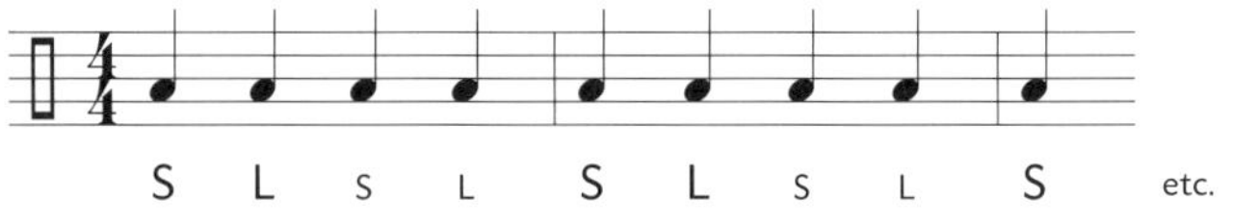

Dieses Betonungsmuster kann bei verschiedenen harmonischen Rhythmen gezeigt werden:

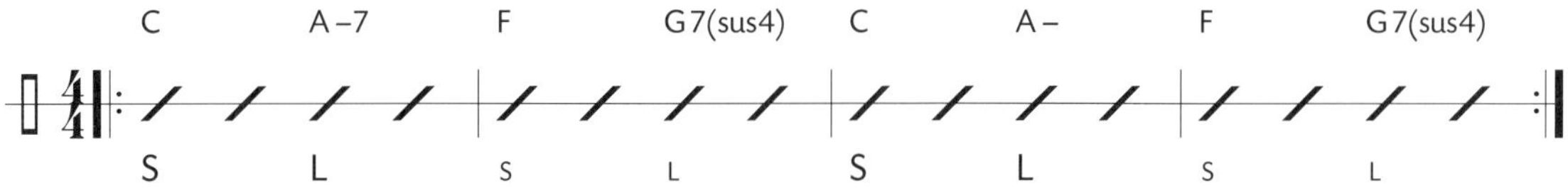

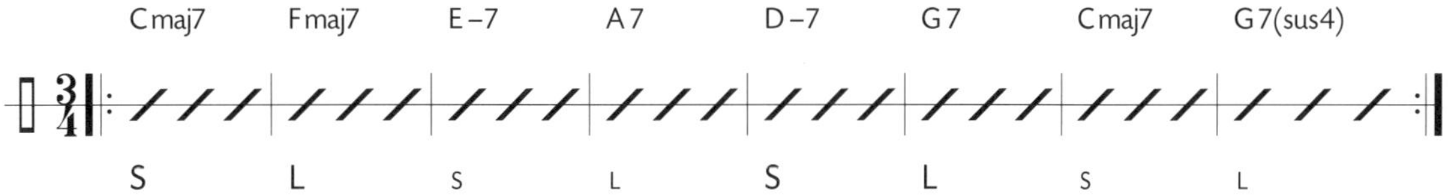

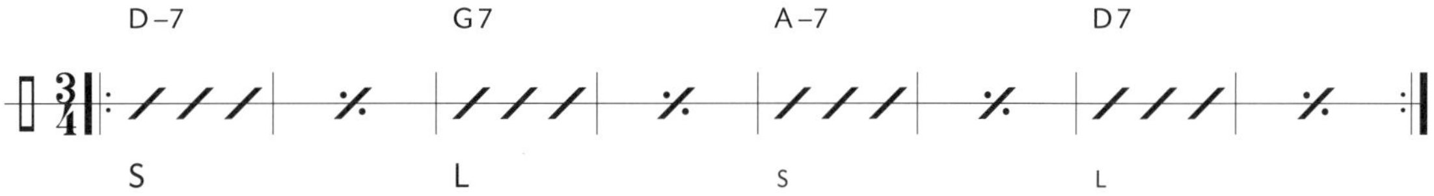

Mit wenigen Ausnahmen bewegen sich harmonische Progressionen von einem leichten zu einem schwereren Taktteil. Der V7 Akkord löst sich üblicherweise in eine Tonika auf, indem er sich von einer Leichtzeit zu einem schweren Schlag bewegt:

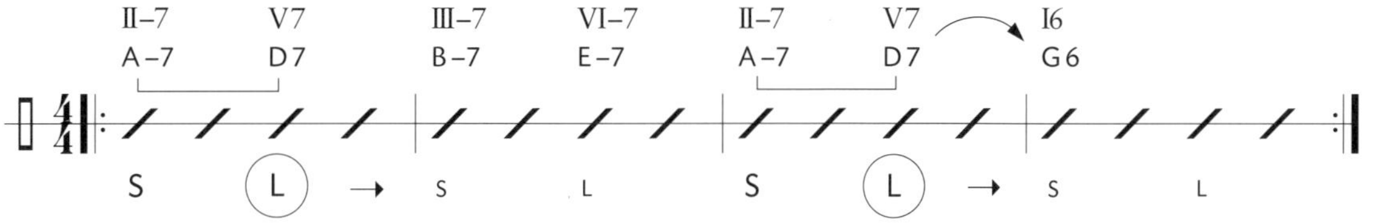

Dieser harmonische Fluss von leicht zu schwer ist auch für Sekundär-Dominanten typisch, wie das nächste Beispiel zeigt.

Alle Dominanten stehen auf leichterer Zeit als ihr Auflösungs-Akkord. Die Stärke eines Pulses ist relativ; man beachte, dass G7 im Takt 4 auf einer betonten Zeit steht, diese aber schwächer ist als die Schwerzeit, auf der die Auflösung eintritt:

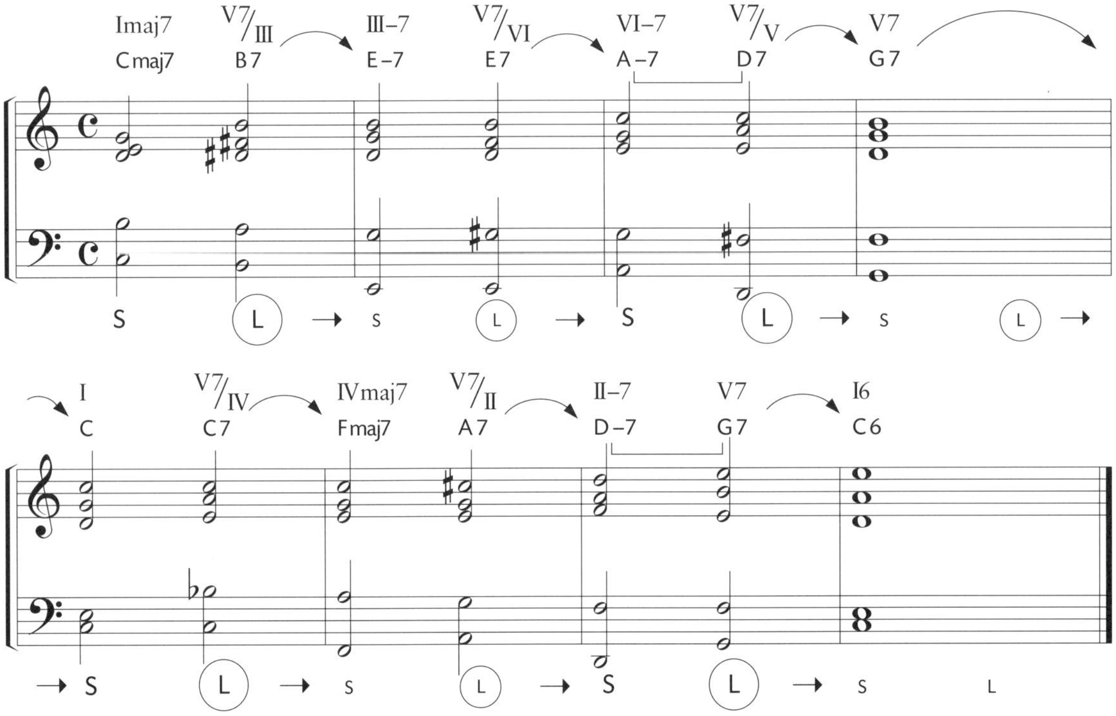

In der praktischen Musikwelt ist der harmonische Rhythmus nicht immer so gleichmäßig platziert wie in den angeführten Beispielen. Überlappende Abfolgen sind normal; z.B. kann der 3. Impuls zum 1. des nächsten Musters werden, wie in „Girl From Ipanema"; oder Muster können innerhalb eines anderen, größeren übereinander liegen, wie in „Sophisticated Lady". Die Suche nach interessanten harmonischen Rhythmen ist als Beitrag zu guten Kompositionen unersetzbar.

Sequenz-Dominanten

Dieser Begriff wird für Dominant-Akkorde verwendet, auf die Definitionen der Primär- oder Sekundär-Dominanten nicht zutreffen.

Die Charakteristika von Sekundär-Dominanten sind:

- Sie sind nicht-diatonische Strukturen.
- Sie haben diatonische Funktion.
- Die Grundtöne sind diatonisch.
- Die dazugehörigen Akkord-Skalen haben diatonischen Bezug.
- Sie treten auf leichterer Zeit auf als ihre Auflösung.
- Als Auflösung wird ein diatonischer Akkord erwartet.

Werden diese Kriterien nicht erfüllt, so handelt es sich um eine *Sequenz-Dominante.* Sequenz-Dominanten sind nicht-diatonische Dominant-Akkorde, die sich in eine weitere Sequenz-Dominante oder in den bezüglichen II–7 einer Sequenz-Dominante auflösen können. Man erwartet, dass sie eventuell in die Diatonik zurückkehren. *Sekundär-Dominanten sind die Ausgangsbasis für Sequenz-Dominanten.* Man beachte, dass in folgender Quintfall-Sequenz sowohl die Sekundär-Dominanten als auch die Primär-Dominante zu Sequenz-Dominanten werden, da sie sich in eine weitere Sequenz-Dominante auflösen:

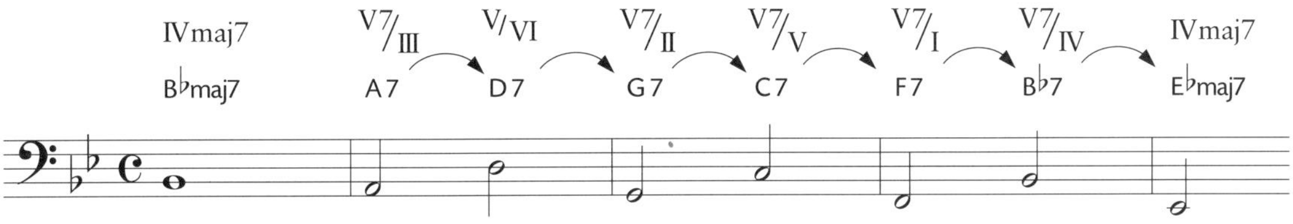

Diese Akkorde sind nicht mehr Dominanten eines diatonischen Akkords. Jeder Akkord ist Dominante einer Ziel-Dominante. Sie haben keine diatonische Funktion. Als Vergleich zu den Sekundär-Dominanten nun

die Charakteristika von Sequenz-Dominanten:

- Sie sind nicht diatonisch. (Ausgenommen V7 in einem Fall wie oben.)
- Sie haben *keine* diatonische Funktion.
- Die Grundtöne sind diatonisch.
- Die dazugehörigen Akkord-Skalen haben *keinen* diatonischen Bezug.
- Sie können auf Leicht- oder Schwerzeit auftreten.
- Man erwartet eine Auflösung in eine weitere Sequenz-Dominante.

Das oben gezeigte Beispiel ist etwas ungewöhnlich, aber ähnliche Akkord-Folgen existieren in der Praxis. Der typischste Fall einer Sequenz-Dominant-Folge gipfelt im V7, der sich nach Imaj auflöst:

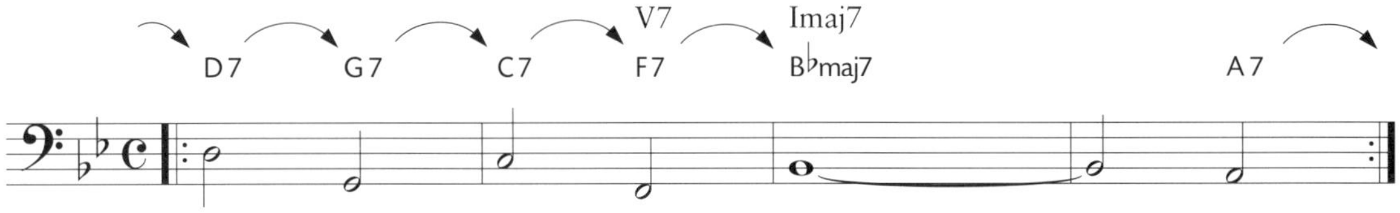

Theoretisch müsste F7 als V7 von I; C7 als V7 von V7 von I; G7 als V7 von V7 von V7 von I; D7 als V7 von V7 von V7 von V7 von I bezeichnet werden. A7 wäre schließlich:

V7/V7/V7/V7/V7/I

Diese Schreibweise ist ziemlich unpraktisch. Da Sequenz-Dominanten sich erwartungsgemäß in weitere Sequenz-Dominanten auflösen, klingt jeder Akkord wie eine *Dominante einer Dominante,* also V7/V. Aber jeden Akkord als V7/V zu bezeichnen wäre nicht korrekt, da im vorigen Beispiel nur C7 der wirkliche V7/V ist. Anstatt jeden Akkord mit einer ungenauen oder unpraktischen Schreibweise zu versehen, ist es ausreichend und verständlich, eine Dominant-Kette nur mit Hilfe von Pfeilen zu beschreiben.

Sequenz-Dominanten lösen sich in einen diatonischen Akkord auf.

Es gibt zwei Möglichkeiten, wie eine Sequenz-Dominant-Folge beginnen kann:

Da alle Sequenz-Dominanten den gleichen Akkordklang haben wie Sekundär-Dominanten, kann der erste Akkord einer solchen Sequenz eine Sekundär-Dominante sein, die sich trugschlüssig auflöst.

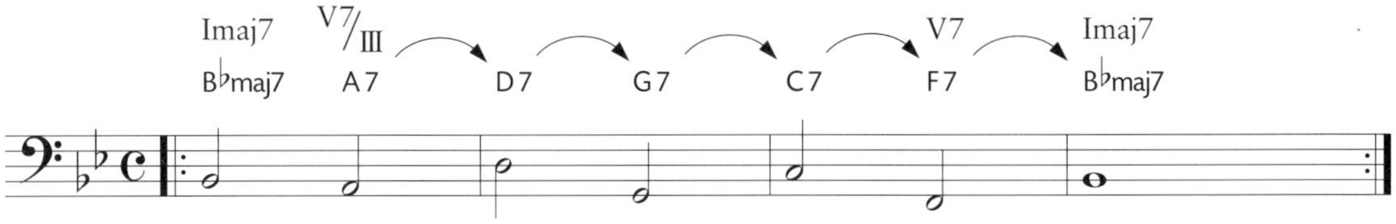

oder:

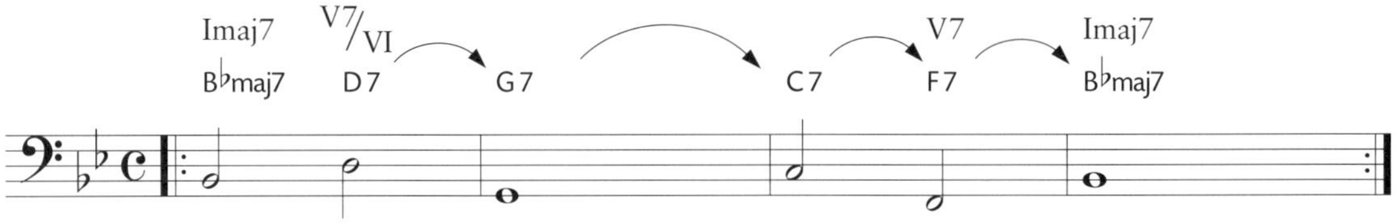

oder:

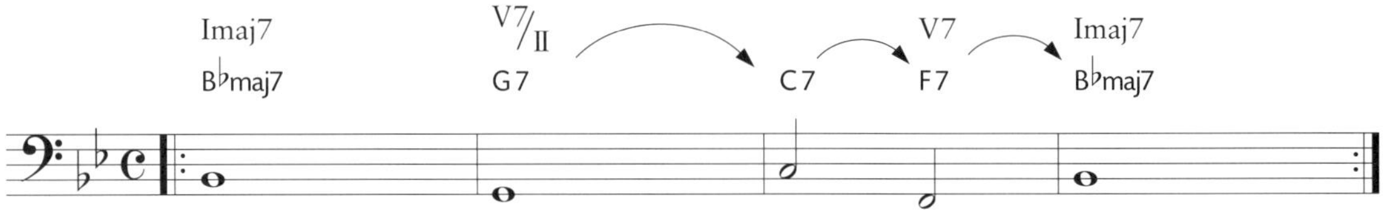

Ein Problem dieser Analyse muss noch geklärt und aus dem Weg geräumt werden. Der erste Akkord in jeder Dominant-Folge wird als Sekundär-Dominante analysiert, die sich aber nicht in den erwarteten diatonischen Akkord auflöst. Um diese trugschlüssige Auflösung zu zeigen, gibt es ein wichtiges Analyse-Symbol:

Klammern umschließen das Akkord-Symbol, welches die erwartete Auflösung beschreibt.

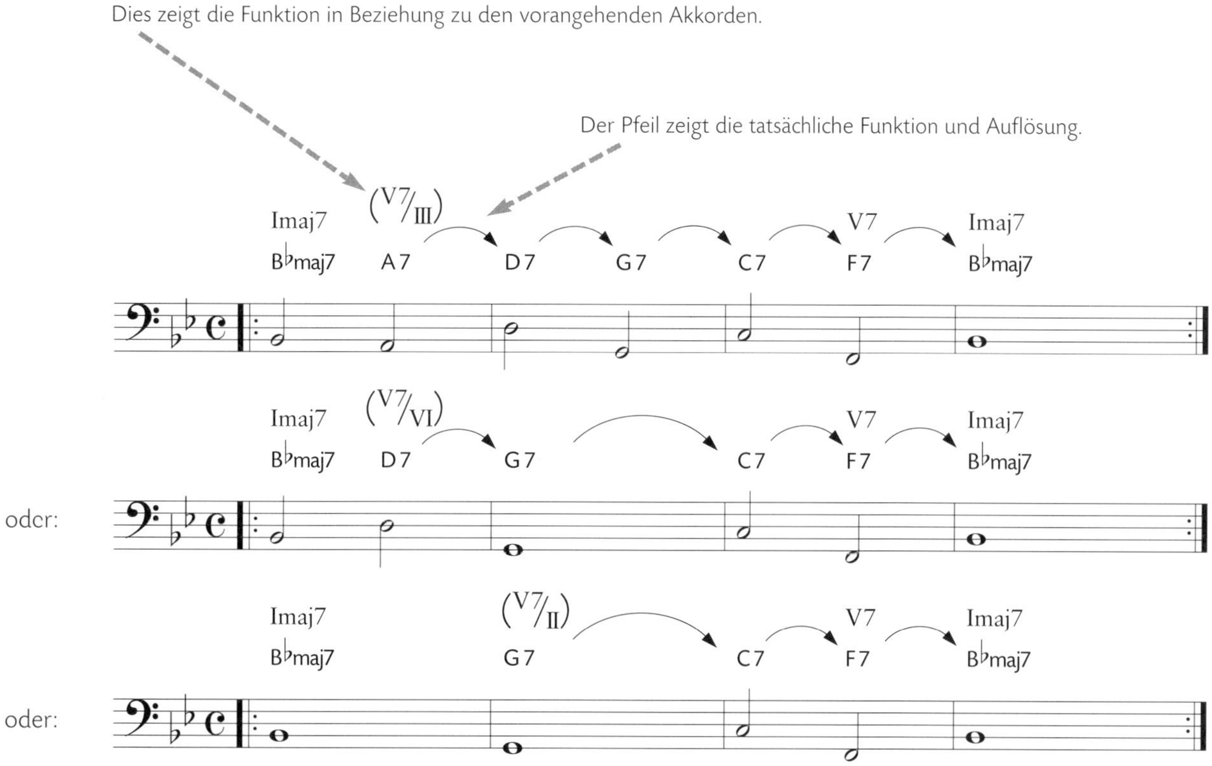

Die Klammer-Analyse beschreibt den Funktionswechsel eines Akkords.

Die andere Möglichkeit, wie eine Sequenz-Dominant-Folge beginnen kann, hängt mit dem harmonischen Rhythmus zusammen und mit der Tatsache, dass Sekundär-Dominanten auf Leichtzeit stehen. In den vorangehenden Beispielen wurde der erste Akkord einer Dominant-Kette als Sekundär-Dominante analysiert, die sich trugschlüssig auflöst. Was passiert, wenn ein Stück mit diesem Akkord beginnt? Der Beginn ist die stärkste mögliche Schwerzeit überhaupt. Es kann folglich keine Sekundär-Dominante sein. Jede Dominante an dieser Stelle ist daher eine Sequenz-Dominante und wird mit einem Pfeil analysiert. Zusätzlich ist es hilfreich, mit einer arabischen Ziffer das Verhältnis zur Tonart zu kennzeichnen, da Sequenz-Dominanten keine diatonische Orientierung zulassen:

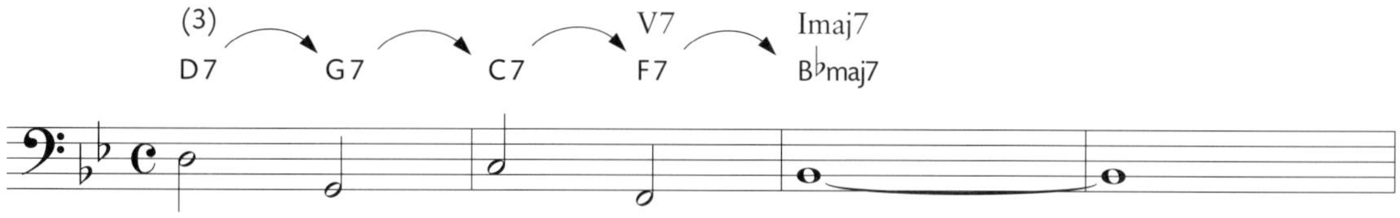

Bei genauerem Studium der komplexen Kriterien für Sequenz-Dominanten kann man sehen, dass sie auch einzeln auftreten können, wenn sie auf Schwerzeit stehen und sich in einen diatonischen Akkord auflösen:

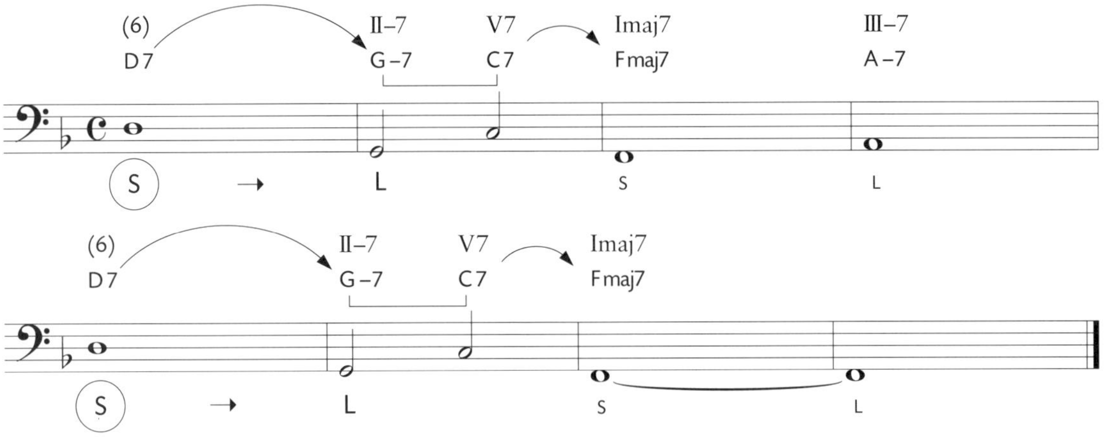

Die Akkorde einer Dominant-Folge werden als Dominante einer Dominante gehört: V7/V. *Die dazugehörige Akkord-Skala ist dieselbe wie für den richtigen V7/V, nämlich mixolydisch,* egal ob sie diatonisch ist oder nicht.

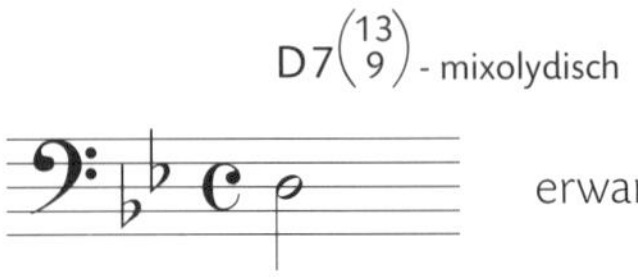

erwartete Auflösung nach G7 wie V7/V

erwartete Auflösung nach C7 wie V7/V

erwartete Auflösung nach F7 wie V7/V

Hier ist die leichteste Betonung in dieser Akkord-Folge. Die meisten Zuhörer würden eine diatonische Auflösung oder eine Fortsetzung der Sequenz erwarten.

Akkorde werden zuerst ihrem Klang nach analysiert:

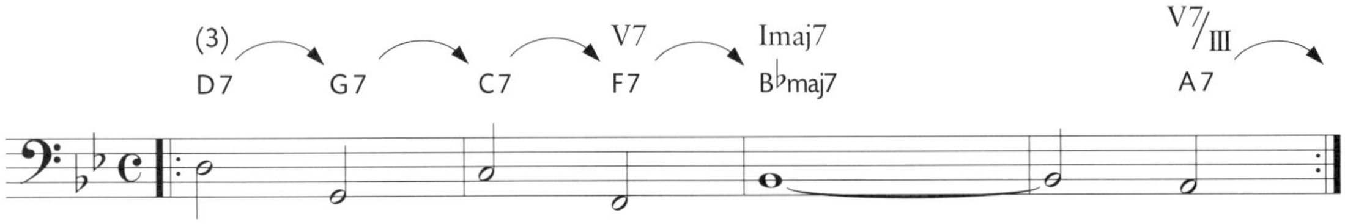

Symbole, die eine trugschlüssige Wendung kennzeichnen, werden in Klammer geschrieben:

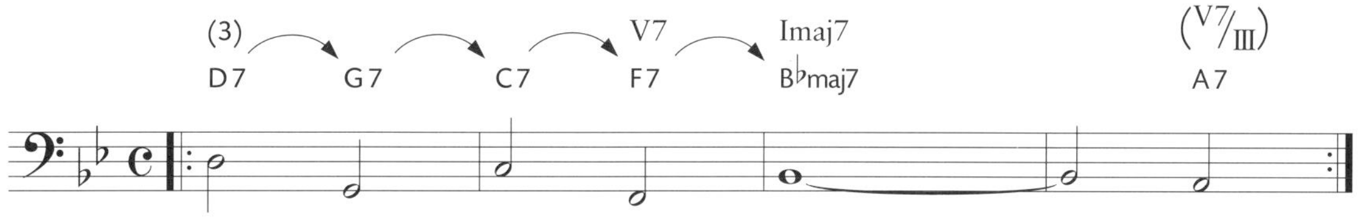

Die tatsächliche Auflösung wird hinzugefügt:

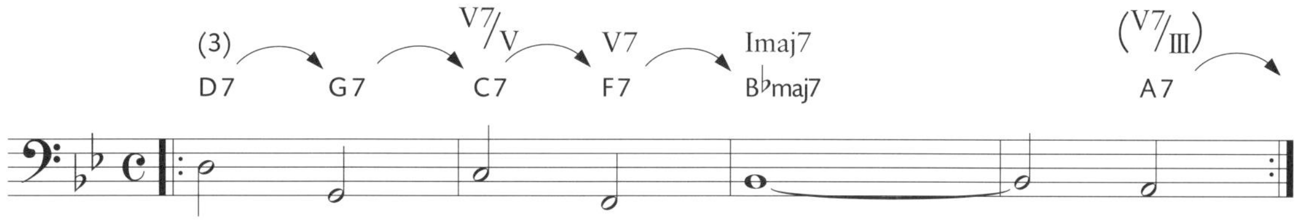

Die Akkord-Skala jedes Akkords, der trugschlüssig weitergeführt wird, ist die in der Klammer analysierte, da sie den funktionalen Klang des Akkords beschreibt. A7, wie oben, wäre als V7/III mixolydisch (♭9, ♯9, ♭13).

Erfahrene Musiker bzw. Zuhörer können, wie im vorigen Beispiel, den V7/V einer Dominant-Kette als Sekundär-Dominante und nicht als Sequenz-Dominante hören. In beiden Fällen ist die Akkord-Skala aber mixolydisch. Unerfahrene Zuhörer mögen sogar die Primär-Dominante als Sequenz-Dominante der Dominant-Kette auffassen. Auch hier bleibt die Skala mixolydisch.

Die vorangehende Information ist nicht als absolut zu betrachten. Es gibt immer wieder Mehrdeutigkeiten, besonders wenn der harmonische Rhythmus mit einbezogen wird. Das Stück „All of Me" enthält einen Dominant-Akkord, der auf Schwerzeit steht und sich in eine Leichtzeit auflöst. *Es ist trotzdem keine Sequenz-Dominante, sondern eine Sekundär-Dominante.* Die Melodie oder die Akkord-Skala-Auswahl, der Stil oder die Absicht des Komponisten sind potenzielle Faktoren, die einen Beitrag zum Erfassen von Sequenz-Dominanten liefern. Doch der wichtigste Faktor ist der *Klang.* Was wie eine Sekundär-Dominante klingt, ist eine Sekundär-Dominante; was wie eine Sequenz-Dominante klingt, ist eine Sequenz-Dominante.

Stücke zur Analyse von Sequenz-Dominanten

„I Got Rhythm" (B-Teil)

„Waltz For Debby" (A-Teil)

„All of Me"

„Quiet Nights" (Teile davon)

Sequenz-Dominanten in der klassischen Musik

Auch in der klassischen Musik sind Sequenz-Dominanten anzutreffen. Sie werden als Spezialfall einer Quintfall-Sequenz betrachtet. (Der Name Sequenz-Dominanten ist noch nicht sehr verbreitet.)

Bereits Mozart hat sie zur emotionalen Steigerung musikalischer Abläufe verwendet und dadurch besonders dramatische Effekte erzielt. Im 19. Jahrhundert werden sie durch zunehmende Chromatisierung öfter verwendet, das wohl bekannteste Beispiel ist „Romeo und Julia" von Peter I. Tschaikowsky:

Interessant sind dabei die verwendeten Akkord-Erweiterungen (Tensions). Der Spannungsgehalt jeder Dominante wird durch eine hinzugefügte ♭9 (in der Melodie oder den Akkorden) erhöht. Diese Sequenz wird mit einer II–7(♭5) V7 I Kadenz abgeschlossen. Obwohl diese Akkord-Folge sehr Jazz-orientiert ist, entstand sie zu einer Zeit, in der es noch keinen Jazz gab und erst Jahrzehnte später dafür entdeckt wurde.

Hier beginnen die Sequenz-Dominanten:

Eine bemerkenswerte Tatsache bei der Analyse von Sequenz-Dominanten in klassischer Musik ist die Behandlung des Leittons der jeweiligen Dominanten. Nach klassischen Stimmführungsregeln müsste sich der Leitton nach oben zum Grundton des Auflösungsakkords bewegen. Bei einer Auflösung in eine weitere Dominante bewegt sich die Terz = Leitton aber um einen Halbton nach unten zur Sept der folgenden Dominante. Dadurch wird die Terz zur Sept und die Sept zur Terz. Im Jazz werden diese Töne auch „Guide Tones" genannt, eine Tonverbindung mehrerer „Guide Tones" heißt „Guide Tone Line".

Substitutions-Dominanten

Die Instabilität des Dominant-Akkords wird durch den Tritonus verursacht. Auch andere Akkorde enthalten einen Tritonus, aber dominantischer Klang entsteht nur, wenn dieser *zwischen Terz und Sept* auftritt:

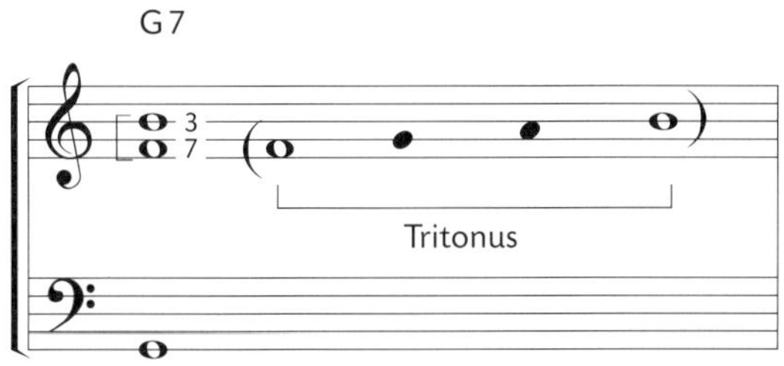

Werden die Töne des Tritonus gegeneinander vertauscht, ergeben die neuen Positionen von Terz und Sept einen neuen Dominant-Akkord mit demselben Tritonus (enharmonisch vertauscht):

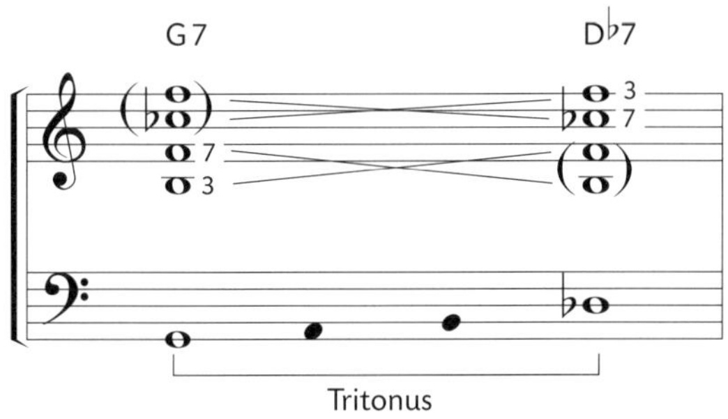

Das sind *Substitutions-Dominant-Akkorde*. Sie werden auch *Tritonus-Substitutionen* genannt, weil sie gemeinsame Tritoni besitzen und die Grundtöne einen Tritonus auseinander liegen. In C Dur ist G7 die Primär-Dominante und D♭7 ihre Substitutions-Dominante. G7 ist V7, und D♭7 wird als subV7 bezeichnet. Diese Bezeichnung bedeutet *Substitution vonV7*.

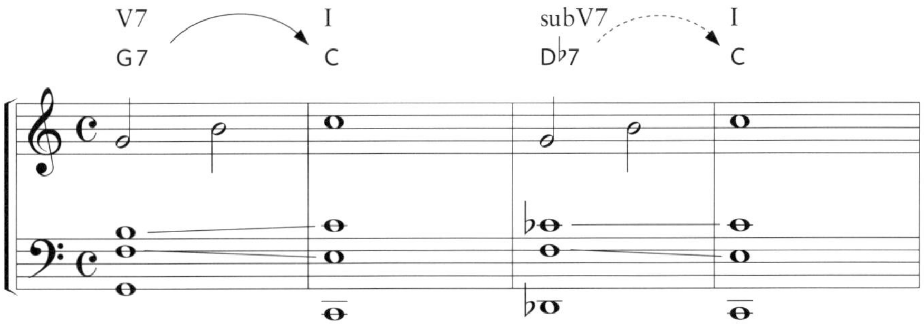

Die Kennzeichnung einer dominantischen Auflösung, die sich eine *reine Quint abwärts* bewegt, ist ein *durchgezogener Pfeil;* die Auflösung von subV7 bewegt sich einen *Halbtonschritt* nach unten und wird durch einen *gestrichelten Pfeil* dargestellt. *Der gestrichelte Pfeil kennzeichnet alle dominantischen Auflösungen einen Halbtonschritt nach unten.* Die erwartete Auflösung aller Arten von mixolydischen Akkord-Skalen (einschließlich der alterierten und der Ganzton-Skala) ist eine reine Quint nach unten; die Akkord-Skala für eine Substitutions-Dominante ist deshalb *nicht* mixolydisch. Die andere Dominant-Akkord-Skala, die im Anfangskapitel dieses Buches gezeigt wurde, ist *lydisch ♭7*. Sie ist die richtige Akkord-Skala für Substitutions-Dominanten, und ein Vergleich der Töne dieser Skala mit denen des Dominant-Akkords, den sie ersetzt, zeigt die Gemeinsamkeiten der beiden Akkord-Skalen:

Die Akkord-Skala der Substitutions-Dominante enthält dieselben Töne wie die alterierte Skala der Dominante. Obwohl diese Akkorde dieselbe Funktion haben, können sie nicht willkürlich ausgetauscht werden, vor allem wenn die Melodie *nicht-alterierte* Töne der mixolydischen Skala der Dominante enthält. Akkorde mit mixolydischer oder irgendeiner Form von alterierter mixolydischer Skala lassen eine Auflösung eine reine Quint nach unten erwarten; Akkorde mit lydisch♭7 Skala lösen sich *nicht* mit einer Grundton-Bewegung eine reine Quint nach unten auf.

Unter den zwölf möglichen Dominant-Akkorden gibt es sechs Paare, die sich gegenseitig ersetzen können. Darunter sind die Primär-Dominante V7 und ihre Substitution (subV7), sowie subV7/IV und subV7/V als Substitutionen der jeweiligen Sekundär-Dominanten:

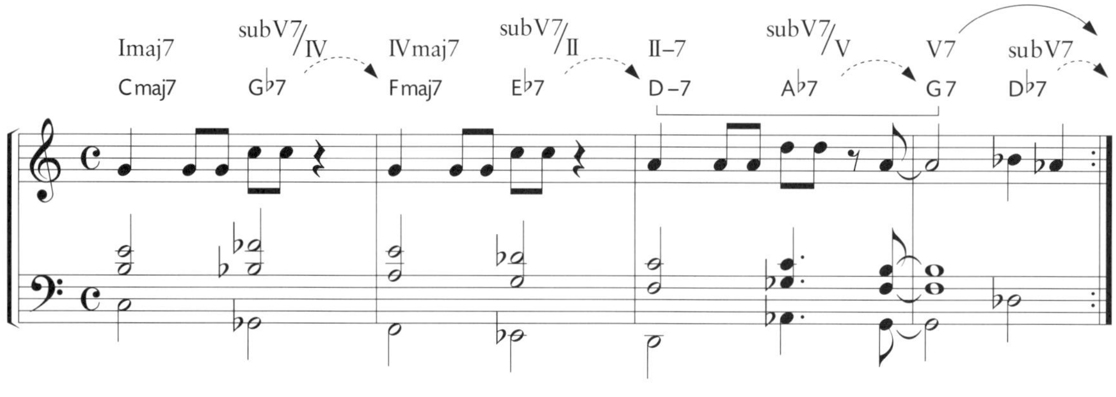

Zwei wichtige Anmerkungen zu den letzten zwei Takten des angeführten Beispiels: Der subV7/V ist zwischen II–7 und dem dazugehörigen V7 *eingeschoben*. Der subV7 ist zwischen V7 und Imaj7 *eingeschoben* und verzögert die Auflösung in die Tonika. Beide Fälle von Einfügungen sind typisch für vom Jazz beeinflusste Akkord-Folgen. Es gibt mehrere Alternativen für die nicht-alterierte mixolydische Skala. Für lydisch♭7 gibt es dagegen *nur eine* Variante: lydisch♭7(♯9), wenn die erwartete Auflösung ein diatonischer Akkord ist, der eine große Terz enthält (♯9 ist die große Terz des Auflösungsakkords). Das ist ein Fall, wo ♭9 und ♯9 nicht gleichzeitig auftreten können, weil ♭9 keine Beziehung zum Auflösungsakkord besitzt. Lydisch♭7(♯9) kann eine alternative Akkord-Skala für subV7 von Imaj7, IVmaj7 oder V7 sein.

(Die Symmetrisch-Dominant-Akkord-Skala ist eine Alternative sowohl für mixolydische als auch für lydisch♭7 Skalen. Darauf wird später genauer eingegangen.)

Ausnahmen unter den Substitutions-Sekundär-Dominanten sind subV7/VII (vergleiche V7/VII), subV7/III und subV7/VI. Die Betrachtung der **Merkmale von Substitutions-Dominanten** zeigt die Gründe für einige dieser Ausnahmen:

- Ihre Struktur ist nicht-diatonisch.
- Die Grundtöne sind nicht-diatonisch.
- Sie haben diatonische Funktion.
- Der erwartete Auflösungs-Zielakkord ist diatonisch, einen Halbtonschritt nach unten.
- Die Akkord-Skalen sind nicht-diatonisch.
- Sie treten auf Leichtzeit auf.

SubV7/III hat einen diatonischen Grundton und wird meistens als IV7 gehört. Dieser Akkord mit Subdominant-Funktion wird später behandelt. Die Substitutions-Dominante des VII–7(♭5) wäre gleichzeitig der V7/IV. Damit bleibt noch subV7/VI. Normalerweise erwartet man, dass sich ♭VII7 einen Ganzton nach oben in die Tonika Imaj7 auflöst. Hier ist er nicht Dominante, sondern ein Subdominant-Moll-Akkord, und wird daher ausführlich im Kapitel über Moll-Tonarten behandelt.

In seltenen Fällen (durch den harmonischen Rhythmus verursacht) kann man subV7/III oder subV7/VI auf sehr unbetonter Leichtzeit oder nach der Sekundär-Dominante, die sie ersetzen, finden:

Dieses Beispiel enthält auch eine verzögerte Auflösung. Sowohl V7/III als auch seine Substitution lösen sich in den III–7 Akkord auf. V7/III zwingt F7 in die Funktion subV7/III.

So wie die Akkord-Skala für IVmaj7 durch vorangestellten V7/IV ionisch wird, ist auch die Akkord-Skala für den IV Akkord ionisch, wenn sich subV7/IV in IVmaj7 auflöst.

Eine andere Möglichkeit, die Substitutions-Dominante herzuleiten, basiert auf einem Dominant-Sept-Akkord mit verminderter Quint. Der echte 7(♭5) ist generell selten anzutreffen, wurde jedoch von Thelonious Monk gerne und oft verwendet. Seine Kompositionen und Improvisationen enthalten sowohl 7(♭5) als auch +7 Akkorde. Diese Akkorde sind miteinander eng verwandt; beide basieren auf einer symmetrischen Akkord-Skala, der Ganztonleiter. Wenn in Lead-Sheets 7(♭5) notiert ist, dann ist damit meist ein 7(♯11) Akkord gemeint (mit der Akkord-Skala lydisch♭7).

SubV7(♭5) entspricht der zweiten Umkehrung von V7(♭5). Aufgrund dieser Beziehung benutzen beide dieselbe Akkord-Skala:

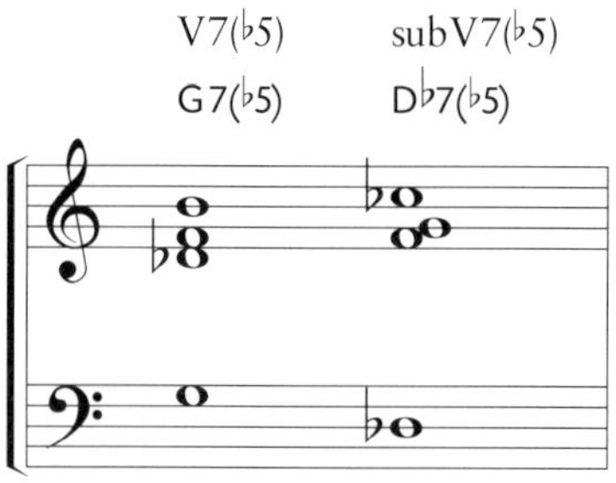

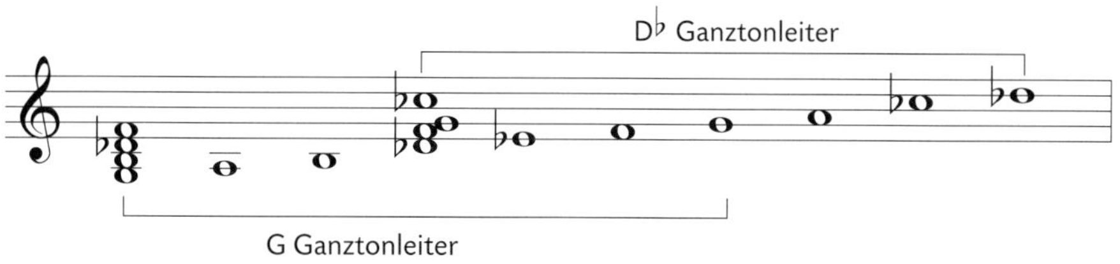

Die Akkord-Folge der Originalversion von Monks legendärer Komposition „'Round Midnight" enthält einige subV7(♭5) Akkorde:

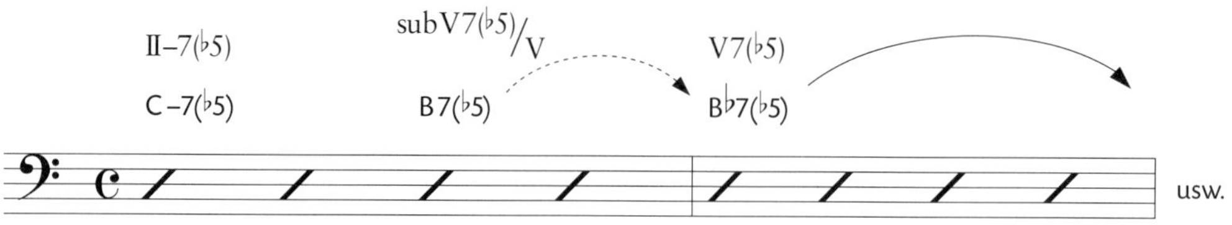

SUBSTITUTIONS-DOMINANTEN IN DER KLASSISCHEN MUSIK

Obwohl es in der klassischen Harmonielehre den Ausdruck „Substitutions-Dominanten" nicht gibt, haben bereits Komponisten des 18. Jh.s chromatische, dominantische Auflösungen in die Dominante oder Tonika benutzt. Klassifiziert als **„übermäßige Sext-Akkorde"** haben sie die Funktion von Substitutions-Dominanten. Das charakteristische Intervall zwischen Bassnote und Oberstimme ist eine übermäßige Sext, daher auch der Name, aber der Klang unterscheidet sich nicht von einer kleinen Sept. Warum also übermäßiger Sext-Akkord?

Übermäßige Sext-Akkorde sind das Resultat der Umkehrung einer Dominante, wobei die Quint tief alteriert ist und einen zusätzlichen Leitton zum diatonischen Auflösungsakkord produziert. Bei einer Auflösung in V7 entspricht dies einem alterierten V7/V, wobei die tief alterierte Quint eng mit der Diatonik verbunden ist, da sie ♭6 = Subdominant-Moll repräsentiert. Meist dient sie als neuer Basston. In Verbindung mit der Terz von V7/V ergibt dies eine übermäßige Sext. Dieser Akkord ist auch als „französischer übermäßiger Sext-Akkord" bekannt (Fr+6):

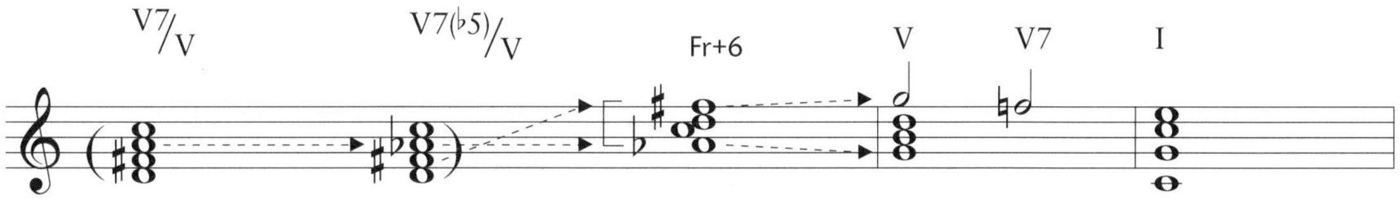

Der Fr+6 ist in der Musik von Mozart, Chopin, Verdi, Schubert und anderen Komponisten vor allem des 19. Jh.s zu finden. Das folgende Beispiel enthält außerdem einen bezüglichen II–7 Akkord, der am Ende dieses Kapitels besprochen wird:

SCHUBERT, OP. 90, IMPROMPTUS NR. 1

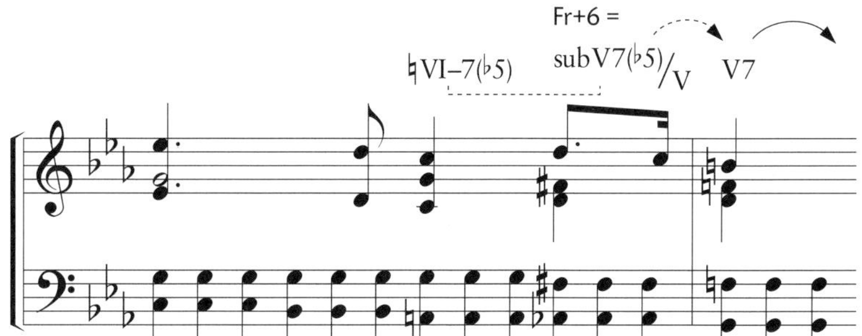

In der klassischen Musik kommen übermäßige Sext-Akkorde meist als Dominante der Primär-Dominante oder der Tonika vor. Sie können in verschiedenen Umkehrungen auftreten, enthalten aber immer die Terz und Sept des entsprechenden Dominant-Akkords. Der wohl wichtigste übermäßige Sext-Akkord ist der deutsche übermäßige Sext-Akkord (Ger+6). Er leitet sich von V7(♭9) beziehungsweise VII°7 (= obere Struktur von V7(♭9), siehe *Verminderte Sept-Akkorde)* ab. Wiederum ist die Quint tief alteriert und dient als Grundton.

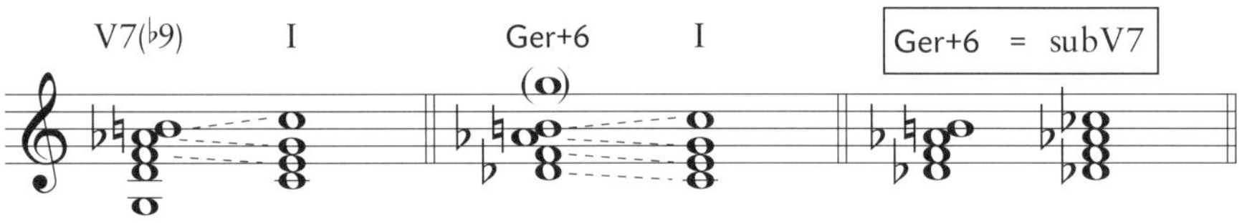

Enharmonisch vertauscht repräsentiert dieser Akkord eine Dominant-Sept-Akkord-Struktur. Im Jazz wird er deshalb nicht mehr als übermäßiger Sext-Akkord, sondern als Substitutions-Dominante bezeichnet und als solche behandelt. Dies führt zu mehr Stabilität und Unabhängigkeit in der Funktion, und der Akkord kann dadurch nicht nur als Substitut für V7 und V7/V, sondern auch für V7/II und V7/IV, in selteneren Fällen auch für V7/III und V7/VI, eingesetzt werden (siehe auch den ersten Teil dieses Kapitels).

Das folgende Beispiel von W. A. Mozart zeigt eine trugschlüssige Auflösung des deutschen übermäßigen Sext-Akkords. Statt des erwarteten diatonischen II-Akkords löst er sich in die Dominante der neuen Zieltonart auf (siehe Kapitel *Modulation):*

W. A. Mozart, KV 332

Sequenz-Substitutions-Dominanten

Sequenz-Substitutions-Dominanten sind nicht so häufig wie reine Sequenz-Dominanten. Sequenz-Dominanten entsprechen einer Quintfall-Sequenz und werden mit durchgezogenen Pfeilen gekennzeichnet:

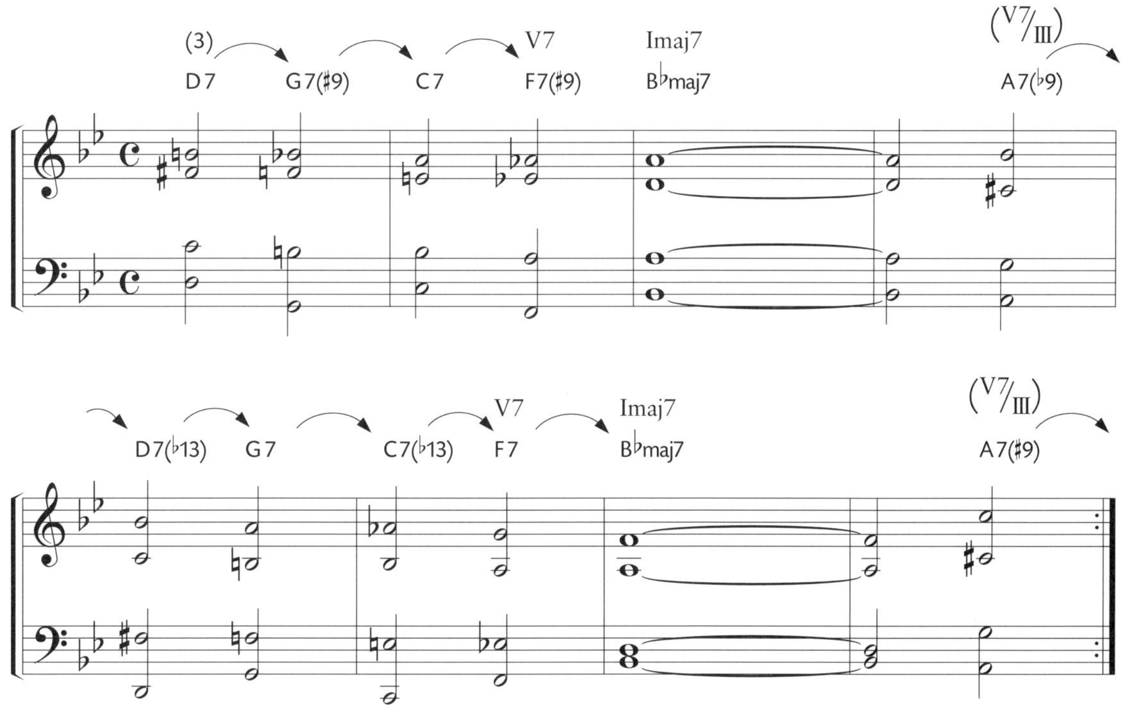

Die Akkord-Bewegung von Sequenz-Substitutions-Dominanten hat eher chromatischen als dominantischen Klang; in der Analyse wird diese Bewegung durch gestrichelte Pfeile dargestellt:

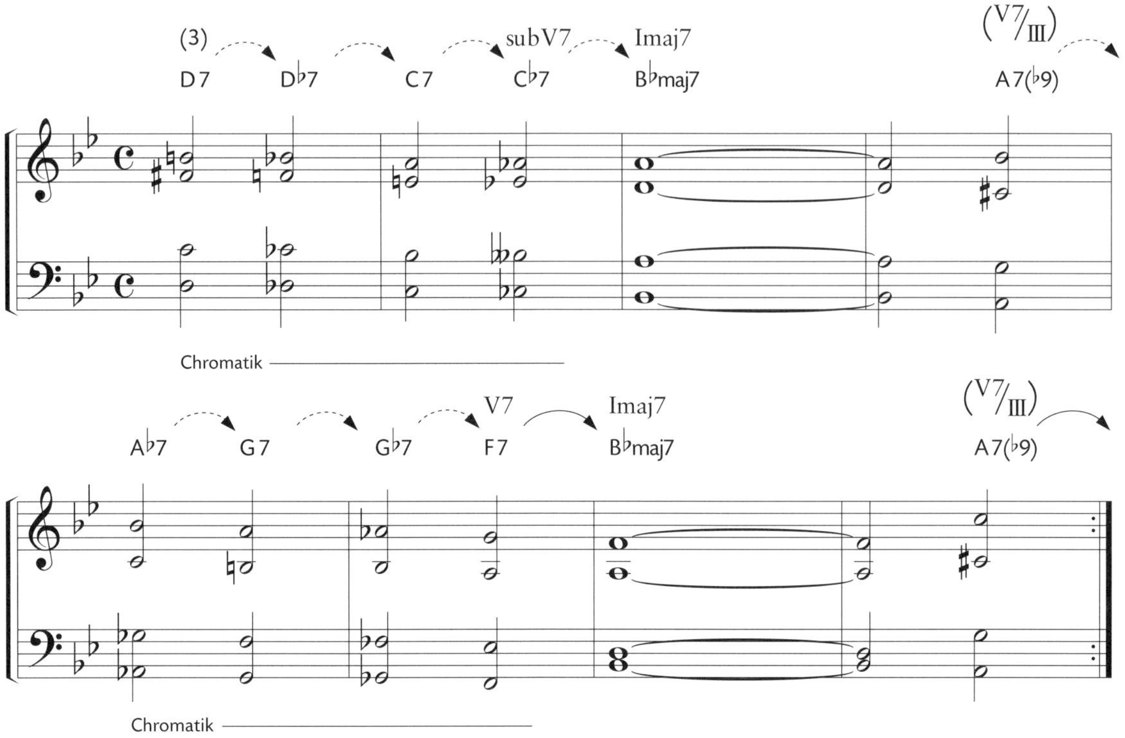

Vergleichen Sie die beiden Beispiele optisch, und vergleichen Sie dann den Klang. Die Akkord-Skala für jeden einzelnen Akkord wird entweder durch den chromatischen Klang oder die dominantische Funktion bestimmt. Die Entscheidung hängt von den Akkorden ab, die die jeweilige Dominante umgeben. Die Wahl der Akkord-Skala kann sich am ersten oder letzten Akkord dieser Folge orientieren.

In den ersten 4 Takten des obigen Beispiels hat C♭7 die Funktion subV7 mit der Skala lydisch♭7; alle Akkorde, die zu ihm hinführen, haben chromatischen Klang, wenn sie auch lydisch♭7 Skalen haben. Umgekehrt klingt der erste Akkord der Serie wie eine Sequenz-Dominante mit mixolydischer Skala; alle folgenden Dominanten könnten daher chromatische mixolydische Skalen haben.

In der zweiten Notenzeile des Beispiels hat F7 die Funktion mixolydisch V7, eine mögliche richtige Skala für die vorangegangenen chromatischen Dominanten ist daher ebenfalls mixolydisch. Der erste Akkord hat einen nichtdiatonischen Grundton und daher eine lydisch♭7 Skala; alle folgenden chromatischen Akkorde könnten daher chromatische lydisch♭7 Akkord-Skalen haben.

Diese große Auswahl an Akkord-Skalen verlangt wiederum eine künstlerische Entscheidung. Wenn es so viele Möglichkeiten gibt, befindet man sich gewöhnlich im Bereich nicht-funktionaler Harmonik. Mehr davon später, nur eines sei hier noch bemerkt: Wenn Sie eine Akkord-Folge als dominantische Bewegung empfinden, verwenden Sie Akkord-Skalen mit dominantischer Funktion; empfinden Sie chromatische (nicht-funktionale) Bewegung, verwenden Sie chromatische Akkord-Skalen.

Eine gebräuchliche Verwendung von Sequenz-Substitutions-Dominanten ist ihr Einschub zwischen der Dominante und dem darauf folgenden Auflösungsakkord:

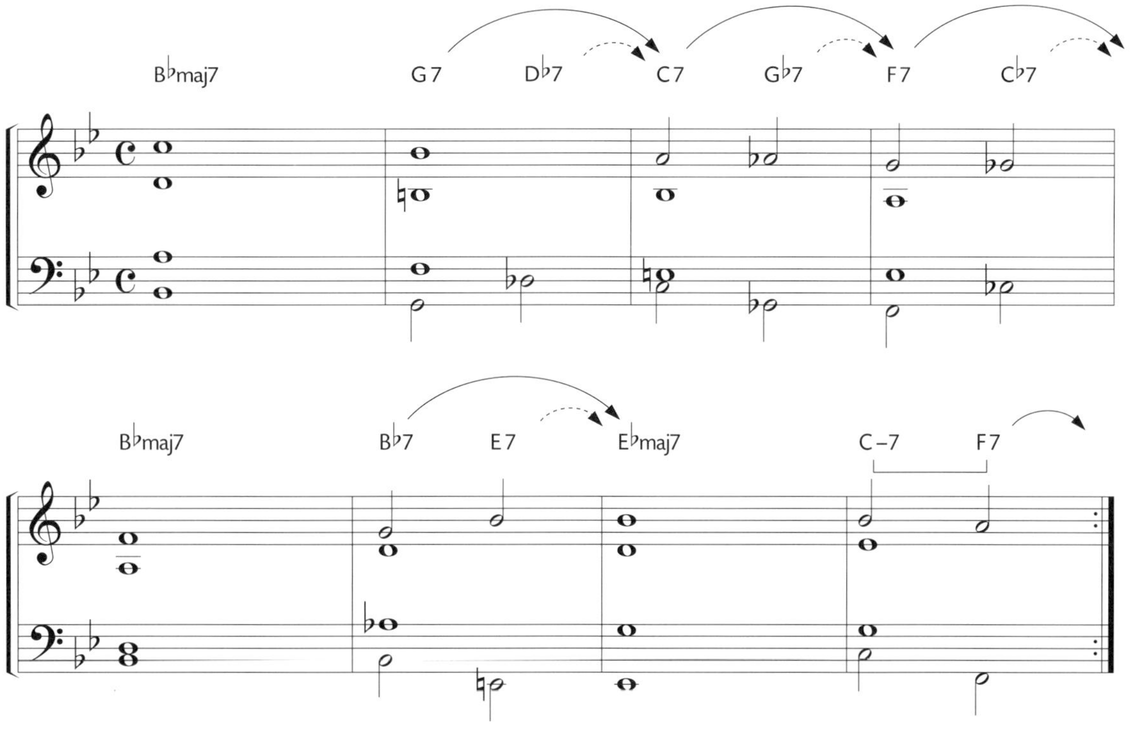

Die Analyse oben ist unvollständig, damit man die Auflösungen der Dominant-Akkorde besser erkennen kann. Die Substitutions-Dominante ist häufig nach einer Sequenz-Dominante anzutreffen. Folgende Akkord-Progression ist oft als Turnaround vor der Wiederholung eines Abschnitts zu hören:

Auch in der klassischen Literatur gibt es Beispiele für die Anwendung von Sequenz-Substitutions-Dominanten. Die subV7 Akkorde wurden traditionellerweise noch als deutsche übermäßige Sext-Akkorde notiert. Beachten Sie, dass durch die Melodie die Akkord-Skala lydisch♭7 impliziert wird, um die chromatische nicht-funktionale Fortschreitung auszudrücken; dies wird auch durch den Inhalt des Textes bestätigt:

F. Schubert, op. 83, 2

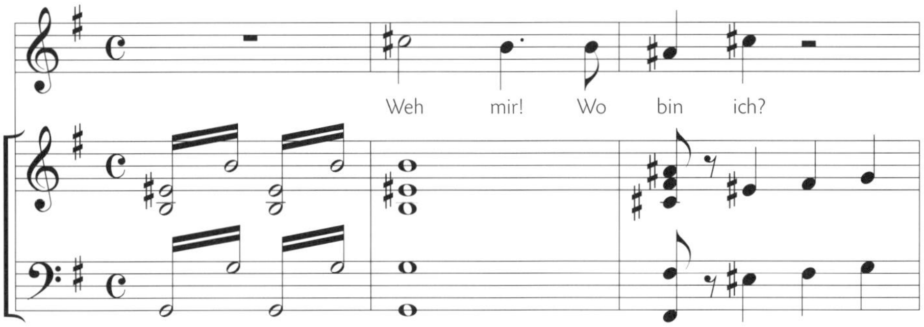

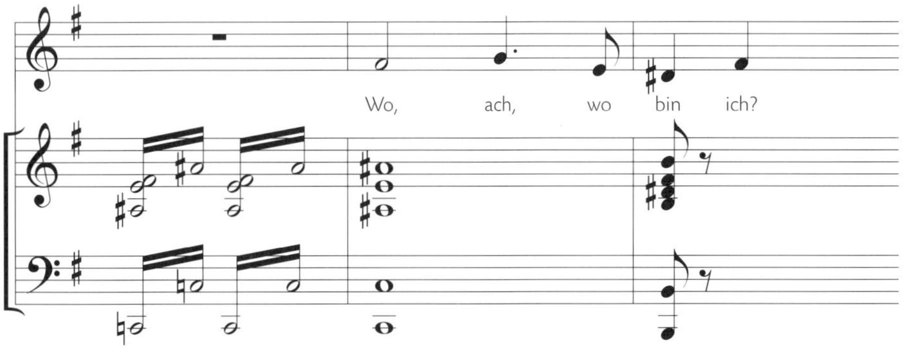

Stücke zur Analyse von Substitutions-Dominanten

„One Note Samba“

„Girl From Ipanema“ (A Teil)

„Peace“ (schwierig!)

„Turn Out The Stars“ (Bill Evans – das letzte Drittel)

„Sophisticated Lady“

Jedem Dominant-Akkord mit Dominant-Funktion kann sein zugehöriger, *bezüglicher II–7 vorangestellt* werden. (Nicht alle Akkorde mit großer Terz und kleiner Sept haben Dominant-Funktion, etwa I7 und IV7 im Blues.) Diese Verwendung von II–7 V7 ist extrem typisch für Jazz und vom Jazz beeinflusste Stilrichtungen:

A–7 D7	D–7 G7	G–7 C7	C–7 F7
F–7 B♭7	B♭–7 E♭7	E♭–7 A♭7	A♭–7 D♭7
D♭–7 G♭7	F♯–7 B7	B–7 E7	E–7 A7

Die Klammer zeigt die jeweilige II–7 V7 Verbindung. Das Hinzufügen von II–7 kompliziert den harmonischen Rhythmus und die Analyse der Akkord-Folge, erhöht aber die Anzahl möglicher Richtungen, in die eine Akkord-Folge führen kann, enorm. Der bezügliche II–7 Akkord kann, wenn er diatonisch ist, auch *Doppelfunktion* besitzen:

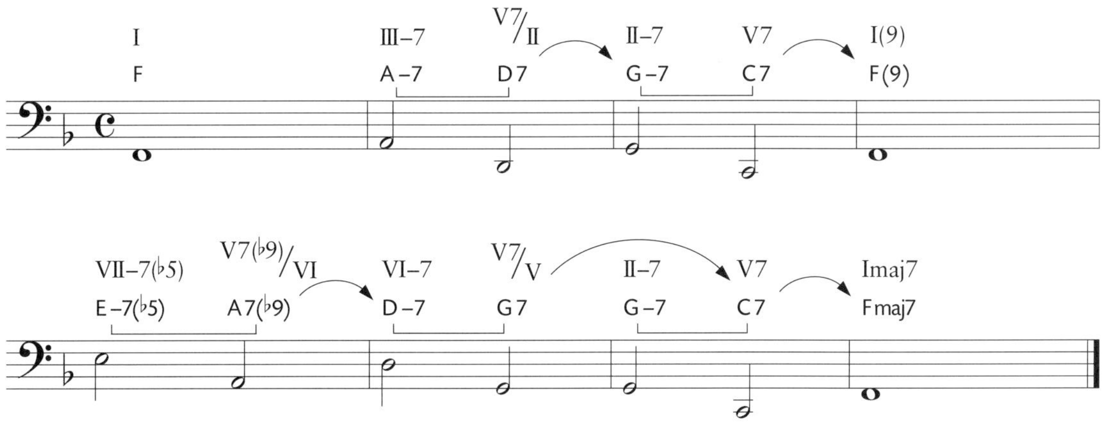

Dem –7 Akkord mit zweifacher Funktion wird entweder die entsprechende diatonische Skala zugeordnet oder die dorische, um ihre Beziehung zur darauf folgenden Dominante zu zeigen. Dadurch wird sie aber bereits angekündigt und ihre mögliche Überraschungswirkung abgeschwächt. Dies ist vor der Auswahl der Skala für den II–7 Akkord zu bedenken.

Das └──┘ Verhältnis kann auch, wie in den folgenden Kombinationsmöglichkeiten dargestellt, Alterationen eines oder beider Akkorde enthalten:

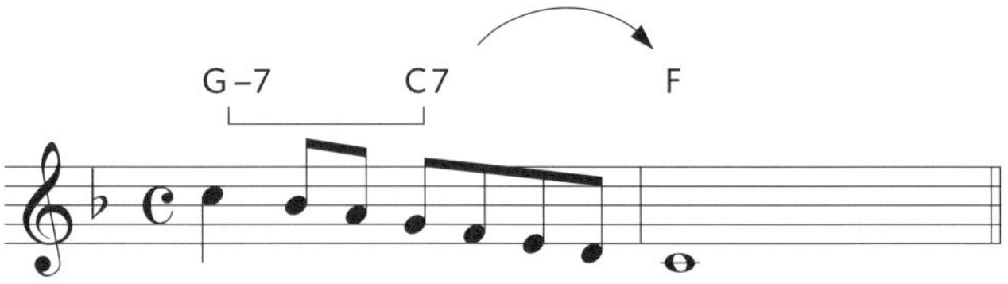

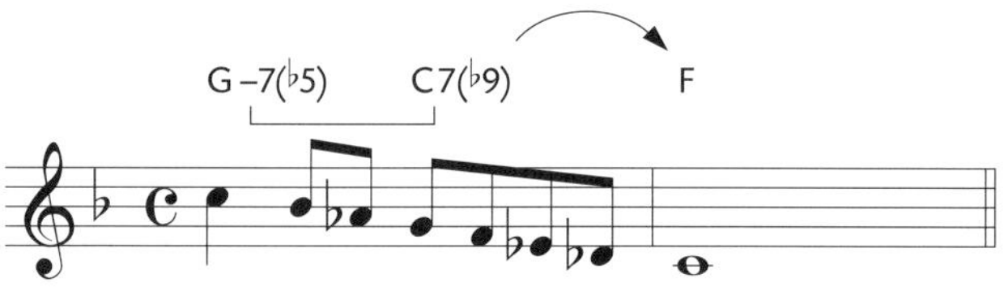

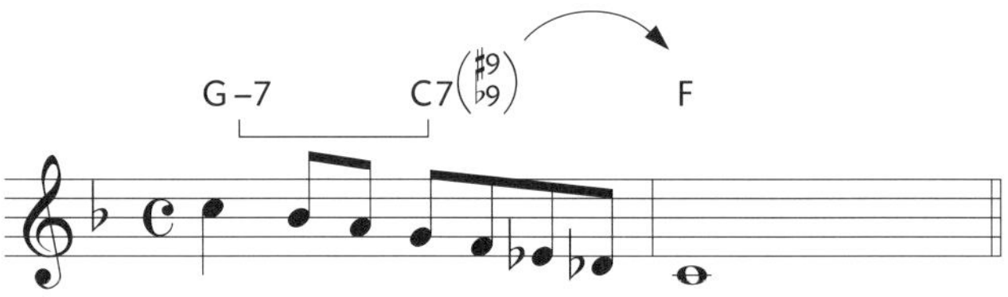

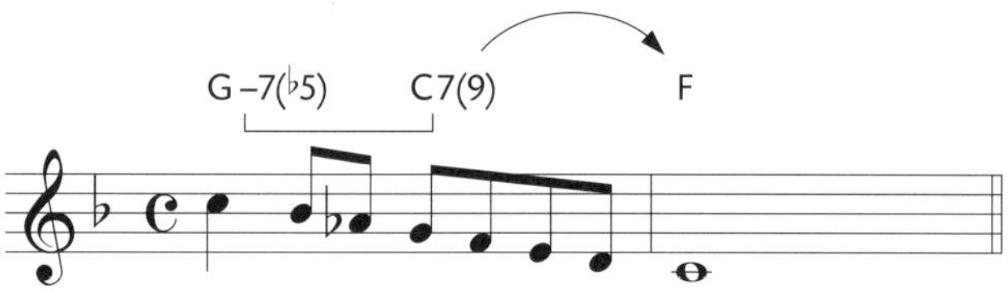

Damit die Verbindung für den Zuhörer als └──┘ klingt, muss der II–7 auf Schwerzeit und der V7 auf Leichtzeit stehen. Ein hervorragendes Beispiel ist die Akkord-Folge am Beginn von „I Got It Bad and That Ain't Good" von Duke Ellington:

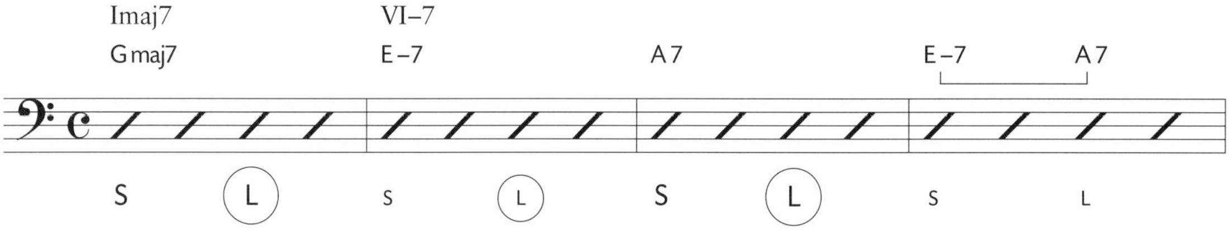

E–7 im zweiten Takt ist eindeutig ein VI–7, im vierten Takt ist er ein bezüglicher II–7, obwohl die Akkorde im zweiten und dritten Takt (E–7 A7) dieselben sind wie im vierten Takt. Dies wird vom harmonischen Rhythmus bestimmt.

└──┘ kann sich wiederholen, ohne die Funktion der beiden Akkorde zu verändern. Die Akkorde am Beginn eines anderen Duke Ellington Stücks – „Satin Doll" – können das veranschaulichen:

Sequenz-Dominanten, welche die bezüglichen II–7 Akkorde mit einschließen, können für den Zuhörer sehr kompliziert werden. In den meisten Fällen, in denen die bezüglichen II–7 Akkorde vor der Sequenz-Dominante auftreten, ist es schwierig, ihre diatonische Funktion zu hören. „In Your Own Sweet Way" von Dave Brubeck beginnt folgendermaßen:

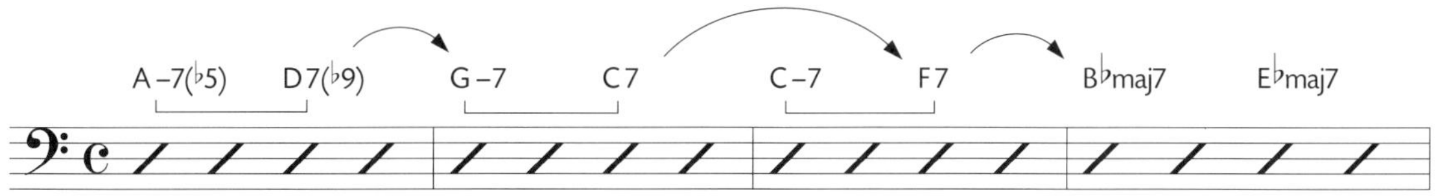

Dieses Beispiel kann als Sequenz-Dominant-Folge gehört und analysiert werden:

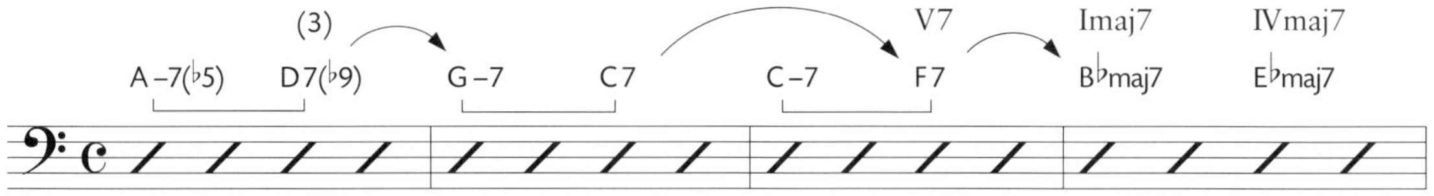

Oder als Sekundär-Dominanten und –7 Akkorde mit Doppelfunktion:

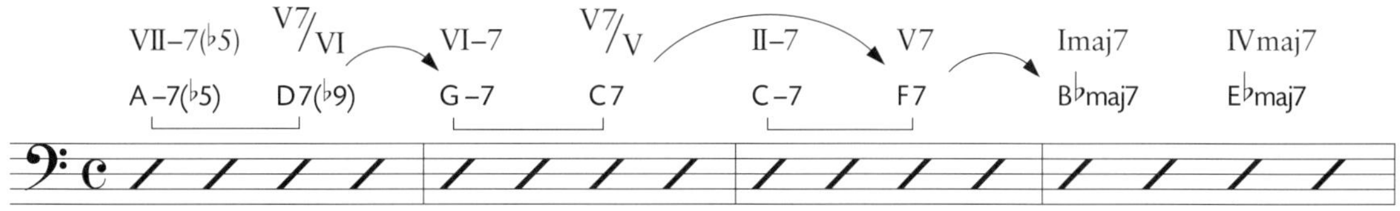

Oder beginnend in der Paralleltonart G Moll:

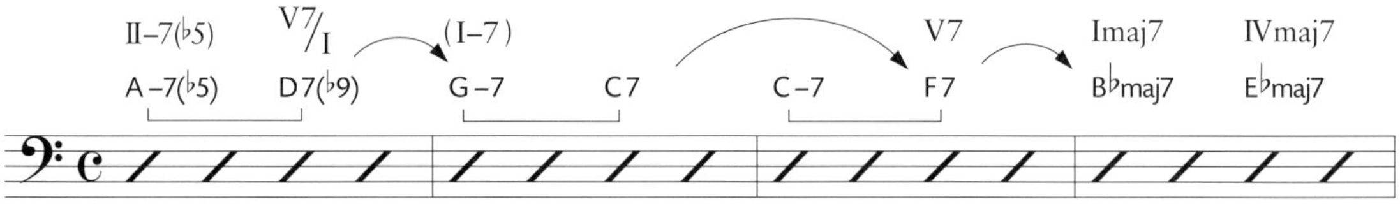

Die Auswahl bei der Analyse bleibt Ihnen überlassen. Durch die Verfügbarkeit bezüglicher II–7 Akkorde kann sich *jede Sequenz-Dominante in den bezüglichen II–7 einer anderen Sequenz-Dominante auflösen.*

II–7 tritt auch häufig als Einschub vor einer Dominante auf. Die Fortsetzung des Ellington Stücks „I Got It Bad and That Ain't Good" soll das veranschaulichen:

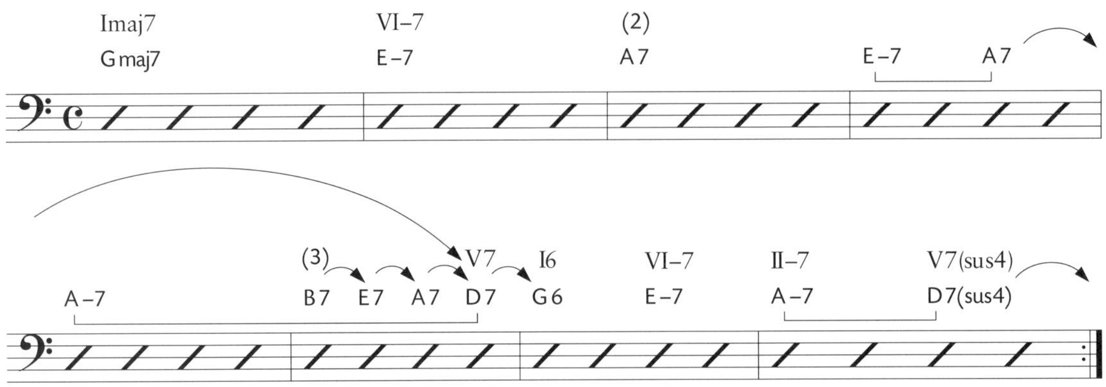

Es wurde vor der Auflösung von A7 nach D7 sowohl ein II–7 (A–7) als auch eine Sequenz-Dominant-Folge (innerhalb des ⌴ Verhältnisses) eingeschoben.

Die bezüglichen II–7 Akkorde von Sekundär-Dominanten haben Doppelfunktion, mit Ausnahme des –7 der V. Stufe, der meist der bezügliche II–7 von V7/IV ist (V–7 wird später als spezieller kadenzieller Akkord erklärt). Der auf ♯IV aufgebaute –7 Akkord ist normalerweise ♯IV–7(♭5) (♭5 ist die Grundstufe der Tonart) und wird noch ausführlich behandelt.

Die bezüglichen II–7 Akkorde der Substitutions-Dominanten haben einen nicht-diatonischen Grundton. Mit den bezüglichen II–7 Akkorden der Dominanten und ihren Substitutionen ergeben sich vier mögliche Beziehungen:

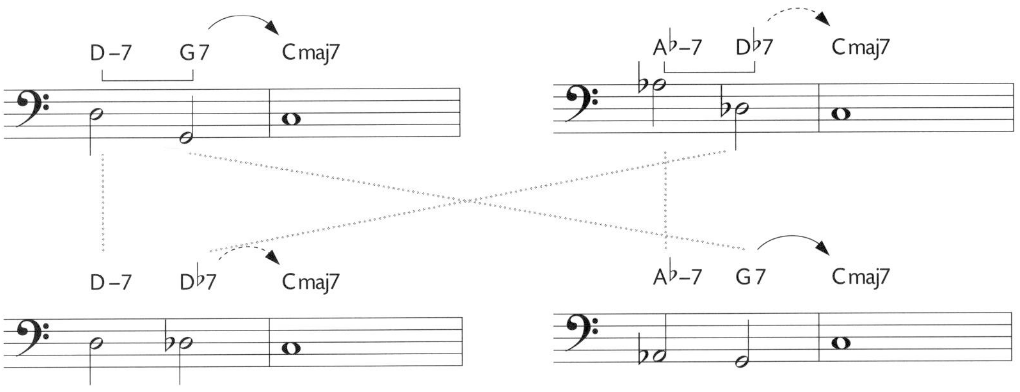

Da alle vier Akkorde wechselseitige Beziehungen zueinander haben, kann *jeder Dominante der bezügliche II–7Akkord der anderen Dominante vorangestellt werden.*

⌞- - - - -⌟ zeigt die Halbton-Beziehung zwischen dem –7 Akkord und der Dominante. Ein durchgezogener Pfeil oder Klammer zeigt eine Grundton-Bewegung um eine Quint nach unten an:

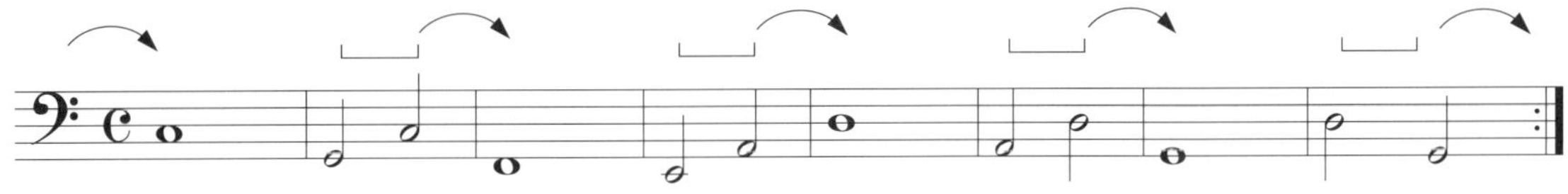

Ein gestrichelter Pfeil oder Klammer zeigt eine Grundton-Bewegung um einen Halbton nach unten an:

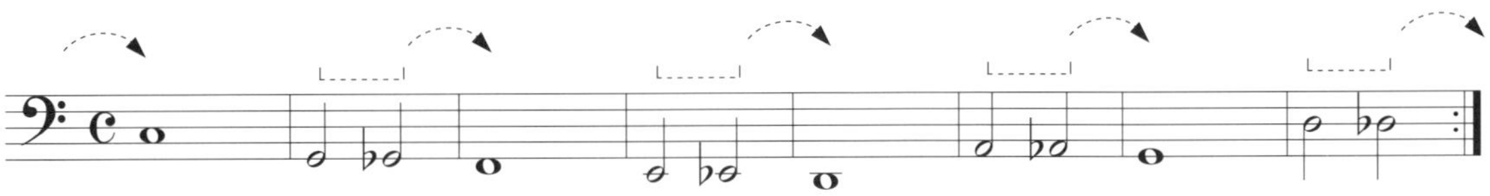

Beide –7 Akkorde existieren nur aufgrund der Beziehung zu ihren bezüglichen Dominanten. Während die Dominant-Akkorde sich gegenseitig ersetzen können, können das die –7 Akkorde nicht. Die Untersuchung der beiden dorischen II–7 Akkord-Skalen zeigt:

D dorisch:

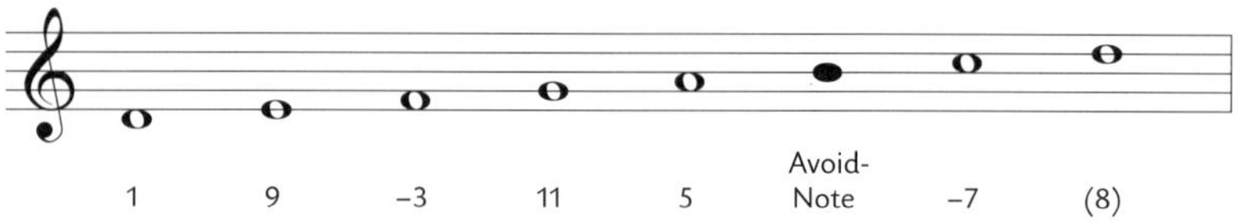

A♭ dorisch:

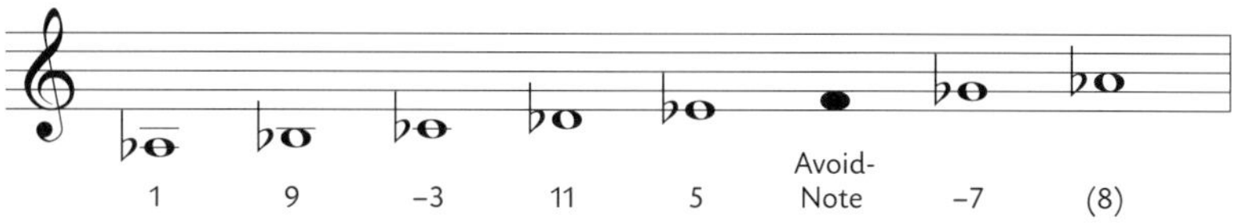

Vereint man die Töne der beiden (dorischen) Skalen, ergibt sich daraus die chromatische Skala. Wo die eine dorische Akkord-Skala passt, passt die andere nicht. Deshalb können sich die bezüglichen II–7 Akkorde von Substitutions-Dominanten **nicht** gegenseitig ersetzen. Wenn eine melodische Situation eintritt, in der der eine Akkord nicht passt, muss der andere passen:

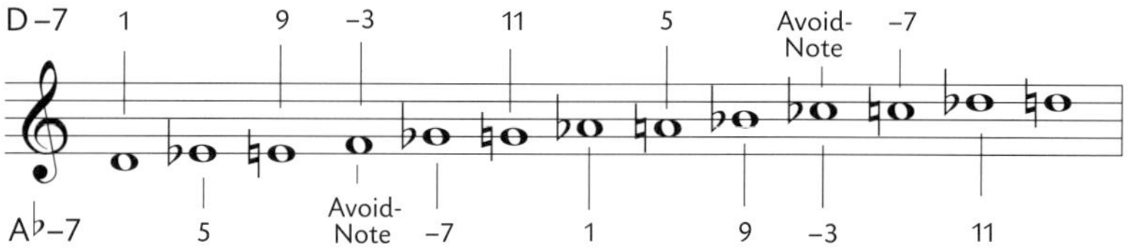

Bevor wir das Thema der II–7 V7 Verbindungen verlassen:

Wenn ein └──┘ Verhältnis auftritt, wird meist dorisch – mixolydisch verwendet, ebenso bei einer Sequenz-Substitutions-Dominant-Situation (anstatt lydisch♭7 für die Dominante). Die Kombination dorisch – mixolydisch hat eine stark vereinheitlichende Wirkung, da beide Skalen denselben Tonvorrat verwenden. Wiederum liegt die Entscheidung beim Musiker/Komponisten/Arrangeur.

Stücke zur Analyse von bezüglichen II–7 Akkorden

- „Dreamsville"
- „I'm All Smiles"
- „Satin Doll"
- „I Got It Bad And That Ain't Good"
- „One Note Samba"
- „My Little Boat"
- „In Your Own Sweet Way"

4 Moll-Harmonik

Modaler Austausch und Subdominant-Moll-Akkorde

Den gebräuchlichsten modalen Austausch (engl. modal interchange) gibt es bei Akkord-Progressionen in Dur, bei denen Akkorde aus natürlich Moll ausgeborgt werden.

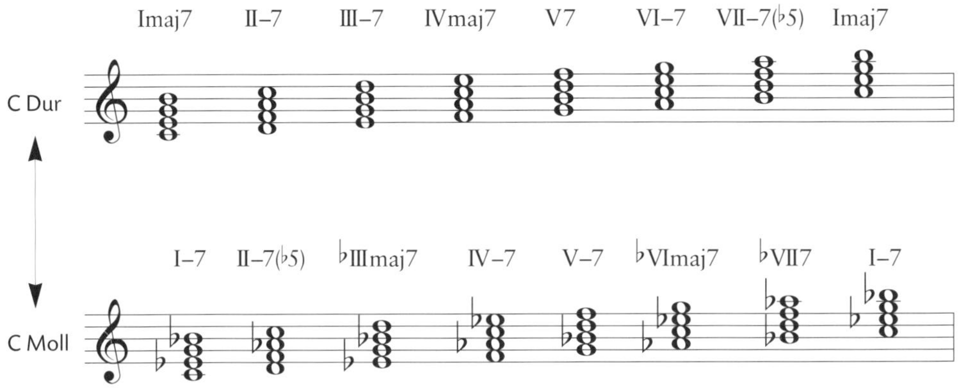

Die Akkorde, die von natürlich Moll nach Dur versetzt werden, lassen sich in Tonika-Moll- und Nicht-Tonika-Akkorde einteilen.

Die charakteristische Note von natürlich Moll ist die ♭6. Die Tonika-Moll-Akkorde enthalten diesen Ton nicht als Akkordton; die Nicht-Tonika-Akkorde enthalten diesen Ton als Akkordton. In Dur ist ♭6 die Terz der Subdominante IV–. Die Nicht-Tonika-Akkorde von natürlich Moll können in Bezug auf die Dur-Tonalität funktional als *Subdominant-Moll-Akkorde* gehört werden. Die verbleibenden drei Akkorde sind funktional (in Dur) Tonika-Moll-Akkorde:

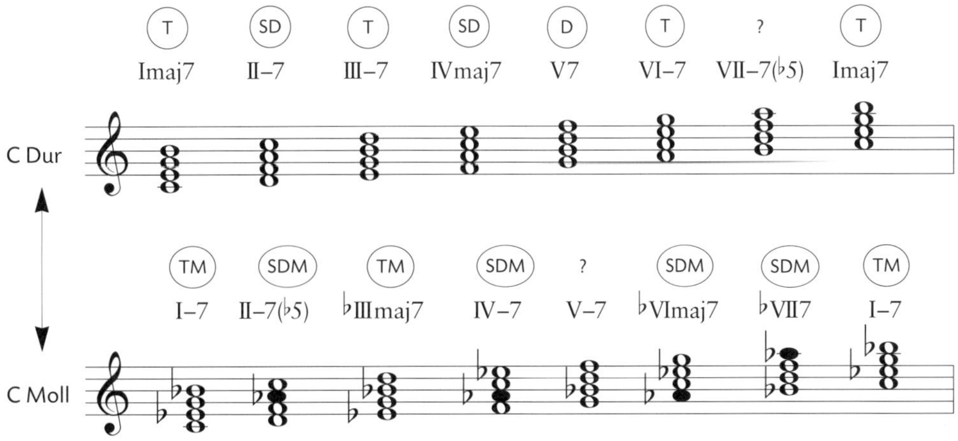

I–7 ist der stärkste Tonika Klang. Auch ♭IIImaj7 ist stark. Beide kommen in Dur-Akkord-Folgen vor. V–7 ist relativ schwach, da die kleine Terz von natürlich Moll in V–7 die Avoid-Note ♭13 ist:

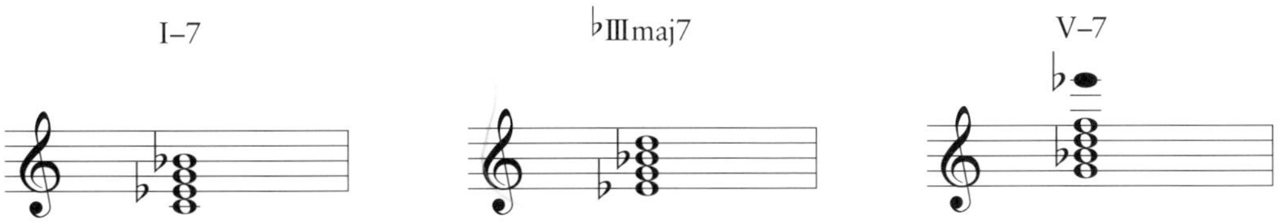

Die Akkord-Skalen für den modalen Austausch von natürlich Moll reflektieren deren Gebrauch in Dur, ihren Ursprung in Moll oder eine Kombination von beiden. Die Tonika-Moll-Akkord-Skalen enthalten üblicherweise die große Sext, da ♭6 den funktionalen Klang von Subdominant-Moll-Akkorden repräsentiert.

I–7 ist meist *dorisch* mit der 13 als verfügbare Tension. Während die 13 den Dur-Charakter verstärkt, impliziert die Moll-Skala (1. Tetrachord) die Moll-Tonart:

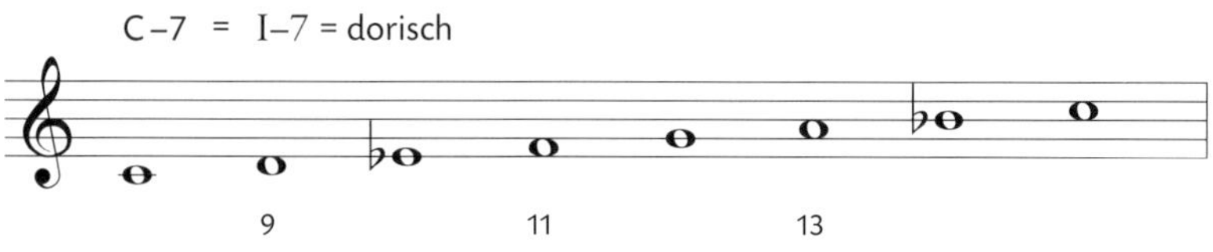

Der Akkord ♭IIImaj7 ist normalerweise *lydisch*. Die ♯11 erhält den Bezug zur Dur-Tonart des I major, ohne eine Modulation in die Dur-Parallele des natürlich Moll zu implizieren (Dur-Tonart auf ♭III):

Wenn V–7 als Tonika-Moll-Akkord von natürlich Moll fungiert, ist die Akkord-Skala *äolisch.* Meistens erscheint er jedoch als geborgter Akkord der mixolydischen Skala. Ein Akkord, eng verbunden mit V–7, ist ♭VIImaj7, der ebenso als modaler Austausch-Akkord von mixolydisch betrachtet werden kann. Die Akkord-Skala für ♭VIImaj7 ist *lydisch,* um seine Nicht-Tonika-Funktion auszudrücken:

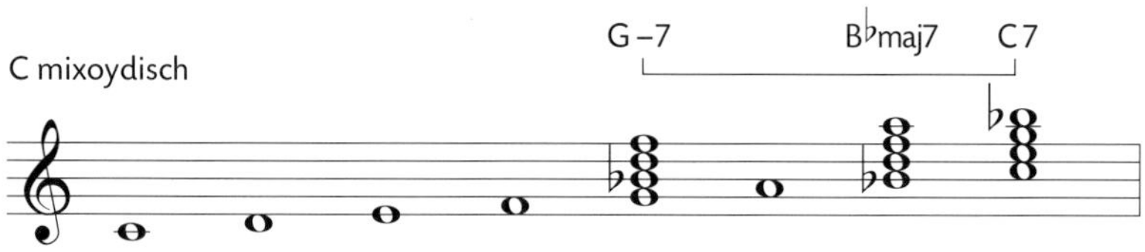

Normalerweise würde man V–7 als bezüglichen II–7 von V7/IV und nicht als V–7 analysieren; er würde deshalb *dorisch* (Avoid-Note: 13) benutzen. Wenn die Funktion wirklich V–7 ist, kadenziert dieser Akkord zur Dur- oder Moll-Tonika. Auch in diesem Fall ist die Akkord-Skala dorisch, aber die 13 ist hier möglich:

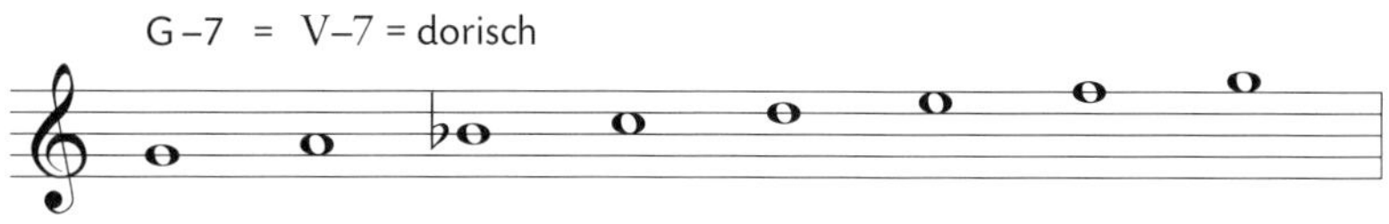

Es ist nicht ungewöhnlich, dass V–7 als hybride oder obere Struktur von I7(sus4) auftritt („A Child is Born" von Thad Jones).

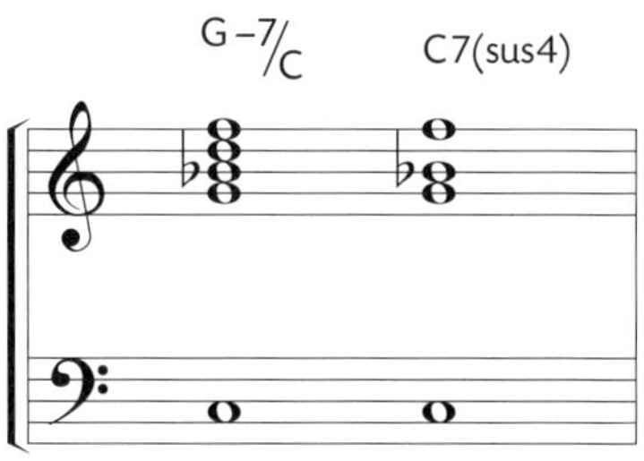

Der primäre Subdominant-Moll-Akkord ist **IV–7**. Er erhält die Subdominant-Moll-Färbung durch die charakteristische Note ♭6 der Tonart. Er kann auch als IV–6 oder IV–(maj7) auftreten, obwohl maj7 die große Terz der Dur-Tonart ist. *Alle Formen von IV– haben Subdominant-Moll-Funktion:*

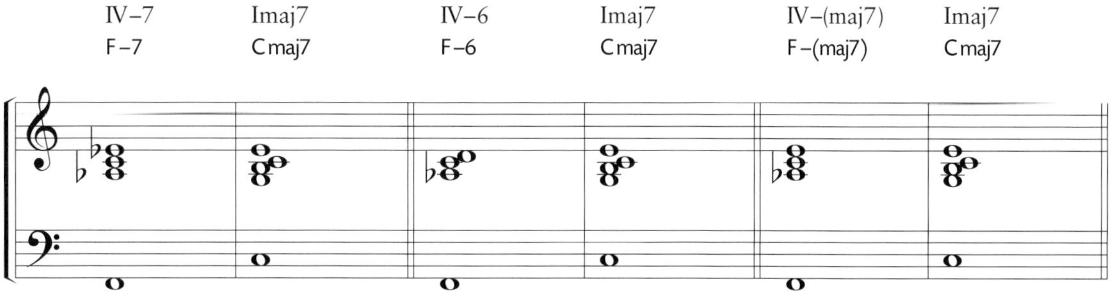

Die Subdominant-Moll-Akkorde sind instabil und haben eine Weiterführungstendenz zur Dur- oder Moll-Tonika. Deshalb ist eine Kadenz in Dur mit Subdominant-Moll, gemeinsam mit Subdominante oder Dominante und einer Auflösung zur Dur-Tonika oder Moll-Tonika, möglich.

Es gab bereits in der **klassischen Musik** verschiedene Formen von Subdominant-Akkorden. Den Dur-Akkord auf der IV. Stufe mit hinzugefügter Sext (sixte ajoutée) als „harmonische Dissonanz" gab es bereits um 1600. Wie die kleine Sept des Dominant-Sept-Akkords, welche sich ab 1700 harmonisch etablierte, sind harmonische Dissonanzen aus Neben- und Durchgangsnoten hervorgegangen. Subdominant-Moll-Akkorde mit hinzugefügter großer Sext (IV–6) oder großer Sept (IV–(maj7)) waren hingegen selten. IV–6 wurde wegen seines Tritonus zwischen Terz und Sext vermieden, ist aber vereinzelt in der Musik J. S. Bachs zu finden. IV–(maj7) tritt – wenn auch selten – erst in der Musik des 19. Jh.s auf.

J. Brahms, In stiller Nacht

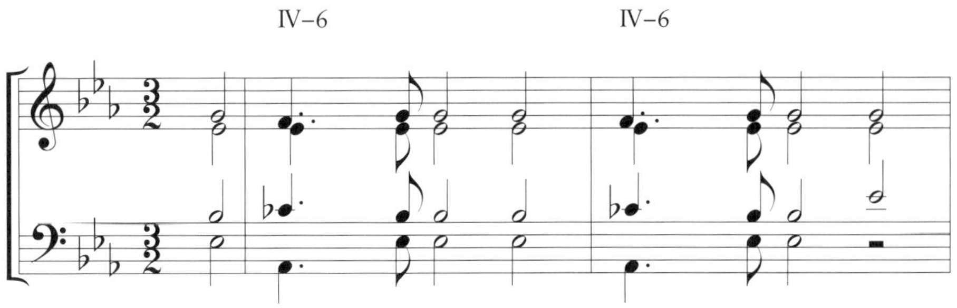

F. Schubert, Moments musicaux, op. 94, Nr. 6

Das folgende Beispiel zeigt verschiedene Typen von IV Akkorden, wie sie in der Zeit zwischen 1650 und 1900 verwendet wurden:

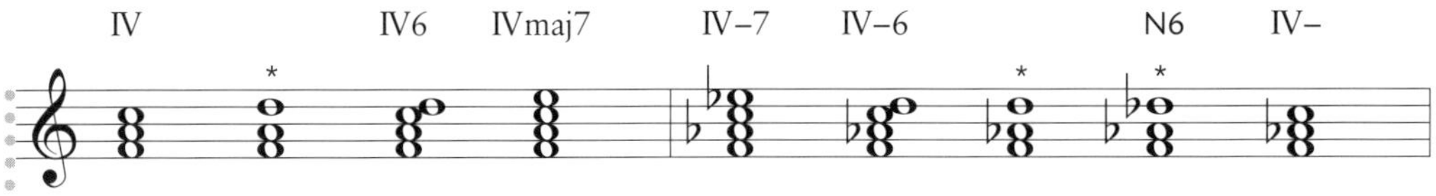

* Bis ca. 1700 wurden diese Akkorde – mit der Sext anstatt der Quint – als Subdominanten betrachtet und nicht als eine Umkehrung eines Akkords der II. Stufe (siehe *Harmonik – ein geschichtlicher Überblick).* Der Akkord N6, der eine kleine Sext enthält, war eine spezielle Variante des IV– mit großer Sext. Er wird später noch genauer besprochen.

Komponisten des 19. Jh.s haben vermehrt nicht-diatonische Sept-Akkorde für ihre Musik verwendet, IVmaj7 und IV–7 mit eingeschlossen.

Die verschiedenen Formen der **IV. Stufe** in Moll bieten verschiedene Optionen für *Akkord-Skalen.* IV–7 ist dorisch. Die 13 ist verfügbar, wenn auch mit Vorsicht, da sie dazu tendiert, den Akkord wie IV–6 klingen zu lassen:

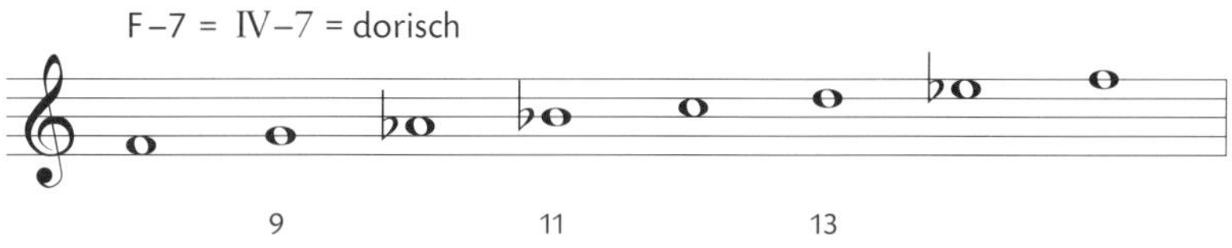

IV–6 kann entweder *dorisch* (Avoid-Note ♭7, aufgrund melodischer Vorgaben) oder *melodisch Moll* (die große Sept entspricht der Terz der Dur-Tonart und unterstützt dadurch die Dur-Tonalität) sein. Dieselbe Akkord-Skala wird für IV–(maj7) benutzt:

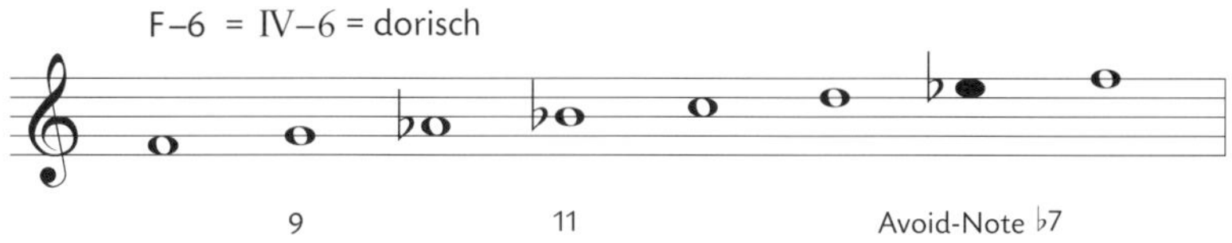

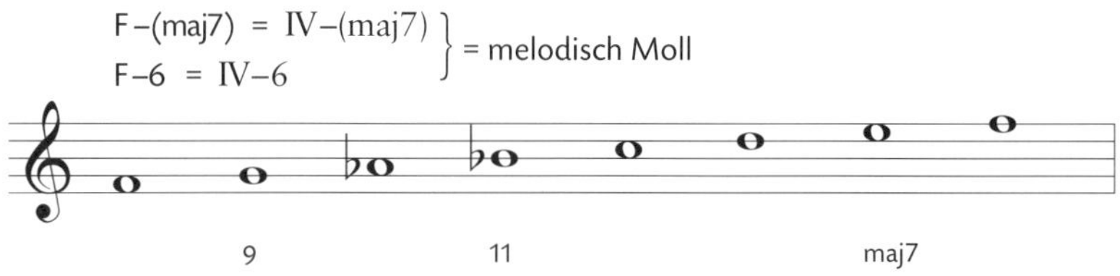

Die Basisstruktur von Subdominant-Moll-Akkorden enthält die charakteristische ♭6 der Tonart. Aber einige dieser Akkorde haben andere Funktionen und müssen daher näher betrachtet werden.

Der II–7(♭5) ist meist dem V7(♭9) als bezüglicher II einer └───┘ Beziehung vorangestellt. Beide Akkorde stammen von harmonisch Moll und nicht von natürlich Moll.

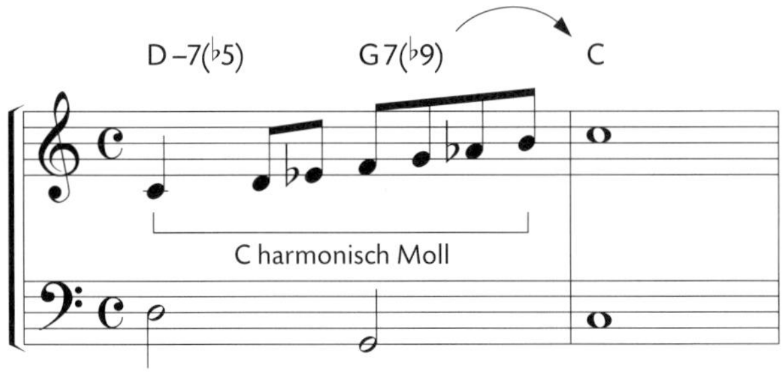

Es ist ungewöhnlich, dass II–7(♭5) als kadenzierender Akkord von natürlich Moll allein steht. Es wird eine Fortschreitung nach V7(♭9) erwartet, der sich in die Tonika auflöst. Es gibt Beispiele, in denen II–7(♭5) als echter Subdominant-Moll-Akkord auftritt, diese sind jedoch ungewöhnlich. Meistens tritt er als bezüglicher II–7(♭5) von V7(♭9) auf. Die Akkord-Skalen lokrisch – mixolydisch (♭9, ♭13) reflektieren ihren Ursprung in harmonisch Moll.

♭VII7 ist meistens *lydisch ♭7*; er reflektiert die Anleihe von Moll und bestätigt ihren Einsatz in einer Dur-Tonart und eine erwartete Grundton-Fortschreitung, die nicht eine reine Quint abwärts geht. (♭VI7 und ♭VII7 sind typische Beispiele von *Dominant-Akkorden ohne Dominant-Funktion.):*

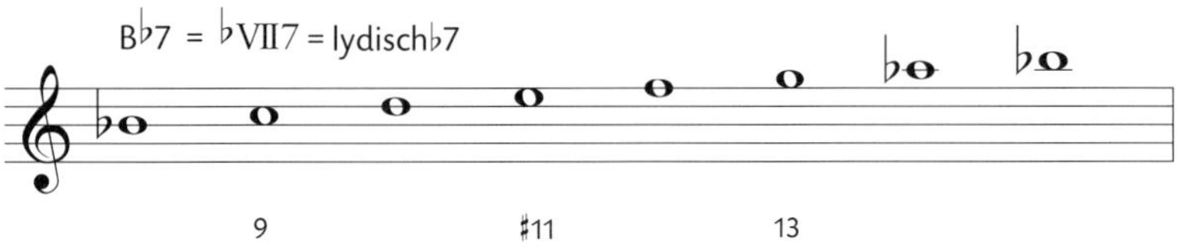

♭VII7 hat jedoch auch eine └───┘ Beziehung zum primären Subdominant-Moll-Akkord IV–7. Wenn IV–7 und ♭VII7 als Einheit betrachtet und gehört werden (als └───┘ analysiert), kann die Verwendung von *dorisch – mixolydisch* den Klang einer solchen Beziehung hervorrufen; die Auflösung könnte dann auch eine reine Quint nach unten in ♭IIImaj7 erfolgen.

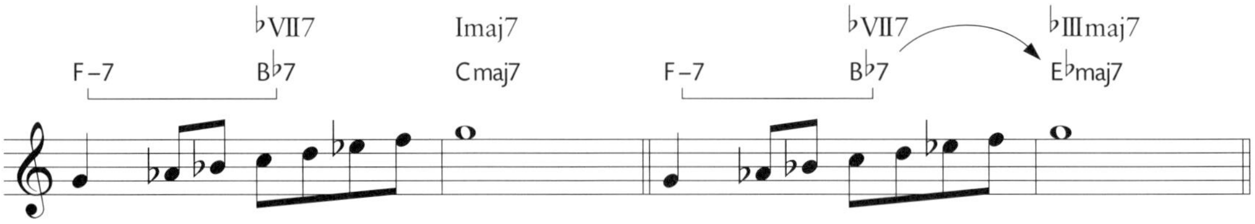

Die Akkord-Skala für ♭VImaj7 ist *lydisch* und reflektiert seine Nicht-Tonika-Funktion:

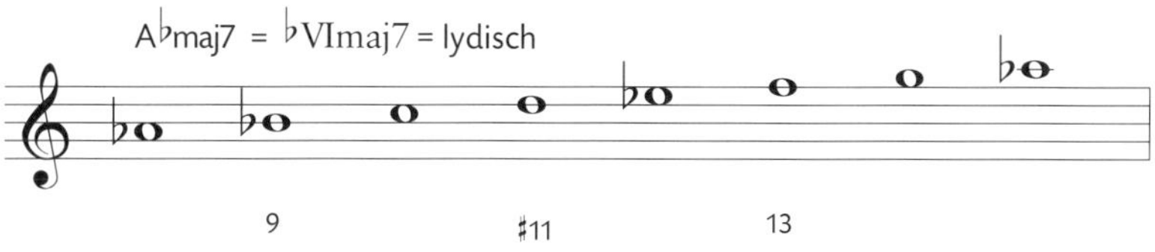

Die Stimmführung des ♭VI als modaler Austausch-Akkord resultiert in einem anderen Subdominant-Moll-Akkord. ♭VI7 kann als kadenzierender Akkord auftreten, der zur Dur- oder Moll-Tonika fortschreitet:

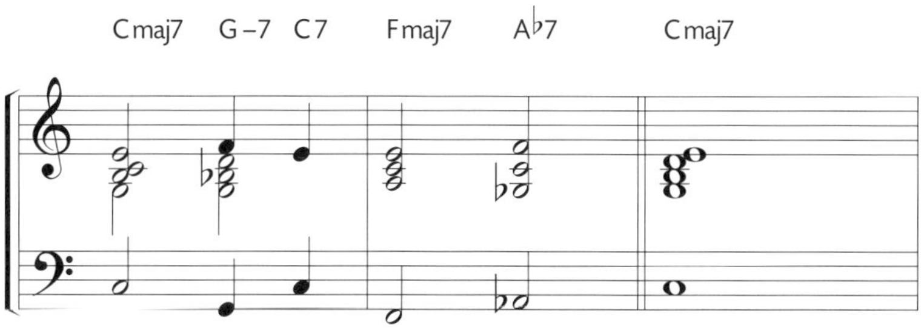

Wie der subV7/V ist auch der nicht-dominantische ♭VI7 Akkord mit dem deutschen übermäßigen Sext-Akkord (Ger+6) der klassischen Harmonielehre verwandt (siehe voriges Kapitel). Während der dominantische Ger+6 (subV7/V) von einem verminderten Sept-Akkord mit Sekundär-Dominant-Funktion abgeleitet ist (obere Struktur von V7(♭9)/V), ist der nicht-dominantische Ger+6 (♭VI7) von demselben verminderten Sept-Akkord, jedoch mit chromatischer Funktion (enharmonisch verwechselt), abgeleitet. Obwohl der deutsche übermäßige Sext-Akkord meist dominantische Funktion hat, tritt er in der klassischen Musik manchmal auch als nicht-dominantischer kadenzierender Akkord auf, wie das folgende Beispiel zeigt:

F. Schubert, op. 83, 3

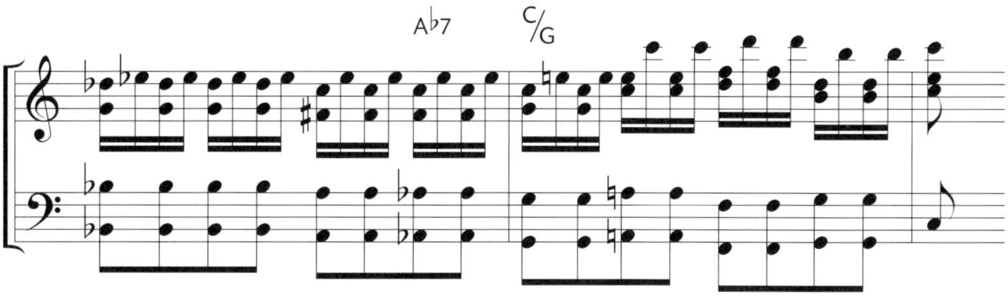

Die Sept von A♭7 ist als übermäßige Sext notiert.

In der klassischen Musik wurde der nicht-dominantische Ger+6 manchmal absichtlich, manchmal versehentlich enharmonisch nicht korrekt notiert (wie im vorigen Beispiel). Da er selten zu finden ist, wurde allgemein die Schreibweise des dominantischen Ger+6 verwendet. (Der Ger+6 hat auch dann dominantische Funktion, wenn die zweite Umkehrung der Tonika ein Vorhaltsakkord der Dominante ist und auch in die Dominante weitergeführt wird, wie es für eine klassische Kadenz typisch ist.) Bei einer Auflösung in die Dur-Tonika enthält die richtige Notation des nicht-dominantischen Ger+6 neben der übermäßigen Sext noch einen chromatischen Leitton zur Terz der Tonika (doppelt übermäßige Quart). Dieser Akkord wird manchmal als Schweizer übermäßiger Sext-Akkord (Sw+6) bezeichnet, um ihn vom dominantischen Ger+6 zu unterscheiden:

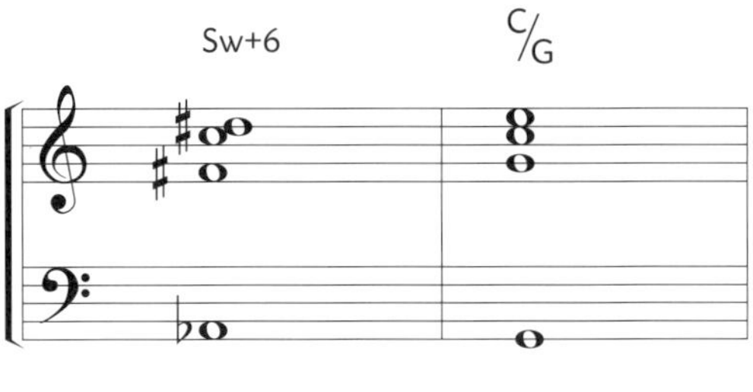

Im modernen Gebrauch werden beide, sowohl subV7/V als auch ♭VI7 als Dominant-Sept-Akkord-Struktur der erniedrigten VI. Stufe notiert. Die Notation der Stimmführung ist auf Akkord-Symbole nicht anwendbar und wird auch sonst wegen der einfacheren Lesbarkeit vermieden.

Im Jazz wird ♭VI7 als Subdominant-Moll-Akkord oder als Blues-Akkord (siehe *Dominant-Akkorde mit spezieller Funktion)* behandelt, wenn er kadenzierend fortschreitet (wie in „Bye Bye Blues" oder „Out of Nowhere"). Ist er jedoch Substitut der Sekundär-Dominante, so wird er als subV7/V analysiert. Die Unterscheidung hängt vom Kontext ab. Analyse-Symbole zeigen die entsprechende Funktion:

Wenn ♭VI7 ein Kadenz-Akkord ohne dominantische Funktion ist, so ist die Akkord-Skala *lydisch♭7* (die erwartete Grundton-Fortschreitung ist keine reine Quint nach unten). Aber auch wenn er Substitutions-Dominant-Funktion hat, benutzt er *lydisch♭7*:

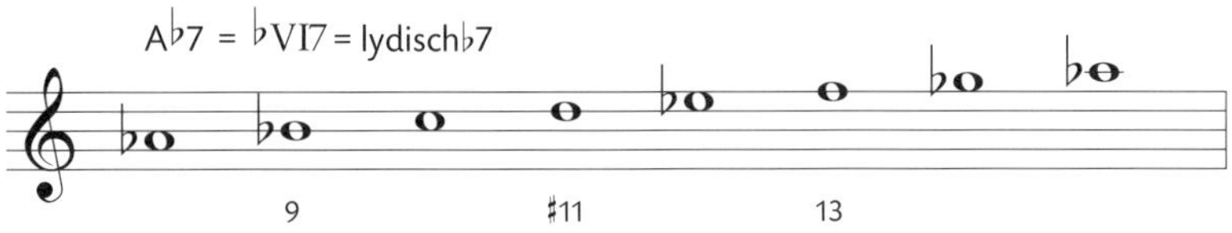

Wenn II–7(♭5) als Subdominant-Moll-Akkord auftritt, folgt danach häufig **♭IImaj7**. ♭IImaj7 kann als *Subdominant-Moll-Akkord* kategorisiert werden, der zur Dur- oder Moll-Tonika kadenziert. Er wird später noch als modaler Austausch-Akkord einer anderen Tonart erklärt.

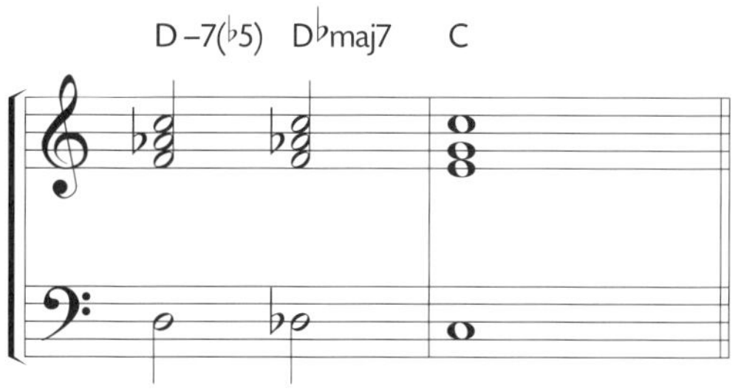

Es ist nicht richtig, dass ♭IImaj7 durch das Erniedrigen des Grundtons von II–7(♭5) abgeleitet wird. In funktionaler Harmonik können mit Ausnahme des Grundtons, der die Basis des Akkords ist, alle Akkordtöne alteriert werden:

Der Ursprung des ♭IImaj7 geht auf das 17. Jh. zurück. Er entwickelte sich aus IV– mit einer kleinen Sext anstatt der Quint des Akkords. Vorwiegend in Moll-Stücken verwendet, war er eine Alternative für IV–6, der wegen des Tritonus zwischen Terz und Sext vermieden wurde. Er ist in den Werken neapolitanischer Komponisten zu finden, speziell in der neapolitanischen Oper, deshalb auch der Name **„Neapolitanischer (Sext-)Akkord"** (N6). Viele dieser Komponisten waren in ganz Europa tätig, und in der Mitte des 17. Jh.s war dieser Akkord bereits etabliert. Im Gegensatz zu heutigen Analysen wurde N6 als IV– Akkord und nicht als Umkehrung einer II. Stufe betrachtet. Im späteren 18. und im 19. Jh. wurde der Neapolitaner auch in Dur-Tonarten eingesetzt, zunehmend auch in Grundposition (N), da dies mehr Stabilität und Unabhängigkeit mit sich bringt. N6 hat, ebenso wie ♭IImaj7, starken Subdominant-Charakter mit der Tendenz, zur Dur/Moll-Tonika oder (vor allem in klassischer Musik) zur Primär-Dominante fortzuschreiten.

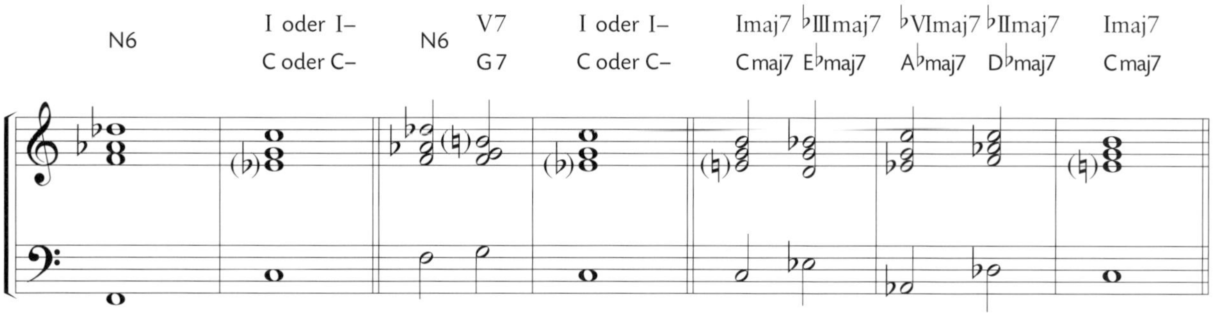

Die letzten drei Takte zeigen einen Turnaround wie in „Lady Bird"; mit eingeschlossen sind modale Austausch-Akkorde, im Speziellen Subdominant-Moll-Akkorde.

Aufgrund der nahen Beziehung zwischen den Tonarten von I Dur und ♭III Dur bewegen sich Stücke oft frei hin und her („Softly" oder „On Green Dolphin Street"). Die Auswahl der Akkord-Skalen ermöglicht dieses Ausweichen in die andere Tonart. Wenn Subdominant-Moll-Funktion mit einbezogen ist, gibt es nur andeutungsweise eine Modulation zur verwandten Tonart (wie in „Night And Day" oder „You Go To My Head").

Subdominant-Moll-Akkorde

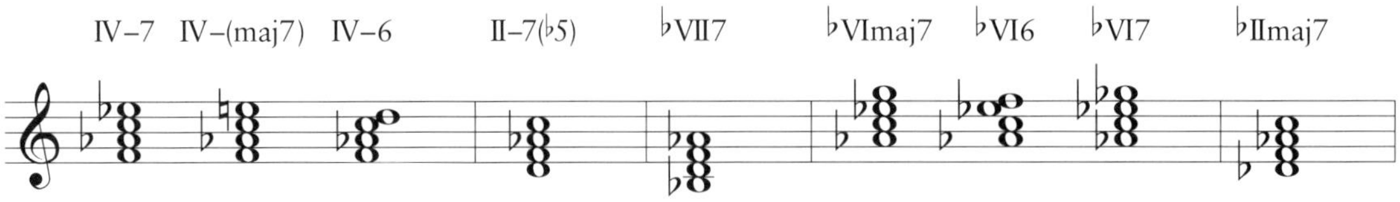

Stücke zur Analyse von Modalem Austausch

„Girl From Ipanema" (Bridge)
„Out Of Nowhere"
„Misty"
„You Go To My Head"
„Georgia On My Mind"
„On Green Dolphin Street"
„Night And Day"
„Lady Bird"

Moll-Tonleitern

In Moll sind die diatonischen Zusammenhänge komplexer als in Dur. Während der Aufbau der Dur-Tonleiter unveränderlich ist, hat die Moll-Tonleiter mehrere Ausformungen, aus denen sich daher auch mehrere diatonische Akkorde ableiten lassen. Die Unterschiede liegen im zweiten Tetrachord (2. Hälfte der Tonleiter). Während die 1. bis 5. Skalenstufe unverändert bleiben, sind Sext und Sept entweder groß oder klein. Der Tonvorrat von 9 Tönen lässt vier Kombinationsmöglichkeiten zu, aus denen sich vier Moll-Tonleitern ergeben:

1 - gr. 2 - kl. 3 - r. 4 - r. 5

- kl. 6 – kl. 7 = natürlich Moll
- kl. 6 – gr. 7 = harmonisch Moll
- gr. 6 – gr. 7 = melodisch Moll
- gr. 6 – kl. 7 = dorisch Moll

natürlich Moll

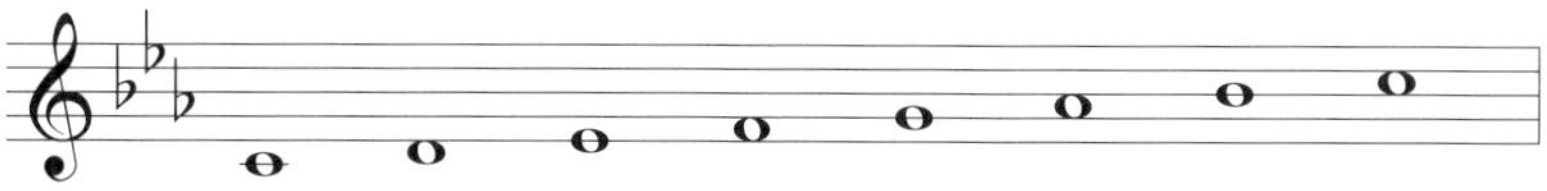

harmonisch Moll

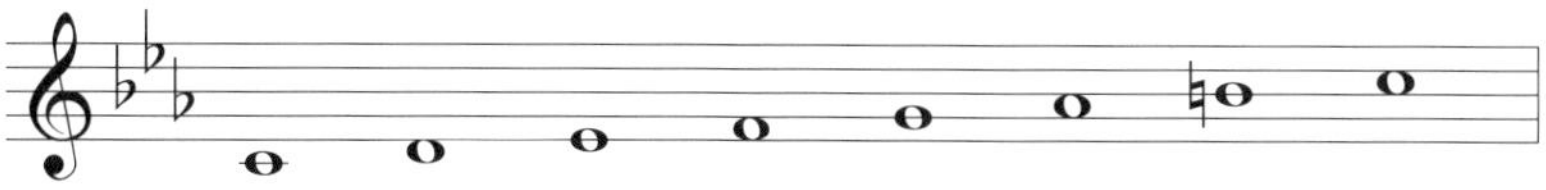

melodisch Moll

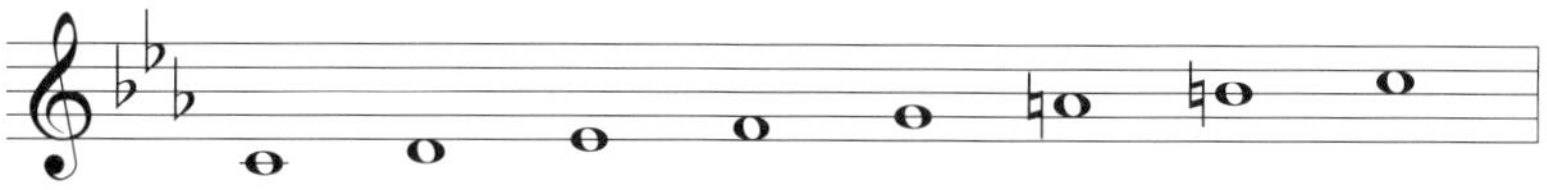

dorisch Moll

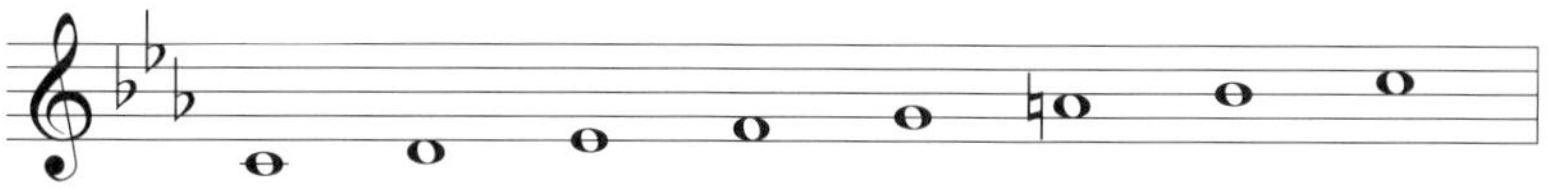

- Natürlich Moll hat die *natürlichen* Vorzeichen der Tonart.
- Natürlich Moll wird *nicht* als äolisch bezeichnet, um es von äolisch als Modus unterscheiden zu können.
- Harmonisch und melodisch Moll sind nicht diatonisch in Bezug auf Vorzeichen.
- Harmonisch Moll hat die Sept von natürlich Moll für *harmonische* Zwecke erhöht. Sie enthält den Leitton, der für die Bildung einer Dominante erforderlich ist (V oder V7), daher auch der Name:

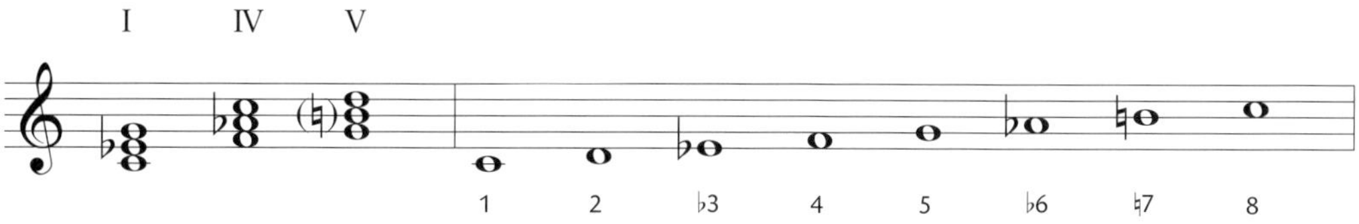

- Melodisch Moll hat die Sext des harmonisch Moll für *melodische* Zwecke erhöht .
- Dorisch Moll hat eine große Sext, aber eine kleine Sept, wodurch es diatonisch zu einer anderen Tonart ist und sich gut für Modulationen eignet.
- Von allen Moll-Tonalitäten besitzt nur dorisch eine modale Bezeichnung.

Die klassische Harmonielehre zieht nur drei Moll-Tonarten in Betracht: Natürlich, harmonisch und melodisch Moll. Die Tonleiter dorisch Moll darf aber nicht unberücksichtigt bleiben, da sie eine wichtige Quelle für Ausweichungen und Modulationen ist.

Bezüglich der traditionellen Behandlung des melodisch Moll, muss gesagt werden: Es ist nur eine Richtlinie und kein Gesetz, dass große Sext und große Sept hintereinander nur in aufsteigenden und kleine Sext, kleine Sept nur in absteigenden Linien (natürlich Moll) auftreten. Im zeitgemäßen Gebrauch des melodisch Moll gibt es eine große Sext und Sept auf- *und* absteigend. Diese Erscheinung kann bereits in früher Musik nachgewiesen werden:

J. S. Bach, Das Wohltemperierte Klavier, Buch I:

Fuge in a Moll:

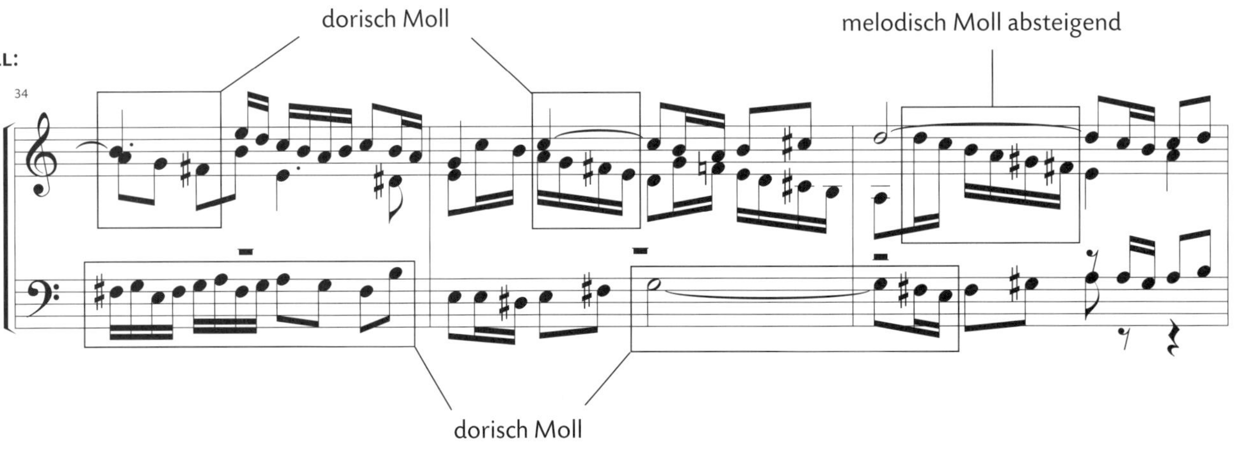

Fuge in f Moll:

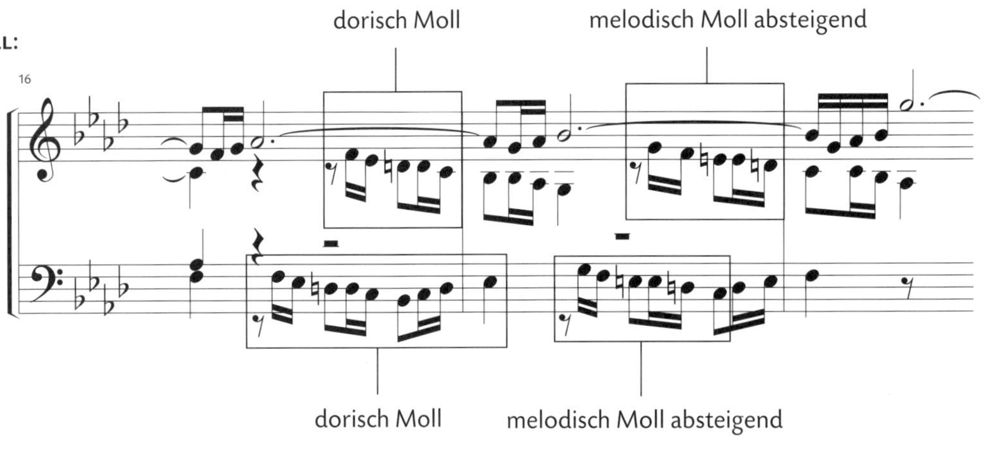

Moll-Akkorde und Modaler Austausch

Aufgrund der variablen 6. und 7. Skalenstufe ergeben sich für jede Moll-Tonleiter andere diatonische Akkorde, wodurch sich die Gesamtzahl erhöht. Es lassen sich circa dreimal so viele Akkorde ableiten wie von der Dur-Tonleiter, aber nicht alle sind in der Praxis in gleicher Häufigkeit anzutreffen. Sie sind durch *modalen Austausch* verfügbar (Akkorde werden von anderen Tonalitäten mit gleichem Grundton ausgeborgt; modal bezieht sich hier auf einen funktionalen Kontext). *Modaler Austausch ist in Moll allgemein üblich.*

Anmerkung: Einige der nun folgenden römischen Ziffern enthalten ein „♭". Das ist in Moll notwendig, um die diatonischen Akkorde ♭III, ♭VI und ♭VII analysieren zu können.

Die diatonischen Akkorde in **natürlich Moll** sind:

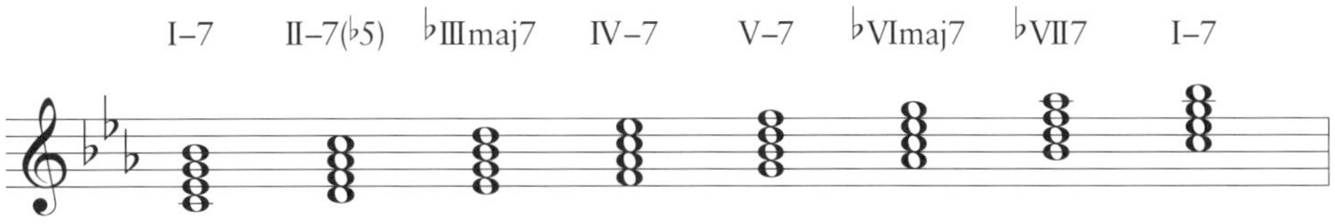

Die diatonischen Akkorde in **harmonisch Moll** sind:

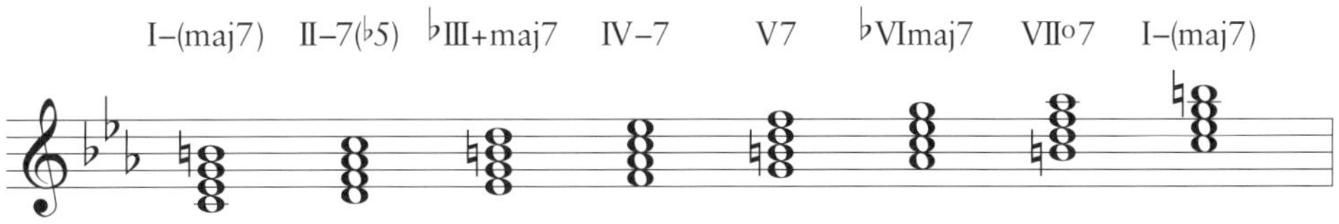

Die diatonischen Akkorde in **melodisch Moll** sind:

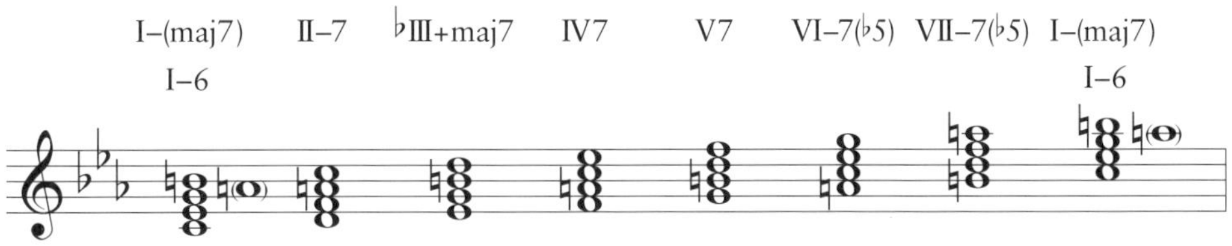

Die diatonischen Akkorde in **dorisch Moll** sind:

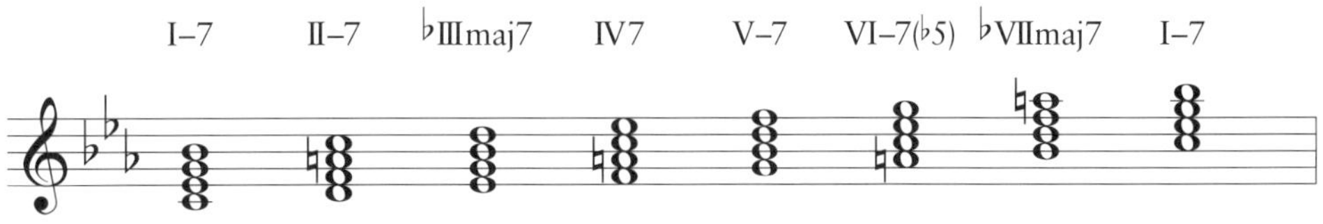

- Der I– Akkord in melodisch Moll ist meist I–6 um ihn von I–(maj7) des harmonisch Moll zu unterscheiden.
- Wegen seiner Funktion als Primär-Dominante wird in den meisten Fällen V7 anstatt V–7 (natürlich und dorisch Moll) benutzt.
- Dorisch Moll hat primär melodische Bedeutung. ♭VIImaj7 ist der einzige Akkord, der für den modalen Austausch verwendet wird. Doch auch die I–7 Akkord-Skala ist sehr wichtig, wie später bei der Auflistung der Akkord-Skalen zu sehen ist.
- Manchmal werden nur Dreiklänge benutzt, um mehr funktionale Stabilität zu erhalten (Tonika) oder um eine Klischeelinie zu beginnen.

Das sind die Moll-Akkorde, die durch modalen Austausch zur Verfügung stehen:

Die Akkorde der I. Stufe:

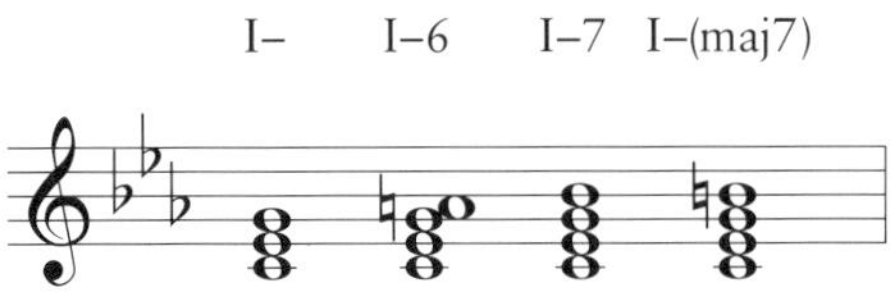

Die Akkorde der II. Stufe:

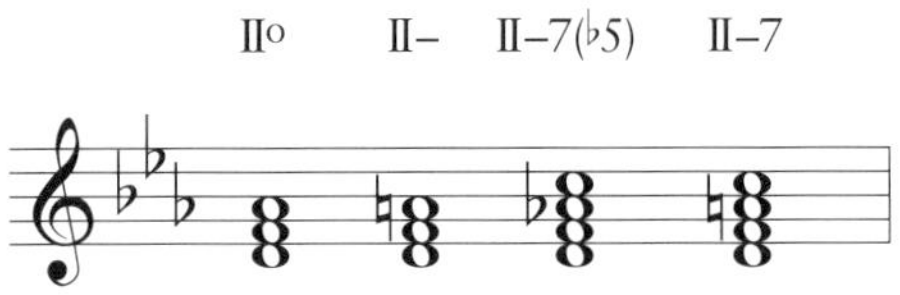

Die Akkorde der III. Stufe:

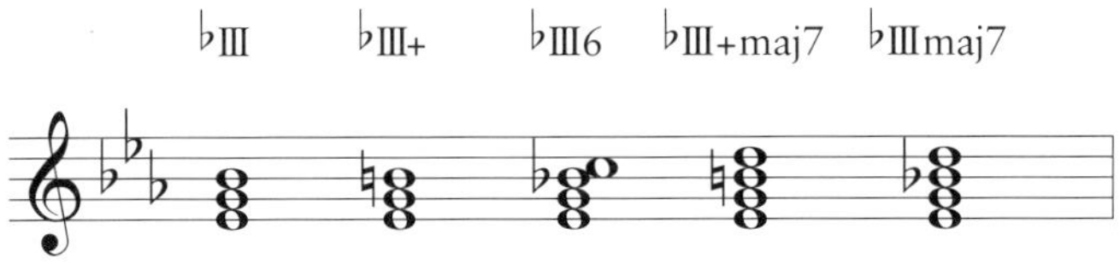

Die Akkorde der IV. Stufe:

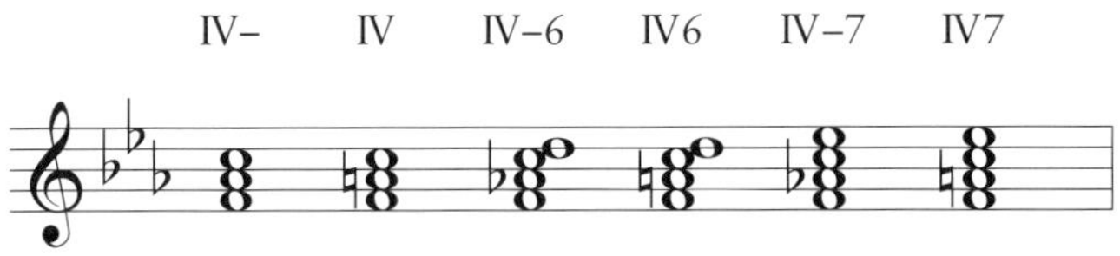

Die Akkorde der V. Stufe:

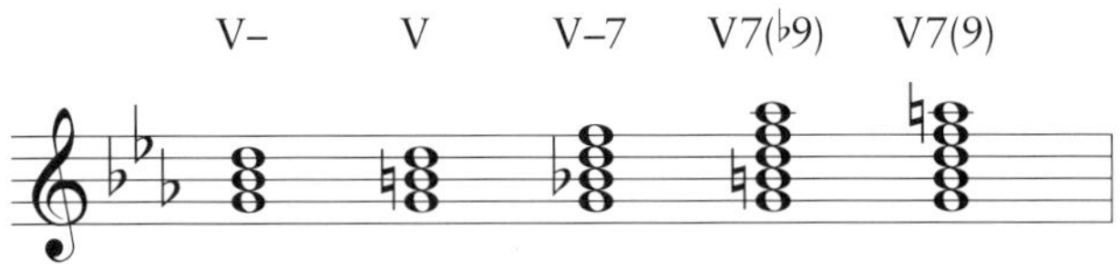

Die Akkorde der VI. Stufe:

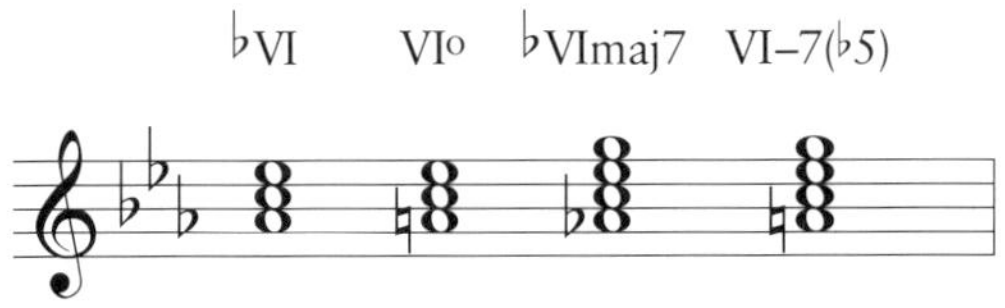

Die Akkorde der VII. Stufe:

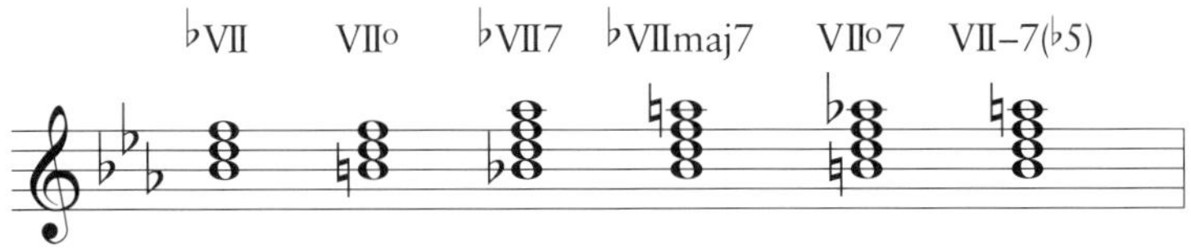

Zur vorangehenden Akkordliste:

- Die –6 und 6 Akkorde sind Alternativen für –(maj7) bzw. maj7.
- –6, –(maj7), +maj7 und °7 sind nicht diatonisch in Dur.
- Es gibt dominantische Akkord-Strukturen auf IV, V und ♭VII, aber nur V7 als V7/I hat Primär-Dominant-Funktion.
- V–7 hat *keine* dominantische Funktion, kann aber zur Tonika kadenzieren.
- VII°7 kann dominantische Funktion haben (er entspricht der oberen Struktur des V7(♭9)).
- Obwohl nicht-diatonisch zu einer Moll-Tonart, kommen ♭IImaj7, IV–(maj7) and ♭VI7 häufig als kadenzierende Akkorde in Moll vor (siehe *Modaler Austausch und Subdominant-Moll):*

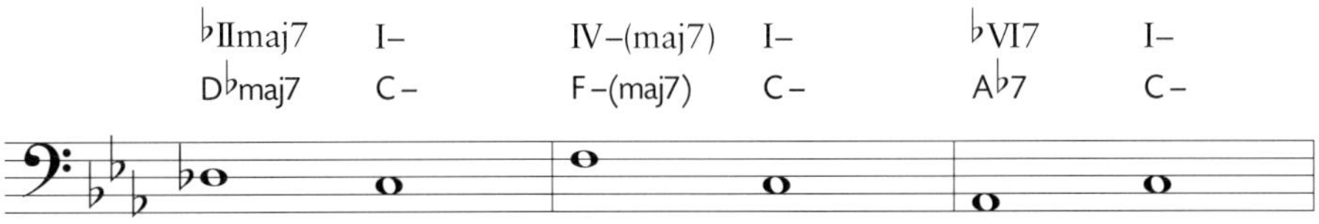

Zusätzlich zum modalen Austausch innerhalb der Moll-Tonarten, findet man auch häufig:

- Sekundär-Dominanten,
- Substitutions-Dominanten,
- Sequenz-Dominanten, Sequenz-Substitutions-Dominanten und
- bezügliche II–7 und II–7(♭5) Akkorde.

Tonarten-Beziehungen

Die traditionellen Definitionen von Paralleltonart und gleichnamiger Tonart werden im Gegensatz zur englischsprachigen Literatur beibehalten. Paralleltonarten haben die gleichen Vorzeichen; gleichnamige Tonarten haben den gleichen Grundton. Da natürlich Moll und seine parallele Dur-Tonart dieselbe Diatonik haben, bestimmen die Akkord-Platzierungen und Kadenzen, welche der beiden gerade tonangebend ist.

Häufig schweifen Stücke in Moll in die *parallele* Dur-Tonart ab (wie bei „My Funny Valentine": es steht in Moll, aber der Mittelteil ist Dur). Es gibt aber auch Moll-Stücke, die in die *gleichnamige* Dur-Tonart wechseln („Alone Together" kadenziert am Ende der beiden A-Teile nach Imaj7, bleibt aber am Schluss in Moll).

Seltener sind Stücke, die sowohl in die Paralleltonart als auch in die gleichnamige Tonart ausweichen. „Lament" von J.J. Johnson (als Moll-Stück analysiert) wäre ein Beispiel, das in der parallelen Dur-Tonart endet. Innerhalb von Moll-Stücken sind folgende Beziehungen häufig:

- nur Moll (z.B. C Moll),
- Moll und die parallele Dur-Tonart (C Moll – E♭ Dur),
- Moll und die gleichnamige Dur-Tonart (C Moll – C Dur),
- Moll, die gleichnamige Dur-Tonart und dann deren parallele Moll-Tonart (C Moll – C Dur – A Moll),
- Moll, ihre Paralleltonart und deren gleichnamige Moll-Tonart (C Moll – E♭ Dur – E♭ Moll).

Die letzte Beziehung ist seltener als die zuvor genannten.

Akkord-Skalen in Moll

Die grundsätzlichen Überlegungen bei der Festlegung von Akkord-Skalen in einer Dur-Tonalität gelten auch für die Akkorde in einer Moll-Tonart. Die diatonischen Akkorde benutzen diatonische Akkord-Skalen. Dennoch gibt es hier mehr Auswahlmöglichkeiten, da sowohl die Sext als auch die Sept entweder klein oder groß sein können. Die Kriterien für Avoid-Noten bleiben gleich, mit der Ausnahme von dorisch, wo die Tension 13 erlaubt ist, speziell bei I–7. Dieser Einschluss der 13 ist ein wichtiges Merkmal für den Klang dorisch Moll.

Die potenziellen diatonischen Akkord-Skalen für I– sind:

- I–7 — dorisch oder äolisch.
- I–6 — dorisch (Avoid Note ♭7) oder melodisch Moll (aufsteigend).
- I–(maj7) — melodisch Moll oder harmonisch Moll.
- I– (Dreiklang) — entweder eine Skala, die nur Töne von 1 bis 5 beinhaltet (= alle gemeinsamen Töne der bereits erwähnten Skalen), oder irgendeine der vorher genannten Skalen, vorausgesetzt, die Melodie stimmt damit überein.
- I–7 — phrygisch wäre eine Möglichkeit, vor allem wenn die Melodie phrygisch ist (selten).

Bei der Skalenauswahl für die Tonika muss die 11 mit Vorsicht behandelt werden. Bei I–(maj7) entsteht ein Tritonus zwischen 11 und großer Sept. Dieses Tritonusverhältnis ist der Dominante vorbehalten.

Für die übrigen diatonischen Akkord-Skalen gilt dasselbe Auswahlverfahren wie oben. Der gebräuchlichsten Akkord-Skala folgen andere, basierend auf den Kriterien der Moll-Tonalität:

II–7	phrygisch oder dorisch(♭2)
II–7(♭5)	lokrisch
♭IIImaj7	lydisch oder ionisch
IV–7	dorisch
IV7 (V7/♭VII)	lydisch♭7 oder mixolydisch
V7(♭9)	mixolydisch (♭9, ♯9, ♭13) (Sie enthält die meisten Töne der Moll-Tonart.)
V7	mixolydisch (♭13)
V–7	äolisch
♭VImaj7	lydisch
VI–7(♭5)	lokrisch oder lokrisch(♮9)
♭VII7 (V7/♭III)	lydisch(♭7) oder mixolydisch
♭VIImaj7	ionisch
VII°7	(selten) Die Akkord-Skala ist harmonisch Moll beginnend mit der 7. Stufe.

Die meisten der Nicht-Tonika-Akkord-Skalen und die daraus resultierenden Tensions sind von natürlich oder dorisch Moll abgeleitet. Dorisch ist als Moll-Tonalität nicht so wichtig für die Bildung diatonischer Akkorde, sondern dient vor allem als Quelle von Tönen, die für die Melodiebildung herangezogen werden können. Die Akkord-Skala für die Tonika I– kann jede Art von Moll-Tonleiter sein.

Dominant-Akkorde mit entsprechender durtonaler Funktion (Sekundär-, Substitutions-, Sequenz-Dominanten, Sequenz-Substitutions-Dominanten, einschließlich bezüglicher II–7 Akkorde) haben Akkord-Skalen, welche die folgenden notwendigen Kriterien erfüllen:

- Akkorde mit diatonischer Orientierung benutzen diatonische Nicht-Akkordtöne.
- Dominant-Akkorde, die eine Auflösung um eine reine Quint nach unten erwarten lassen, benutzen eine Form der mixolydischen Akkord-Skala.
- Dominant-Akkorde, die eine andere Auflösung erwarten lassen, benutzen lydisch♭7.
- Grundsätzlich gilt: wenn der Grundton eines Akkords diatonisch ist, wird auch die Akkord-Skala diatonisch orientiert sein; ist der Grundton nicht-diatonisch, muss der Akkord-Skalen-Aufbau logisch begründet sein.
- Die diatonischen Töne, die mit Moll-Tonalitäten in Verbindung stehen, enthalten die kleine oder große Sext, bzw. Sept. Aufgrund dieser Töne sind viele Dominant-Akkorde mit Funktion in der Tonart eine reine Quint oder einen Halbton über einer diatonischen Note. Gleichzeitig lassen sie eine Auflösung um eine reine Quint nach unten (mixolydisch mit oder ohne Alterationen) oder eine andere als jene erwarten (lydisch♭7).

Einige interessante Skalen-Auswahlmöglichkeiten entstehen durch die zusammengesetzte, gemischte Moll-Tonleiter, die alle Töne der variablen 6. und 7. Stufe enthält:

C– zusammengesetzte Skala:

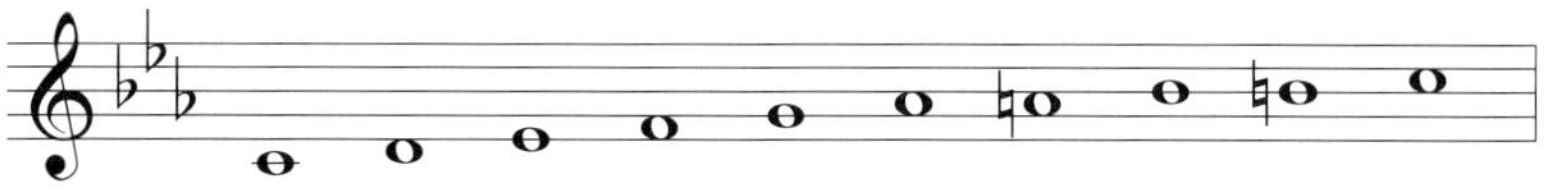

E7 (V7/VI) in C– könnte jede der folgenden Skalen haben, mit Nicht-Akkordtönen der zusammengesetzten Moll-Tonleiter:

E7 = mixolydisch (♭9, ♯9, ♭13)

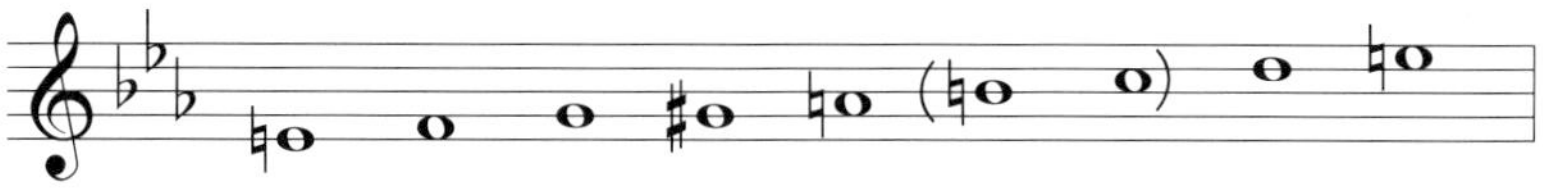

E7 = mixolydisch (♭9, ♯9, ♯11, ♭13)

oder:

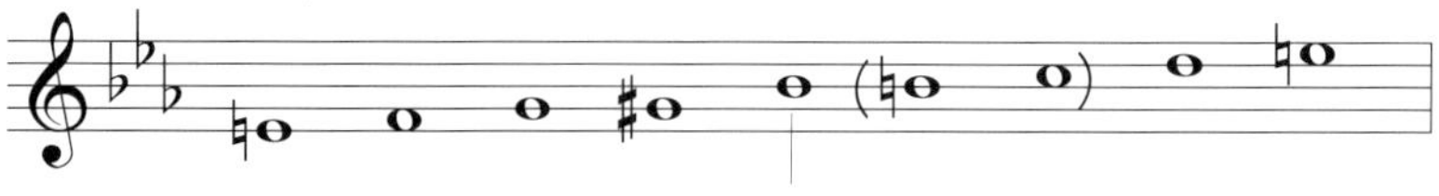

(enharmonisch A♯)

E7 = alteriert

oder:

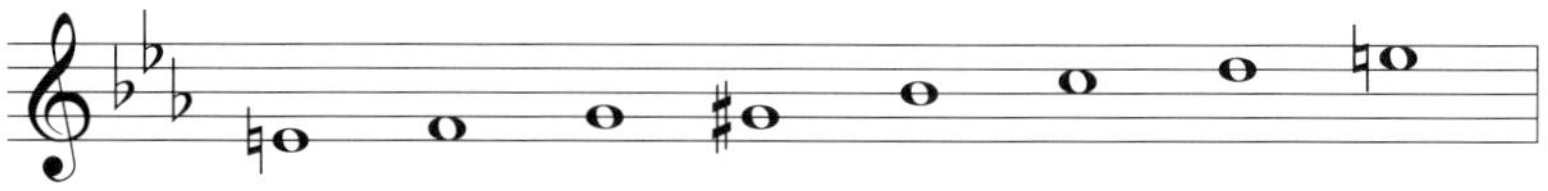

E7 (subV7/♭III) in C– könnte sein:

E7 = lydisch♭7

E7 = lydisch♭7(♯9)

oder: 

Oder: Die Skala für E7 (mit einer etwas fragwürdigen Funktion in C) könnte alle vorigen Vorzüge kombinieren:

E7 = symmetrisch-dominant

Diese Skala kann als symmetrisch Halbton-Ganzton betrachtet werden. Es gibt keine Avoid-Noten, da alle Töne die Kriterien für eine Dominant-Funktion erfüllen. Sie wird auch immer wieder als Symmetrisch-Vermindert-Akkord-Skala bezeichnet (siehe Liste im ersten Kapitel). Genau genommen hat aber dieser Fall Dominant-Funktion und muss daher *Symmetrisch-Dominant-Skala* heißen. (Sie wird auch als *Kombinations-Dominant-Skala* bezeichnet, weil die untere Hälfte alteriert (♭9, ♯9) und die obere lydisch♭7 (♯11, 13) ist.)

Die Skalen-Auswahlmöglichkeiten, die in Moll verfügbar sind, scheinen enorm zahlreich. Es gibt für den Einsatz in Moll mehr geeignete Skalen als in Dur. Das folgende Beispiel enthält Akkord-Folgen und Wendungen, die für eine Moll-Tonart typisch sind:

Typische Merkmale:

Zuerst wird die Moll-Tonalität etabliert, indem der Tonika-Akkord betont wird.

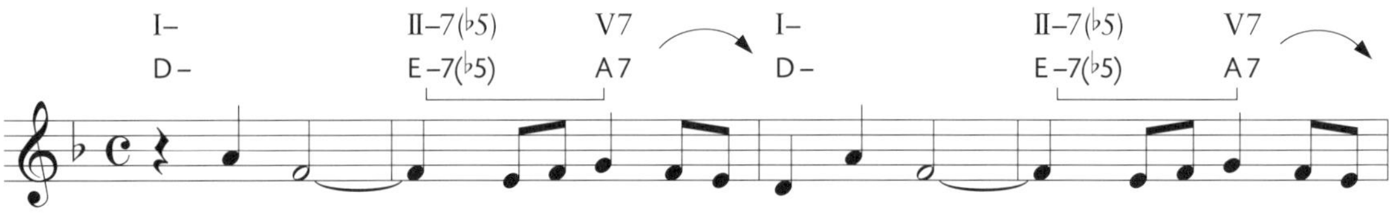

Sekundär-Dominanten von II, IV und V sind häufig.

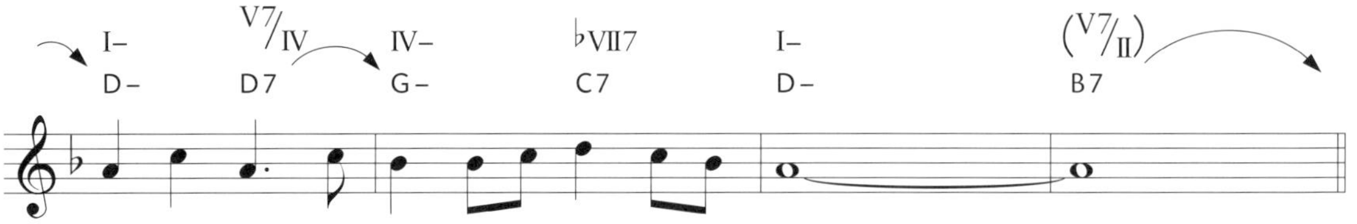

Sequenz-Dominanten (diatonische Grundtöne) sind häufig und lösen sich wie in Dur in einen diatonischen Akkord auf.

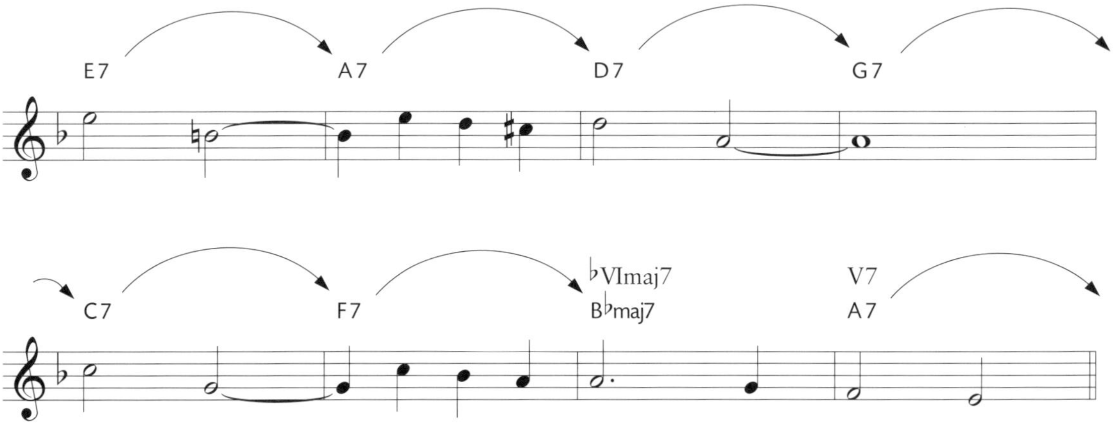

Anders als in Dur kann die Sekundär-Dominante von V auch auf Schwerzeit auftreten, wo normalerweise der II–7 steht (wie im ersten A Teil).

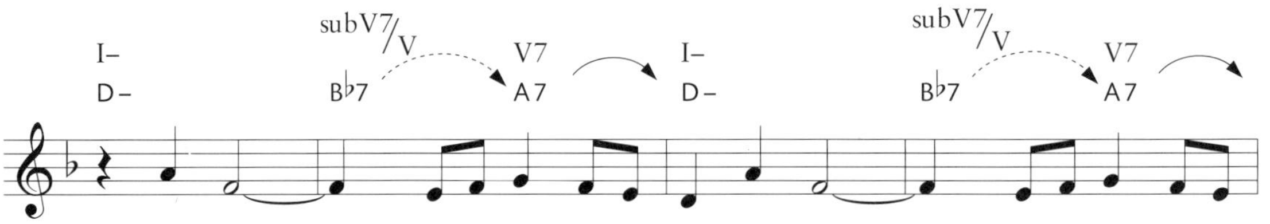

Nicht-dominantische Kadenz vom diatonischen ♭VII7 zu I– ist typisch.

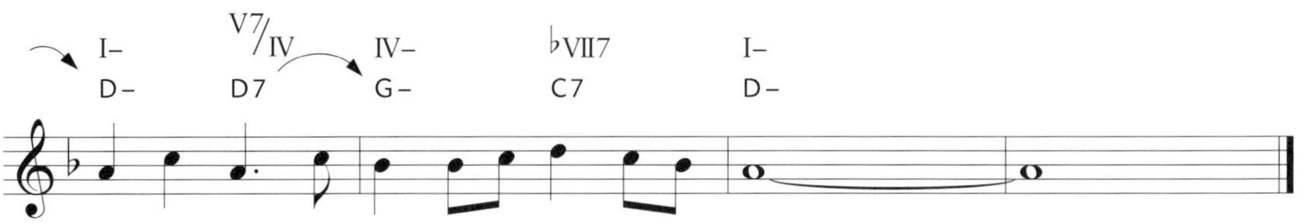

KLISCHEE-LINIEN

Klischee-Linien sind oft in Moll anzutreffen. Die Bewegung einer Einzelstimme erweckt den Eindruck harmonischer Aktivität eines sonst statischen Akkords:

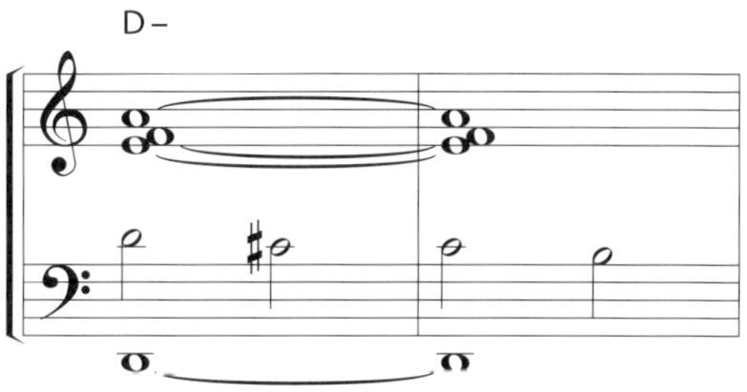

Eine Klischee-Linie

- bewegt sich meist chromatisch;
- tritt immer oberhalb der Quint auf (vor allem im Bereich der Sept);
- kann auf- oder absteigen;
- kann in jeder Stimme auftreten (Bass, Mittel-, Oberstimme).

Wenn die Klischee-Linie mit dem Grundton beginnt und dieser auch Basston ist, muss sie sich diatonisch auflösen, wie in „My Funny Valentine“:

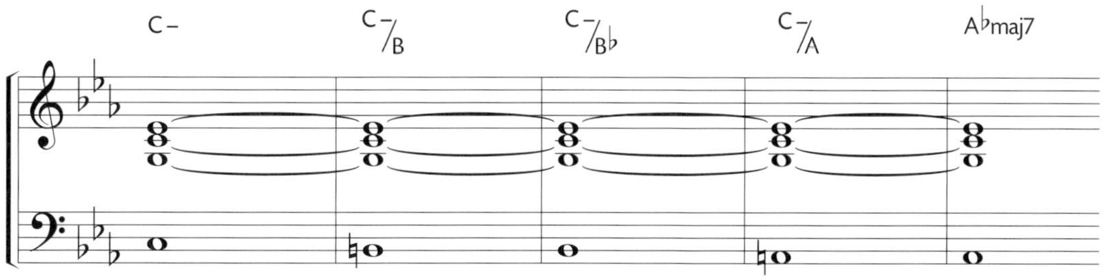

Die Akkord-Skalen sind typischerweise auf den Gebrauch von Dreiklangstönen und durch die Klischee-Linie erzeugten Tensions beschränkt. Wenn ♯5 oder ♭6 auftritt, werden nur fünf Töne benutzt.

D–

D– mit maj7 der Klischee-Linie

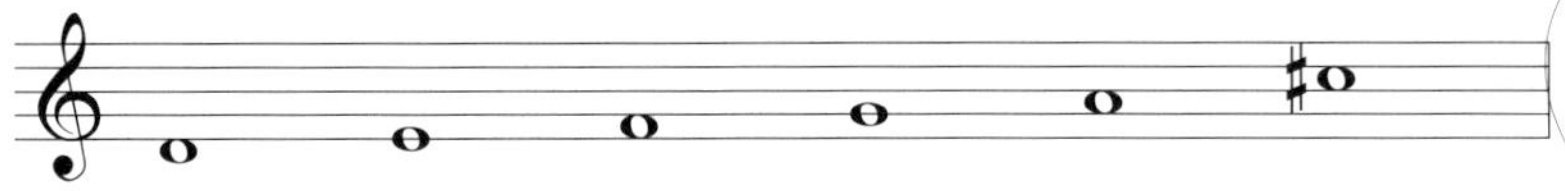

D– mit ♭7 der Klischee-Linie

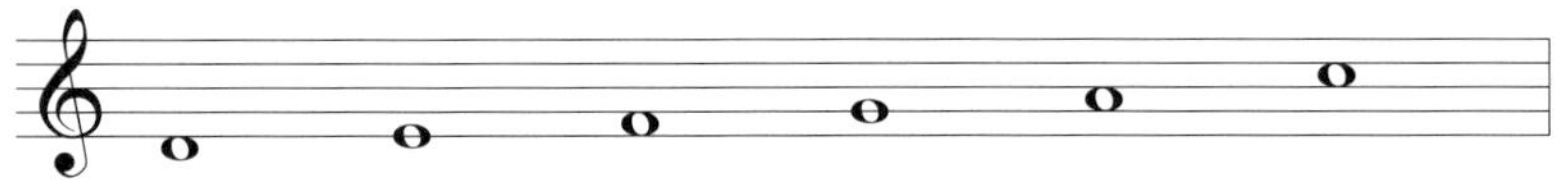

D– mit 6 der Klischee-Linie

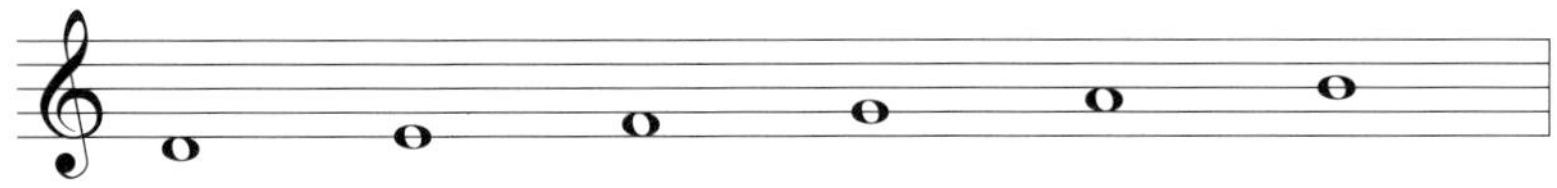

D–(♯5) oder D–(♭6)

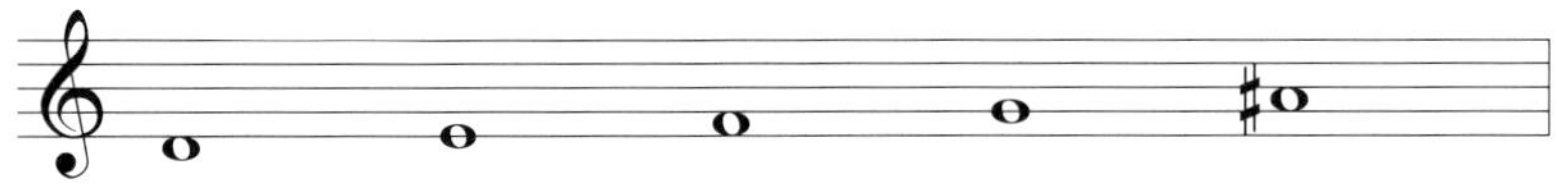

Klischee-Linien sind ein beliebtes Arrangiermittel und werden auch oft bei diatonischen Moll-Akkorden in Dur verwendet. Eine entsprechende Klischee-Linie kann sich auch von einem Moll-Akkord zu seinem bezüglichen Dominant-Sept-Akkord bewegen:

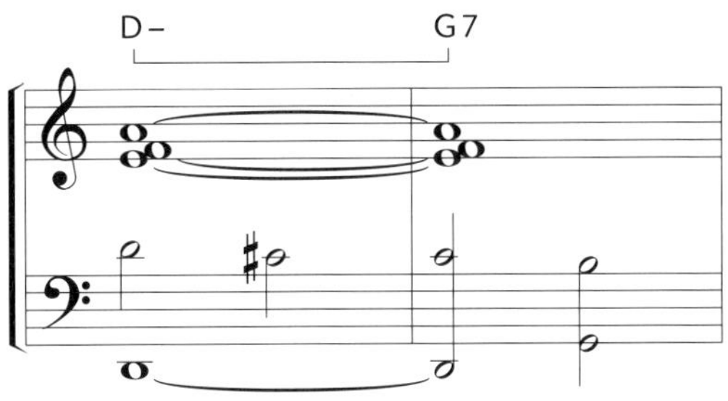

Klischee-Linien können aber auch bei den Dur-Akkorden der I. und IV. Stufe einer Dur-Tonart auftreten („For Once In My Life", „In The Wee Small Hours of The Morning").

Moll-Stücke zur Analyse

„Black Orpheus"
„Interplay"
„Hassan's Dream"
„Little Niles"
„What Are You Doing The Rest of Your Life"
„'Round Midnight"
„My Funny Valentine"
„Once I Loved (O Morro")
„Lament"
„You Don't Know What Love Is"
„Yesterdays"
„Alone Together"
„Minority"
„Summertime"

5

Blues

Blues-Grundlagen

Der Blues hat eine einzigartige Melodik, Harmonik und Form. Elementare Blues-Harmonik basiert auf der amerikanischen protestantischen Kirchenmusik. Die primär verwendeten Kadenzen sind *plagal* (Subdominante – Tonika). Eine typische plagale Kadenz ist das „Amen“, das meist am Ende von Kirchenliedern gesungen wird:

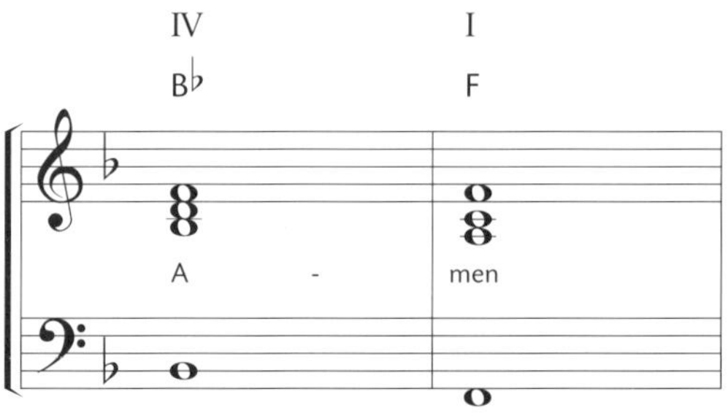

Die primären Akkorde des elementaren Blues sind die Dreiklänge der I. und IV. Stufe. Die Melodik der meisten einfachen Blues-Formen beruht auf einer Moll-Pentatonik, welche die Dur-Akkorde überlagert:

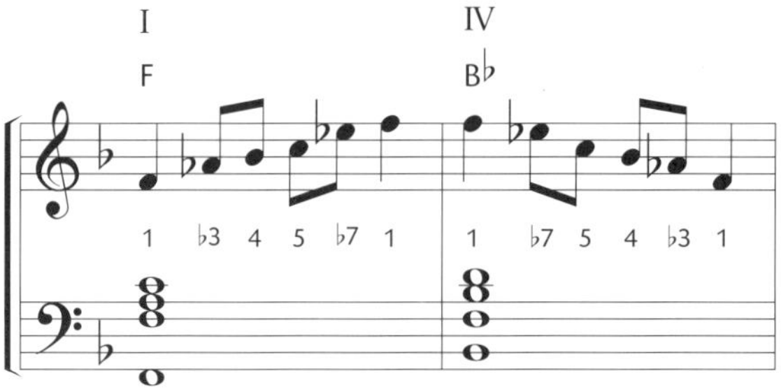

Die wichtigsten Charakteristika der einfachen Blues-Melodik sind der Ausschluss von Halbtonschritten (Pentatonik) und die Beziehung der „blue notes" ♭3 und ♭7 zu den primären Akkord-Strukturen. Die Moll-Pentatonik und Dur-Pentatonik sind wertvolle Quellen für Jazz-Improvisation sowohl im Blues als auch in Dur und Moll.

Die Blues-Form hat ihren Ursprung in (oft) improvisierten Liedtexten. Sie sind, technisch betrachtet, ein Reimpaar im jambischen Pentameter mit einer Wiederholung der ersten Zeile des Reimpaars, um Zeit für die Vorbereitung der nächsten Zeile und des Reimes zu gewinnen. Der jambische Pentameter entspricht dem Rhythmus einer punktierten Achtelnote und darauf folgender Sechzehntelnote oder einer punktierten Viertelnote und anschließender Achtelnote, mit einer Wiederholung von fünf Schlägen. Wenn dieses Muster mit der Reimpaar-Variation einhergeht, entsteht ein **12-taktiger Blues:**

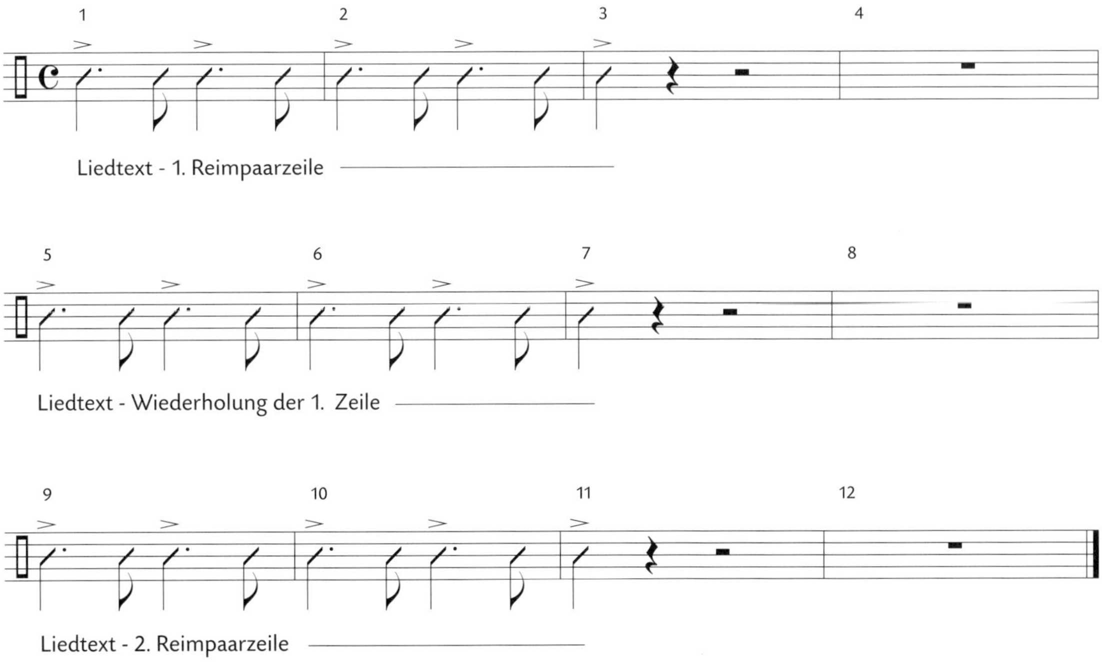

Moderner Blues

Die primären Blues-Sept-Akkorde und ihre Spannungstöne (Tensions) leiten sich von den Blues-Melodietönen ab. I7(♯9) und IV7(9) sind Beispiele für Akkorde mit dominantischer Struktur, aber ohne dominantische Funktion. Sie sind Tonika bzw. Subdominante:

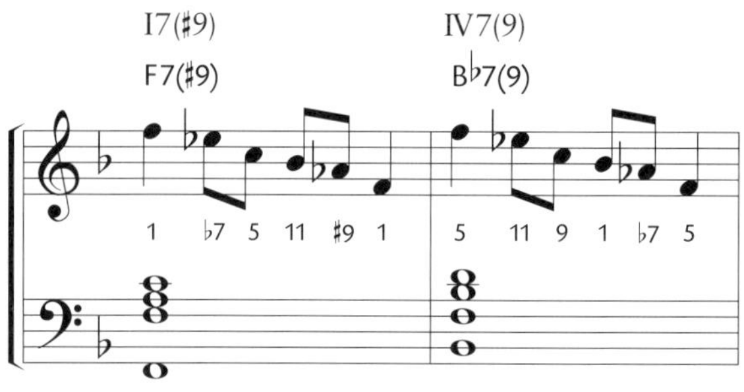

♭9 kommt üblicherweise nicht als Tension der Tonika vor, da sie nicht in der Blues-Melodik enthalten ist; sie würde sehr starke dominantische Wirkung hervorrufen.

V7 kann im Blues dominantische Funktion haben oder einen diatonischen Rückschritt nach IV7 machen:

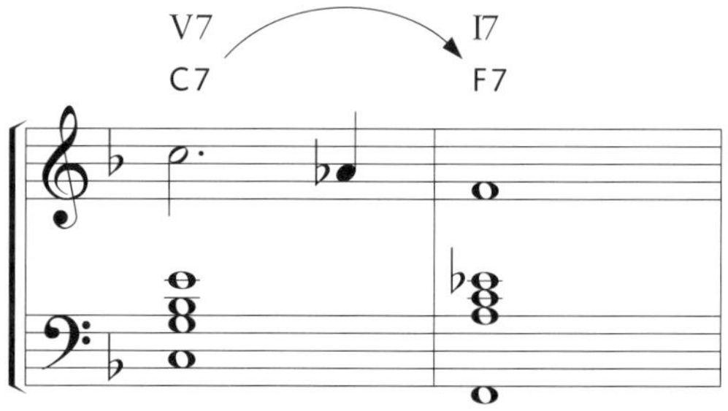

oder:

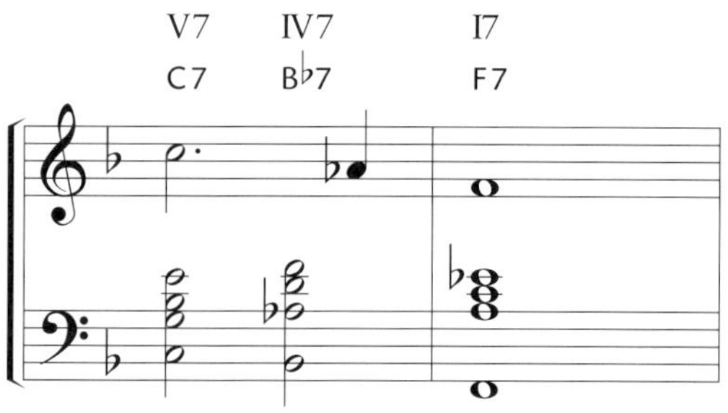

Zur Erinnerung: Die elementare Blues-Melodik enthält keine Halbtöne. Durch eine Dominant-Auflösung entsteht aber ein Leitton, der sich in einem Halbtonschritt auflöst. Dadurch kam es zum Einfluss durtonaler Funktionen. Aufgrund der Chromatik zwischen der Quart und Quint wurde auch die Melodik komplexer. Es entstand eine neue „blue note" ♭5 (♯4), die sich zu ♭3, ♭7 gesellte. (Diese Skala wird oft als „die" Blues-Skala bezeichnet):

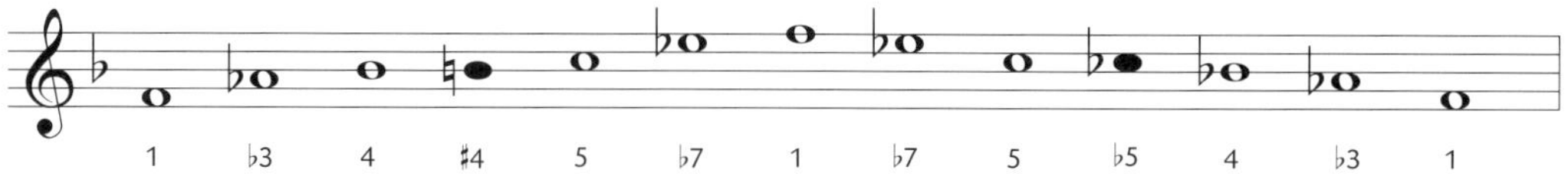

Blues-Progressionen

Die melodischen und textlichen Elemente des Blues haben die 12-taktige Blues-Form geprägt. Die Platzierung der unterstützenden Harmonien innerhalb dieser Form folgt einer logischen Sequenz:

- Die Tonika ist am meisten betont.
- Bei der Wiederholung der ersten Zeile des Reimpaars entsteht durch Verwendung anderer Akkorde Variation.
- Die plagale Kadenz ist vorherrschend; die dominantische Kadenz ist sekundär.
- Die zweite Zeile des Reimpaars enthält die endgültige Kadenz.

Im elementaren Blues (wie im vorigen Beispiel) findet man den Liedtext in den ersten beiden Takten der jeweils 4-taktigen Phrase. Da der Blues oft mit Gitarre- oder Klavierbegleitung gesungen wurde, gab es in den folgenden zwei Takten (ohne Gesang) ein instrumentales Fill oder eine Antwort.

Die folgende modernere Blues-Progression enthält Akkorde, die typisch für Jazz sind:

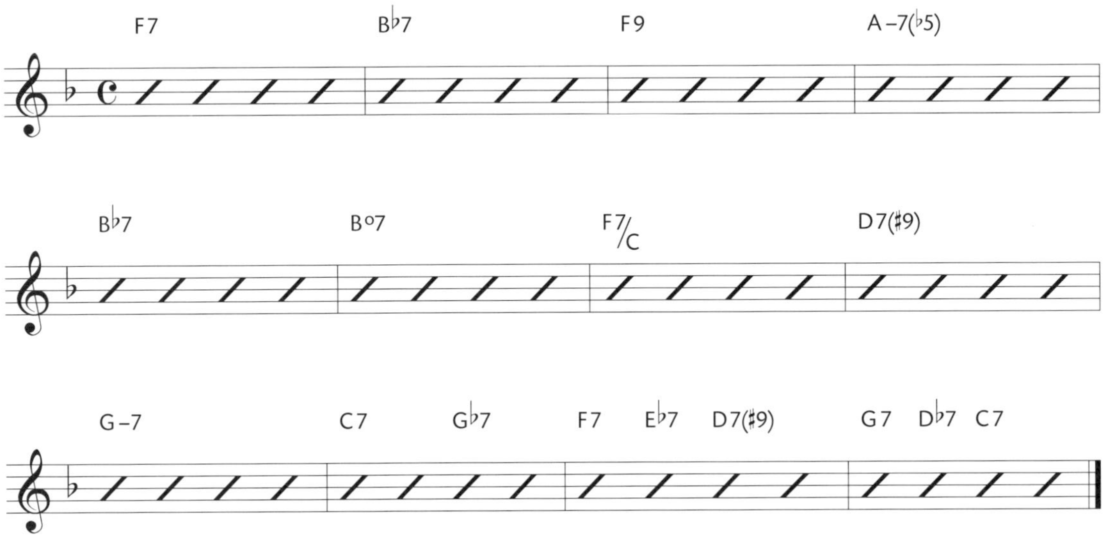

- Der III–7(♭5) (A–7(♭5)) repräsentiert die obere Struktur von V9/IV (F9).
- ♯IV°7 (B°7) ist ein chromatischer Durchgangsakkord von IV7 zur Tonika-Umkehrung.
- Es gibt eine Sekundär-Dominante (V7/II) zur Dominant-Kadenz.
- Der Turnaround enthält Substitutions- und Sequenz-Dominanten.

Es gibt eine wichtige Anmerkung bezüglich der Platzierung der primären Akkorde innerhalb der 12-taktigen Blues-Form:

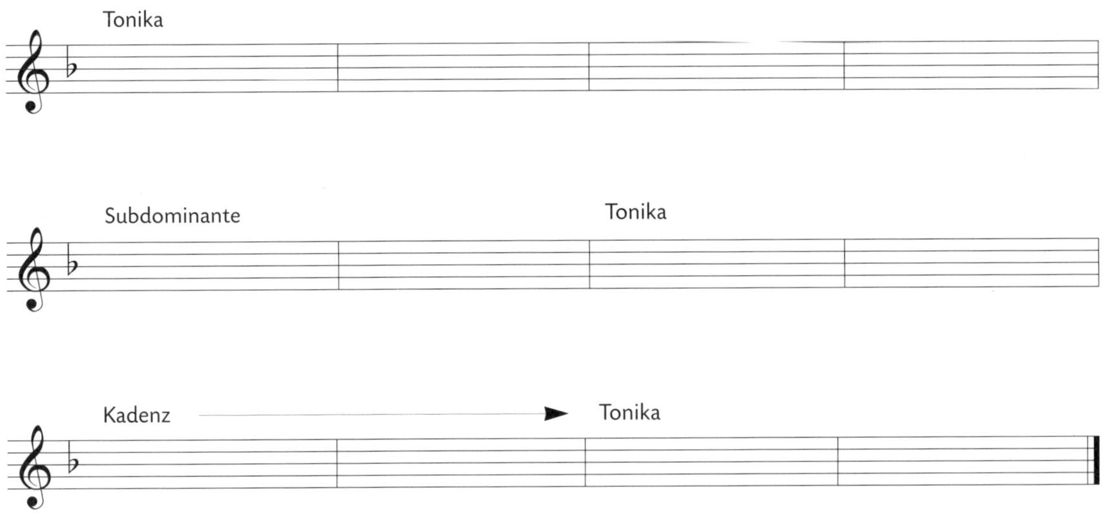

Jede Blues-Progression folgt diesem Muster. Variationen dazu erfolgen auf unterschiedliche Weise:

- Die Progression kann eine harmonische Aktivität weg von und wieder zurück zu jedem Primär-Akkord durchführen

  und/oder

- es kann auch harmonische Bewegung zum nächsten Primär-Akkord geben.

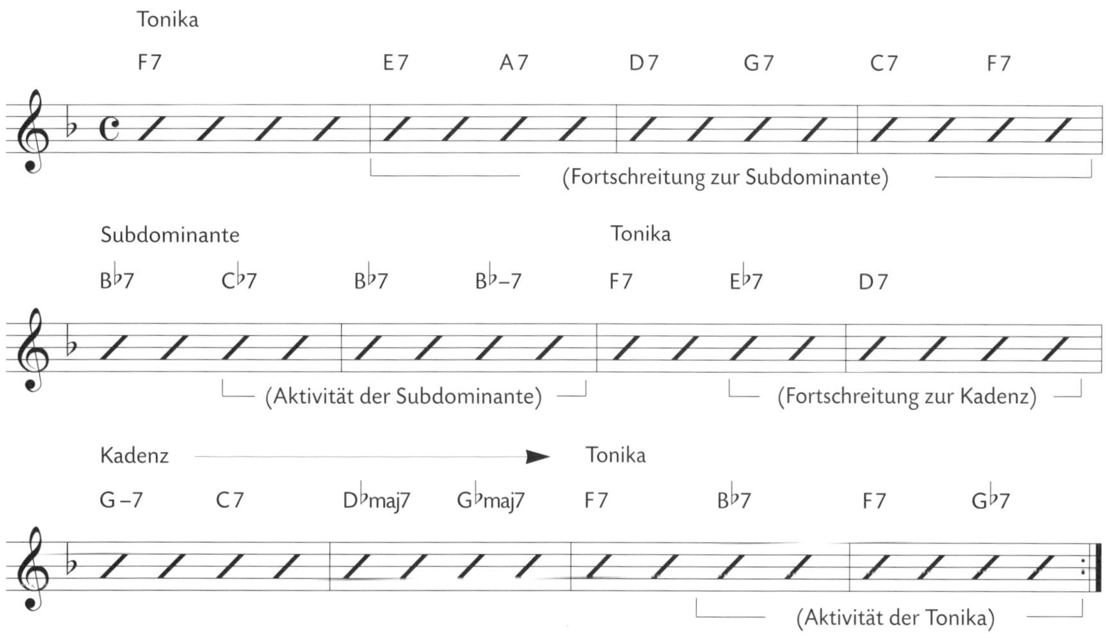

Hier noch ein Moll-Blues:

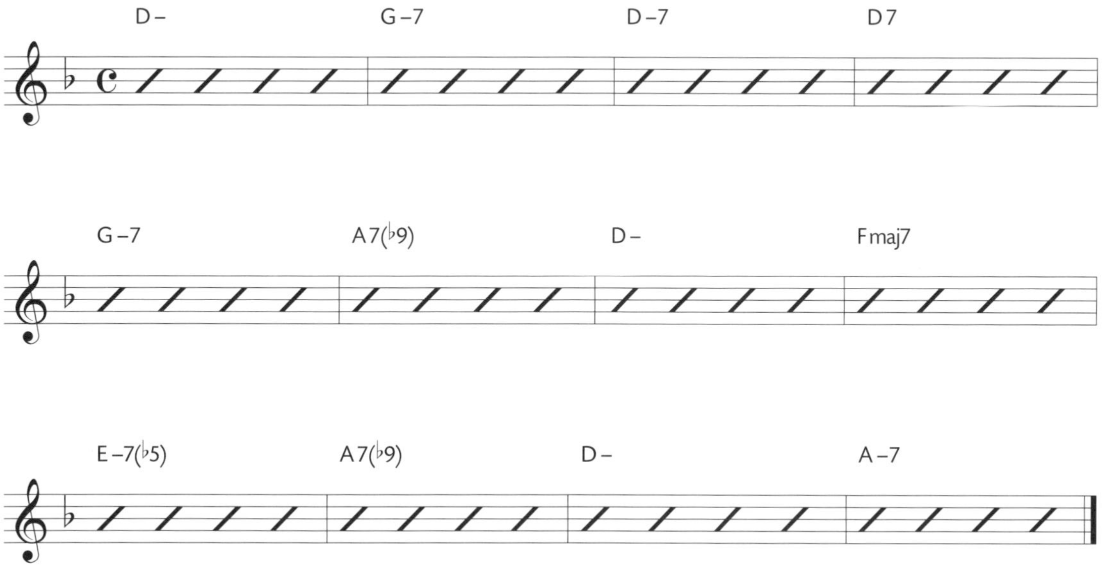

Hier eine Dur-Variante des Blues:

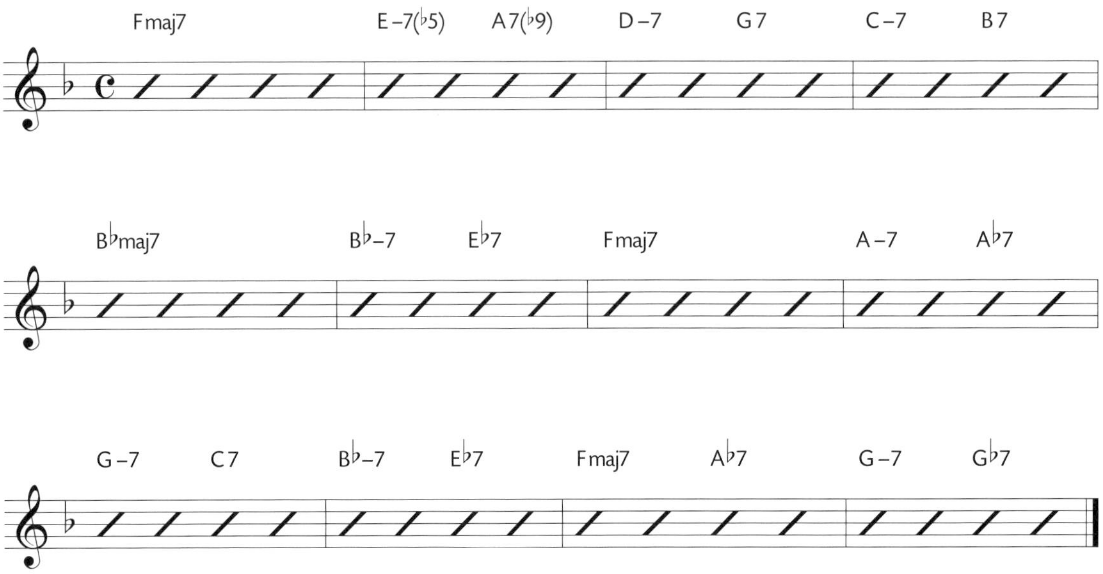

Akkord-Fortschreitungen in Dur, Moll oder modal können in diese Form einfließen. Diese Veränderungen können mehr oder weniger nach Blues klingen, aber sie sind auf der Blues-Form aufgebaut („Bluesette", „Blues For Alice" oder der A Teil von „Wave"). Andere Stücke, die kein Blues sind, benutzen mitunter Blues-Akkorde oder „blue notes" wegen ihrer Farbe (Mittelteil von „Honeysuckle Rose" oder „In a Mellow Tone", „Mood Indigo",...). Viele populäre Stücke der 50er Jahre basieren fast ausschließlich auf diesen Blues-Einflüssen.

Blues-Akkord-Skalen

Abhängig vom Kontext können die Akkord-Skalen des Blues variieren. Die Nicht-Akkordtöne können von der Blues-Skala oder der Dur- bzw. Moll-Funktion des Akkords abgeleitet werden. Die gebräuchlichste Skala für I7 ist *mixolydisch ♯9* (sie enthält Töne von Blues und Dur):

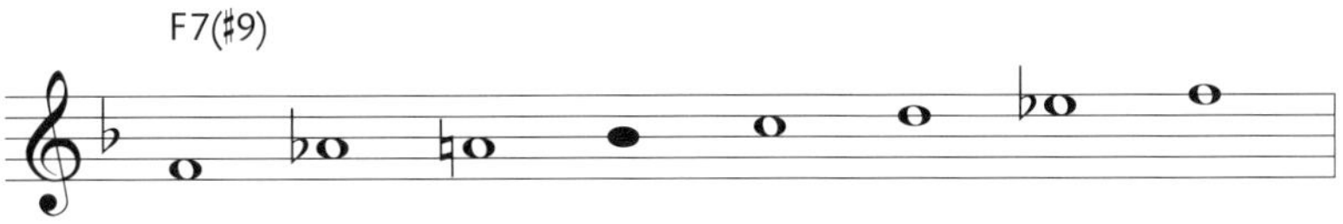

Andere Akkord-Skalen können geformt werden, indem man diatonische Töne anderer Tonalitäten benutzt:

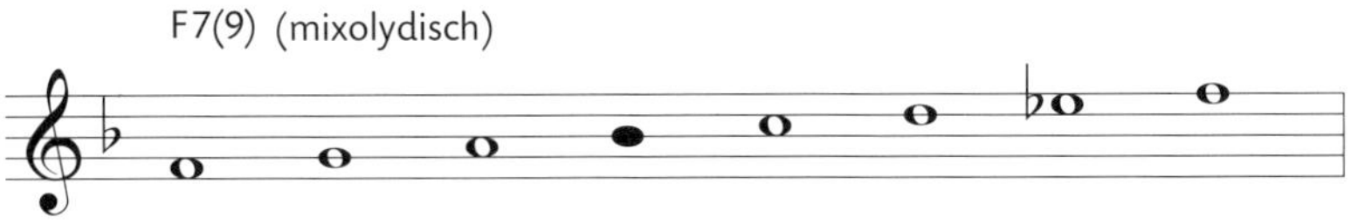

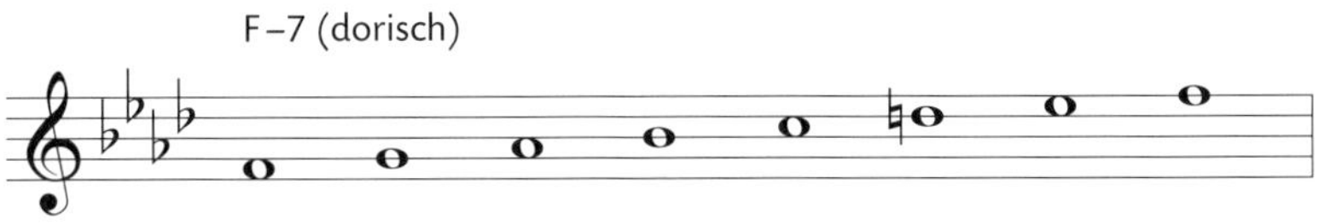

IV7 benutzt meist *mixolydisch*:

Der V7 (ausgeborgt von der Dur-Harmonik) ist entweder *mixolydisch, mixolydisch mit Alterationen* oder eine *alterierte Akkord-Skala:*

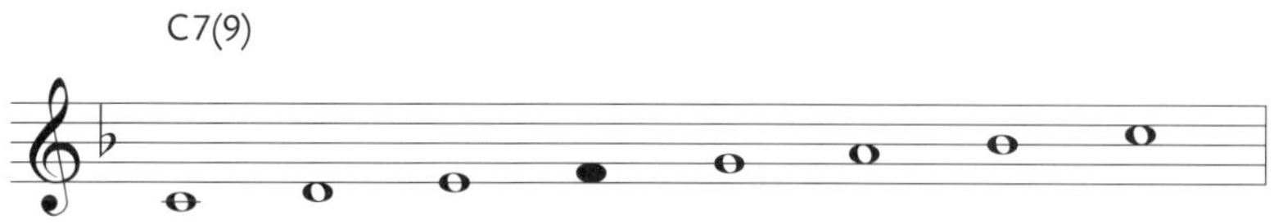

oder:

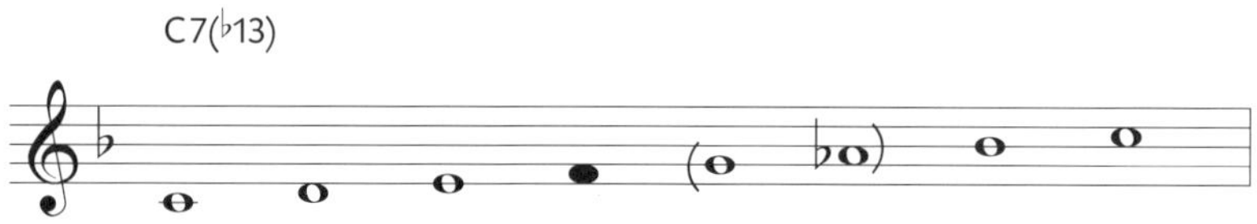

oder:

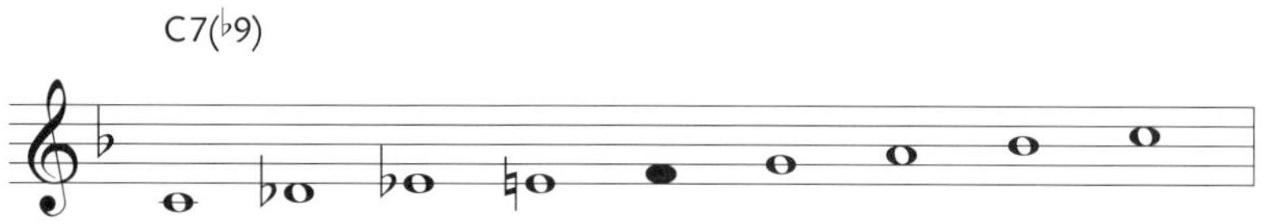

oder:

Andere Akkorde, die in Blues-Progressionen auftreten, sind normalerweise von Dur oder Moll geborgt und benutzen die entsprechenden Akkord-Skalen. Eine Ausnahme ist V7/II; hier empfiehlt sich *mixolydisch ♭9, ♯9, ♭13*. Eine natürliche (große) None würde eine Dur-Tonart implizieren, während ♯9 (Grundton der Blues-Tonalität) und ♭9 (♭7 der Blues-Tonalität) Töne der Blues-Melodik repräsentieren:

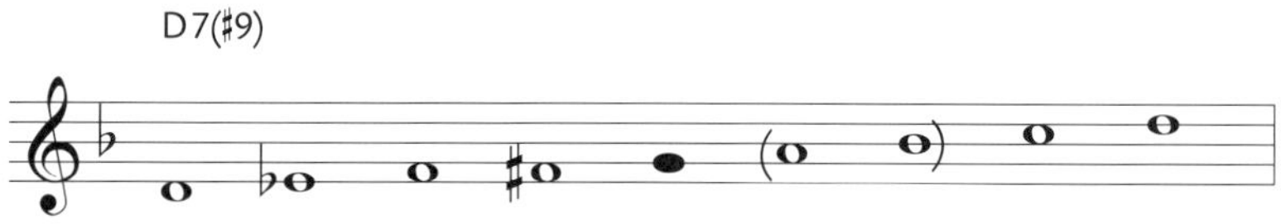

III–7(♭5), als chromatischer Akkord nach IV7, benutzt (wie auch andere –7(♭5) Akkorde) *lokrisch (lokrisch ♮9* ist auch möglich, da die ♮9 eine „blue note" ist):

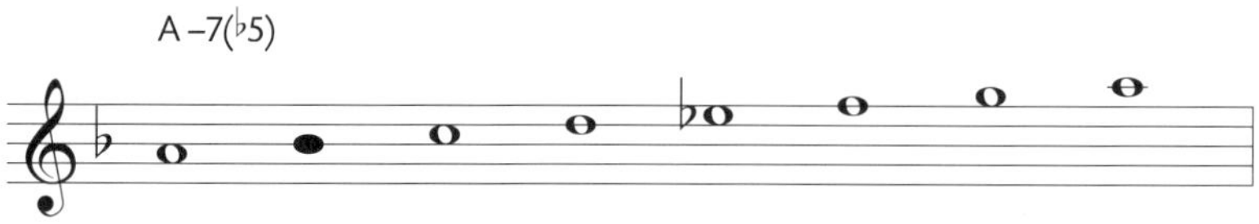

oder:

Die Akkord-Skalen für ♯IV°7 werden im Kapitel über verminderte Akkorde behandelt.

Die natürliche 11 (reine Quart) ist keine verfügbare Tension für Dominant-Akkorde. Dennoch kommt im Blues die natürliche 11 häufig als betonter Melodieton der Primär-Akkorde I7, IV7 und V7 vor, da in all diesen Fällen ♮11 ein Blues-Ton ist.

Blues-Melodik und Blues-Harmonik = Blues:

Da einige dominantische Akkord-Strukturen so typisch für den Blues sind, ist es sinnvoll, die *Symmetrisch-Dominant-Skala* auf ihre Möglichkeiten zu untersuchen.

Blues-Form-Variationen

Die typische, klassische Blues-Form ist 12-taktig; 24-taktiger Blues ist typisch für 3er Takte. Variationen des 12-taktigen Schemas sind der 8- und der 16-taktige Blues. Die Reduktion auf 8 Takte kann auf mehrere Arten erreicht werden, die häufigste ist die Eliminierung der Subdominant-Kadenz von Takt 5 bis 8 und der Einschluss einer Subdominant-Kadenz in den ersten 4 Takten:

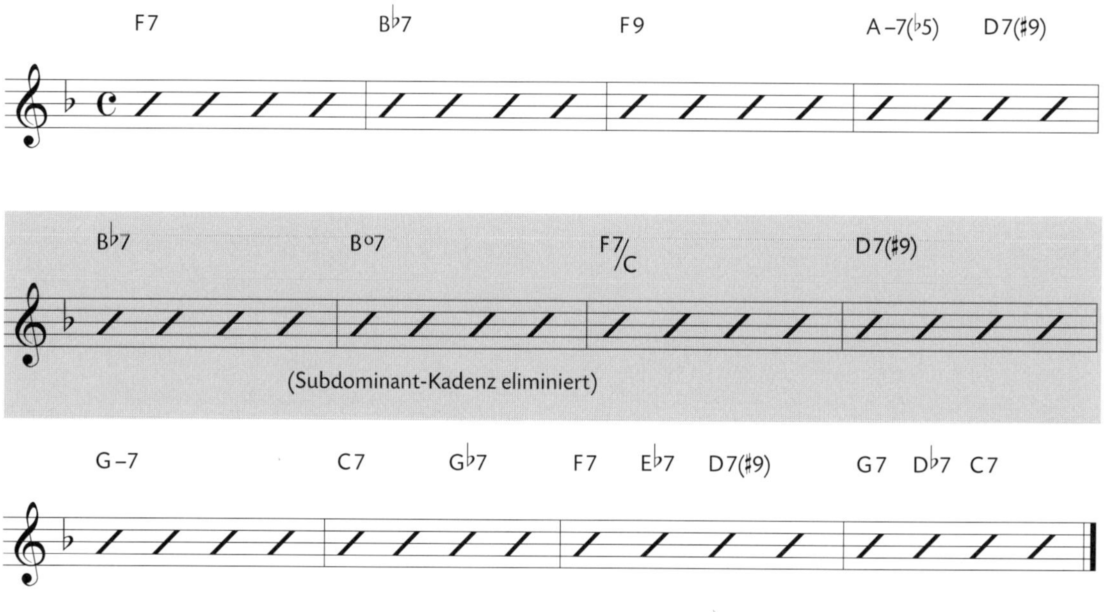

Der 16-taktige Blues hat normalerweise im Kadenz-Bereich der 12-Takte-Form zusätzlich 4 Takte als Erweiterung eingeschoben:

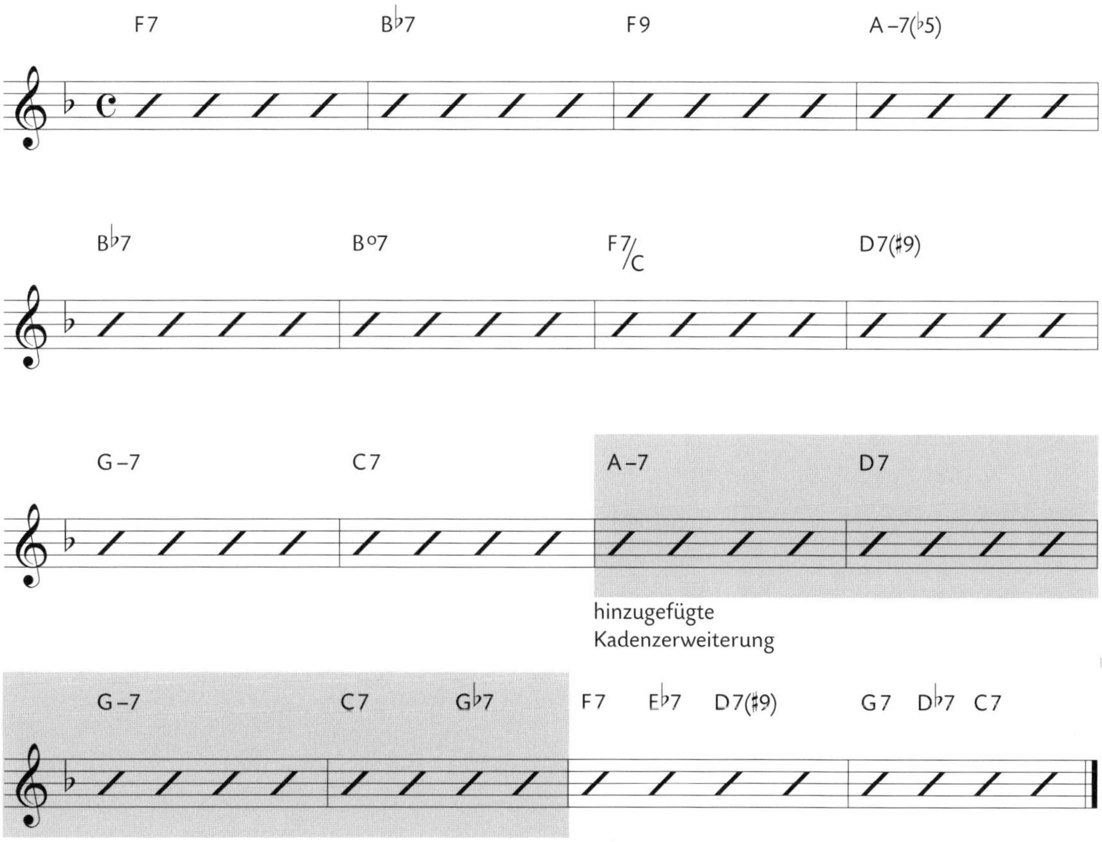

Blues-Stücke zur Analyse

„C Jam Blues"

„Minority"

„Bluesette"

„Like Young" (A Teil)

„Blues For Alice"

„Wave" (A Teil)

6 Verminderte Sept-Akkorde

Entwicklungsgeschichte

Das erste Auftreten eines verminderten Akkords lässt sich im 16. Jh. feststellen. Er entstand durch das Zusammenwirken von Einzelstimmen (Harmonik in unserem Sinn gab es noch nicht). Der verminderte Dreiklang der VII. Stufe hat Dominant-Funktion und war der Vorgänger des Dominant-Sept-Akkords. (Der verminderte Dreiklang entspricht der oberen Struktur des Dominant-Sept-Akkords.) Um den dissonanten Charakter des Tritonus zwischen Grundton und verminderter Quint zu verschleiern, wurde er fast ausschließlich in der ersten Umkehrung verwendet.

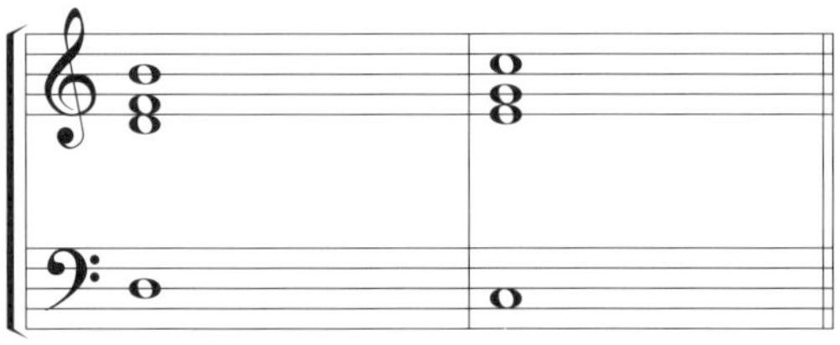

Einige Theoretiker meinen, dass dieser Akkord ursprünglich als Konsonanz gehört und erst mit der Entwicklung des Dominant-Sept-Akkords als dissonant betrachtet wurde. Dagegen spricht aber, dass dissonante Klänge generell, aufgrund von Gewöhnungseffekten, im Laufe der Zeit als Konsonanzen empfunden werden, aber nie umgekehrt.

Wie auch immer, dieser Akkord war bis ca. 1700 der einzige verminderte Akkord (mitunter auch in Grundstellung). Seit der Zeit J. S. Bachs wurden auch verminderte Sept-Akkorde verwendet, die sowohl Primär-Dominant-, als auch Sekundär-Dominant-Funktion haben (auch Zwischendominanten genannt). Wiederum repräsentiert der verminderte Sept-Akkord die obere Struktur der entsprechenden Dominante.

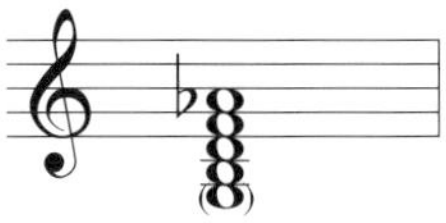

Die Struktur des verminderten Sept-Akkords ist aufgrund seines symmetrischen Aufbaus einfach: 3 kleine Terzen übereinander geschichtet. Doch in der Anwendung erweist er sich als komplex: Aufgrund der Symmetrie kann der verminderte Sept-Akkord enharmonisch unterschiedlich notiert bzw. interpretiert werden und in Umkehrungen auftreten, wodurch oft Verwirrung in der Analyse entsteht. Diese Problematik gilt sowohl für die klassische Musik als auch für Jazz und wird zusätzlich durch eine manchmal vereinfachte Schreibweise (Lesbarkeit) oder durch falsche Notation (vor allem in Lead-Sheets) verstärkt.

Obwohl der Ursprung des verminderten Sept-Akkords diatonisch ist (VII. Stufe in harmonisch Moll), hat er im 18. und 19. Jh. als eigenständige nicht-diatonische Struktur mit diatonischer Funktion die Chromatisierung der Musik vorangetrieben und zur Erweiterung des tonalen Raums geführt. Dies hängt mit der Tatsache zusammen, dass es sich um eine symmetrische Struktur handelt.

Wie bereits erwähnt, kommen in der klassischen Musik verminderte Sept-Akkorde fast ausschließlich in der **Funktion von Primär- bzw. Sekundär-Dominanten** vor. Sie können vor jedem diatonischen Akkord, mit Ausnahme des VII–7(♭5), stehen. Der Grundton des verminderten Sept-Akkords ist der Leitton zum Grundton des diatonischen Zielakkords. Aufgrund des symmetrischen Aufbaus kann jeder Ton als neuer Grundton interpretiert werden, was zum Zweck einer Modulation auch gemacht wird. Im Jazz ist die Modulation mit Hilfe der Umdeutung verminderter Akkorde aber selten.

Eine weitere Gruppe bilden die **nicht-dominantischen verminderten Sept-Akkorde.** Sie treten in der klassischen Musik fast ausschließlich als Ausweichakkorde (mit Verzierungsfunktion) auf. Meistens schreiten sie von einem diatonischen Akkord (I oder V7), dessen Grundton ein Akkordton des verminderten Sept-Akkords ist, wieder zurück zum Ursprungsakkord:

P. I. Tschaikowsky,
Symphonie Nr. 6 (Pathétique)

Die verminderten Sept-Akkorde der dritten Kategorie sind mit der vorigen verwandt. Sie sind auch nicht-dominantisch, doch haben sie einen oder mehrere Töne, mit Ausnahme des Grundtons, mit dem diatonischen Zielakkord gemeinsam. Sie kommen fast ausschließlich im Jazz vor (♭VI°7 und ♭III°7) und werden auf den nächsten Seiten noch eingehender behandelt. In der klassischen Musik nimmt ♭VI°7 eine Sonderstellung ein, da er auch in dominantischer Funktion als Umkehrung des VII°7 auftritt:

L. v. Beethoven, op. 79

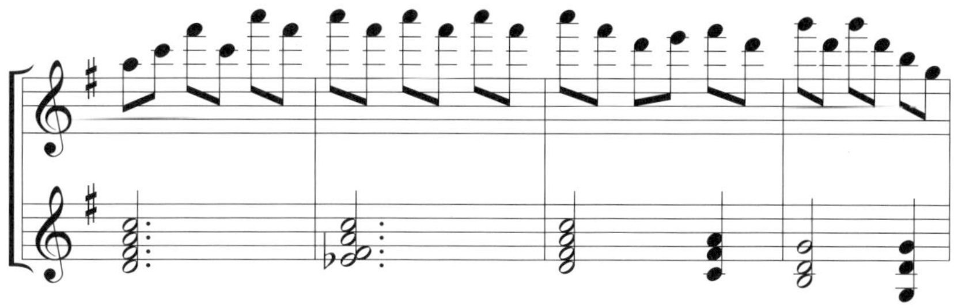

Typische Akkord-Verbindungen

Verminderte Sept-Akkorde wurden und werden häufig als Durchgangsakkorde verwendet, um parallele Stimmführung zu kontrollieren, welche sich aus der diatonischen Bewegung von benachbarten Akkorden ergibt. Im heutigen Gebrauch kann der verminderte Akkord entweder (wenn der vorbereitende Akkord vorhanden ist) ein Durchgangsakkord oder ein hinführender Akkord sein. Typische Verbindungen sind:

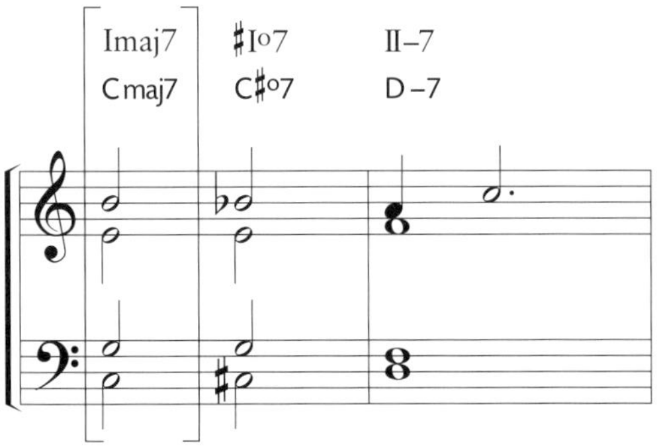

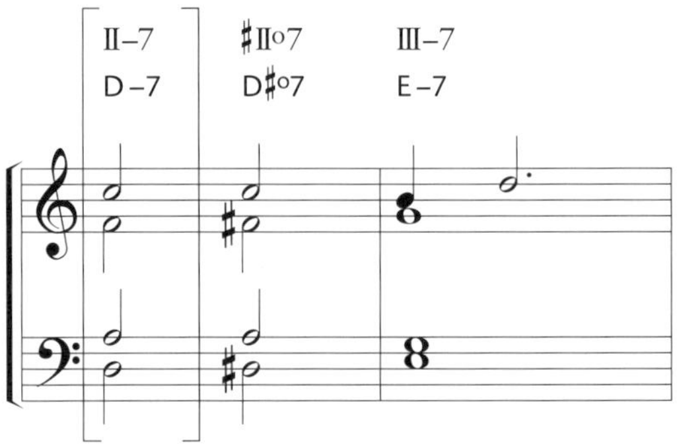

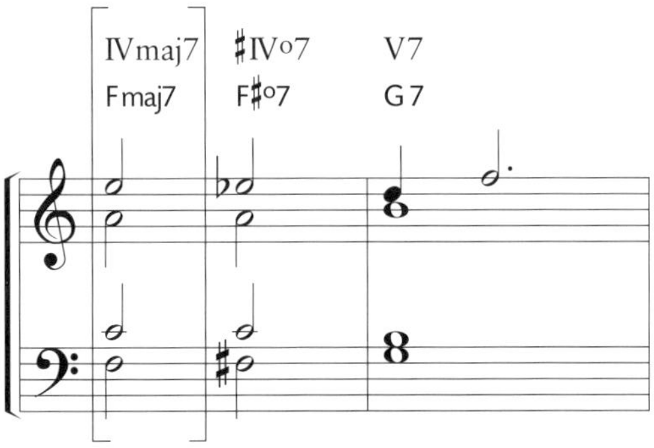

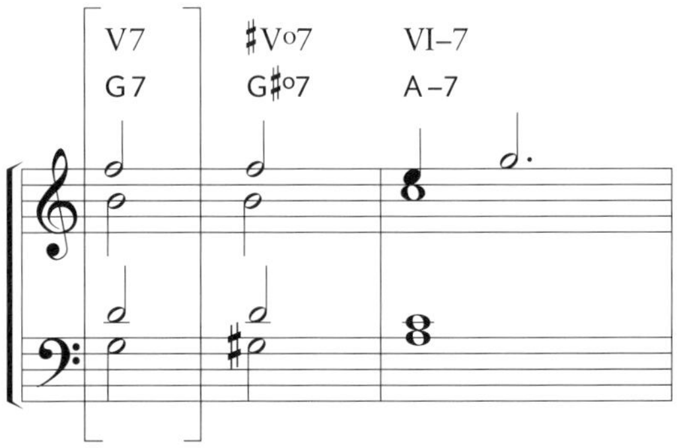

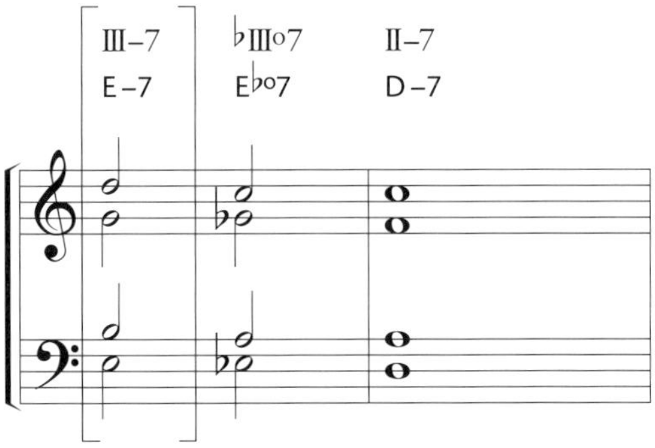

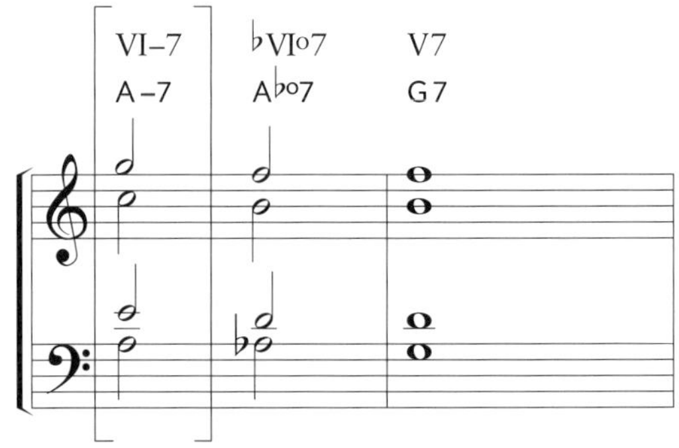

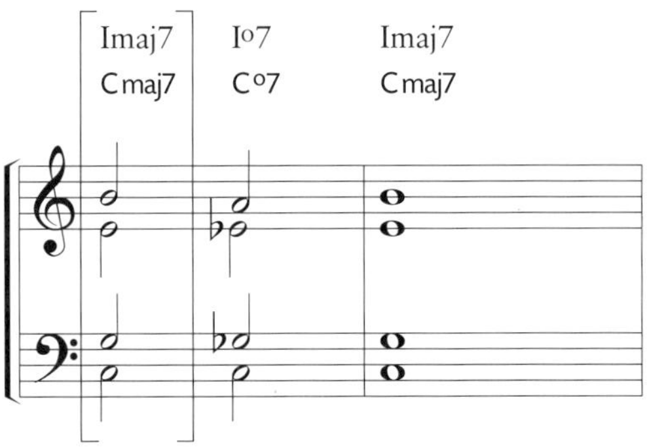

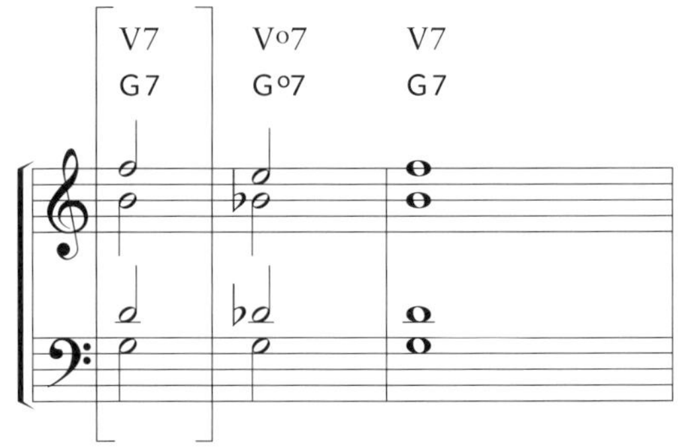

Diese verminderten Sept-Akkorde mit diatonischer Funktion können folgendermaßen eingeteilt werden:

- *aufsteigend* zum diatonischen Akkord einen Halbtonschritt höher, oder
- *absteigend* zum diatonischen Akkord einen Halbtonschritt tiefer, oder
- als *Ausweichakkord* bzw. *chromatischer Vorhaltsakkord* (engl. auxiliary diminished chord) der Tonika oder Dominante mit gleich bleibendem Grundton.

Die vorher gezeigten Verbindungen sind die gebräuchlichsten. Allerdings werden manche dieser Akkorde heutzutage seltener verwendet als in der Vergangenheit, und es gibt nur wenige Beispiele für IV°7 und ♭V°7. Außer den üblichen diatonischen Auflösungen sind folgende andere Auflösungen gebräuchlich:

♯I°7 lässt eine Auflösung in den II–7 Akkord erwarten. Eine weitere Möglichkeit ist die Auflösung in die bezügliche Dominante des II–7: V7 mit der Quint im Bass:

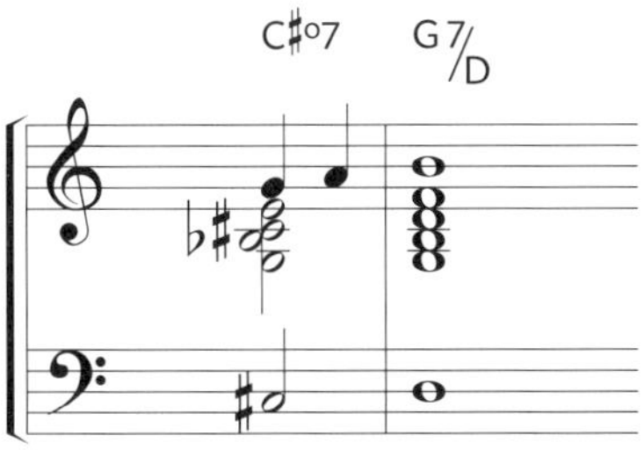

Beachten Sie, dass der Melodieton (B) in der üblichen Auflösung (II–7) nicht verfügbar wäre.

♯II°7 lässt eine Auflösung in die Tonika-Vertretung III–7 erwarten. Eine weitere Möglichkeit ist die Auflösung in die Tonika (I) mit der Terz im Bass:

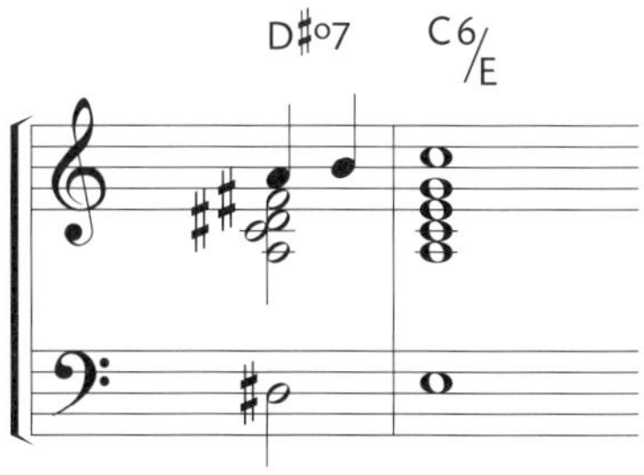

Beachten Sie, dass der Melodieton (C) in der üblichen Auflösung (III–7) nicht verfügbar wäre.

♯IV°7 lässt eine Auflösung in die Primär-Dominante erwarten. Eine weitere Möglichkeit ist die Auflösung in den Tonika-Akkord (I) mit der Quint im Bass:

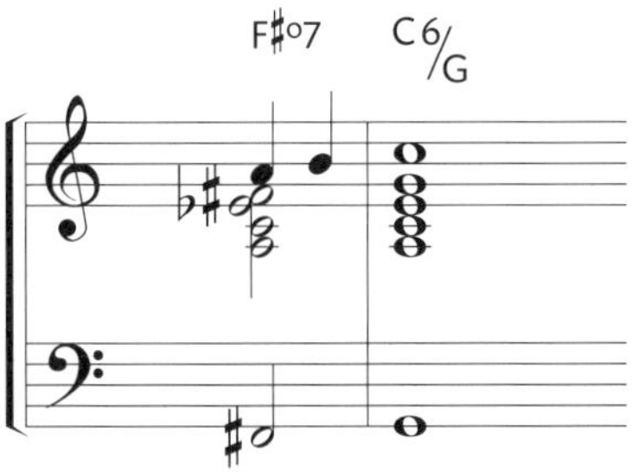

Beachten Sie, dass der Melodieton (C) in der üblichen Auflösung (V7) nicht verfügbar wäre.

♯V°7 lässt eine Auflösung in den VI–7 erwarten. Eine weitere Möglichkeit ist die Auflösung in die Sekundär-Dominante mit demselben Grundton (V7/II):

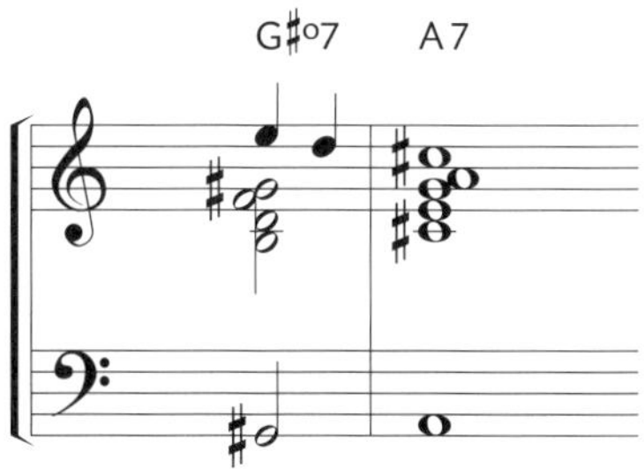

♭III°7 lässt eine Auflösung in den II–7 erwarten. Eine weitere Möglichkeit ist die Auflösung in den bezüglichen V7 des II–7 mit der Quint im Bass:

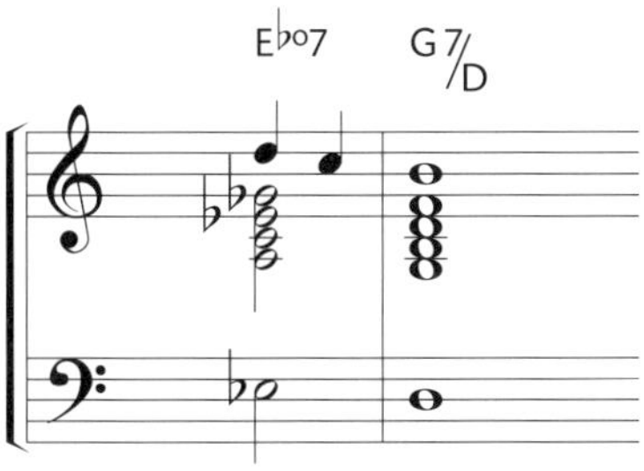

Beachten Sie, dass der Melodieton (B) in der üblichen Auflösung (II–7) nicht verfügbar wäre.

♭VI°7 lässt eine Auflösung in den V7 erwarten. Eine weitere Möglichkeit ist die Auflösung in die Tonika mit der Quint im Bass:

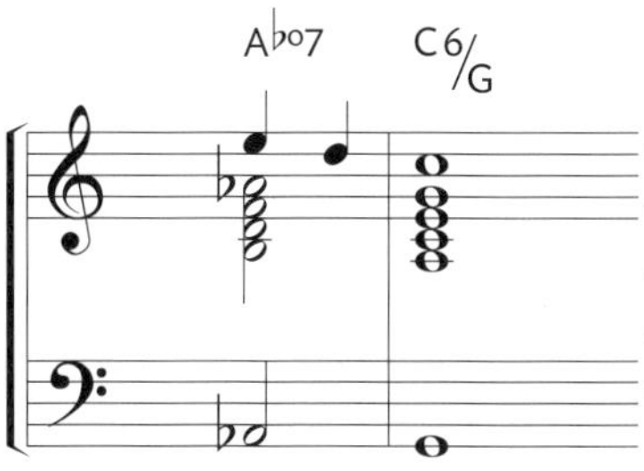

Beachten Sie, dass der Melodieton (C) in der üblichen Auflösung (V7) nicht verfügbar wäre.

Verminderte Ausweichakkorde bzw. chromatische Vorhaltsakkorde haben keine andere Auflösungsmöglichkeit. Die meisten der vorher gezeigten alternativen Auflösungen sind Umkehrungen, damit der Grundton des verminderten Sept-Akkords entsprechend weitergeführt werden kann. Da alle verminderten Sept-Akkorde symmetrischen Aufbau in kleinen Terzen haben, enthalten viele Lead-Sheets den falschen Grundton eines an sich richtigen verminderten Sept-Akkords.

Verminderte Akkord-Skalen

Ein verminderter Sept-Akkord enthält zwei Tritoni, wodurch sich die Möglichkeit einer Dominant-Funktion ergibt. Der aufsteigende verminderte Sept-Akkord enthält den Tritonus der Sekundär-Dominante eines entsprechenden Auflösungsakkords. (In der klassischen Lehre betrachtet man den aufsteigenden verminderten Sept-Akkord als Zwischendominante mit weggelassenem Grundton.) Hingegen enthalten der absteigende und der ausweichende verminderte Sept-Akkord diesen Tritonus der Sekundär-Dominante *nicht,* was ihre *chromatische* (im Gegensatz zur dominantischen) Funktion erklärt. Diese Tatsache ist wichtig für die Auswahl der Akkord-Skalen (dominantisch oder nicht-dominantisch). Die Charakteristika verminderter Sept-Akkorde sind:

- Sie haben diatonische Funktion.
- Sie haben symmetrischen Aufbau.
- Sie haben nicht-diatonische Struktur.
- Sie enthalten zwei Tritoni.
- Die Akkord-Skala enthält 8 Töne: 4 Akkordtöne und 4 Akkord-Erweiterungen.

Die im ersten Kapitel *(Harmonische Strukturen)* erwähnte symmetrisch-verminderte Skala (Ganzton-Halbton) soll nun etwas genauer untersucht werden:

C°7 = symmetrisch-vermindert

Keine Avoid-Noten – eine großartige Skala. Aber bei genauerer Analyse ergibt sich im Zusammenhang mit den vorher beschriebenen Funktionen und Charakteristika von Verminderten ein Problem. Diese Akkorde haben diatonische Funktion, weshalb auch die Tensions diatonisch sein sollten. Wenn man die Tensions der oben gezeigten symmetrisch-verminderten Akkord-Skala (D, F, A♭ und B♮) einer entsprechenden Tonart zuordnete, würde dies folgendermaßen aussehen:

Das bedeutet, dass sich die symmetrisch-verminderte Akkord-Skala dann anbietet, wenn der verminderte Sept-Akkord nicht-diatonische Funktion hat. (Zur Erinnerung: die Halbton-Ganzton-Skala ist die *symmetrisch-dominantische* und nicht die *verminderte* Akkord-Skala.)

Für verminderte Sept-Akkorde mit diatonischer Funktion müssen passendere Akkord-Skalen gefunden werden, die sich auf die entsprechenden Sekundär-Dominanten beziehen und die notwendigen 8 Töne haben. Es sind dies mixolydische Akkord-Skalen mit ♭9 und ♯9.

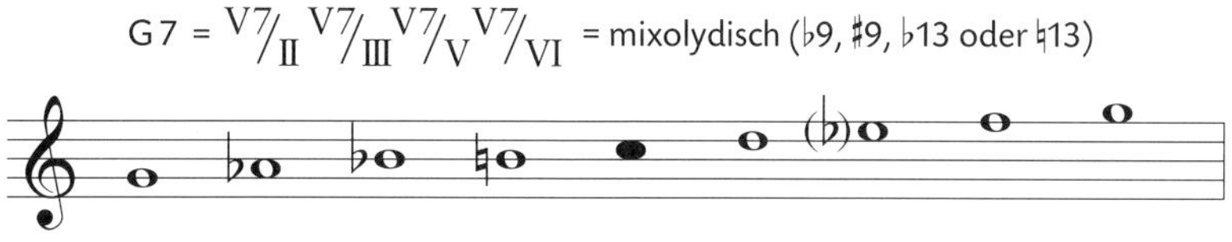

Da die aufsteigenden verminderten Akkorde von der entsprechenden Sekundär-Dominante des diatonischen Auflösungsakkords abgeleitet sind, ist diese *Sekundär-Dominant-Akkord-Skala* die richtige Wahl für die verminderte Sept-Akkord-Skala:

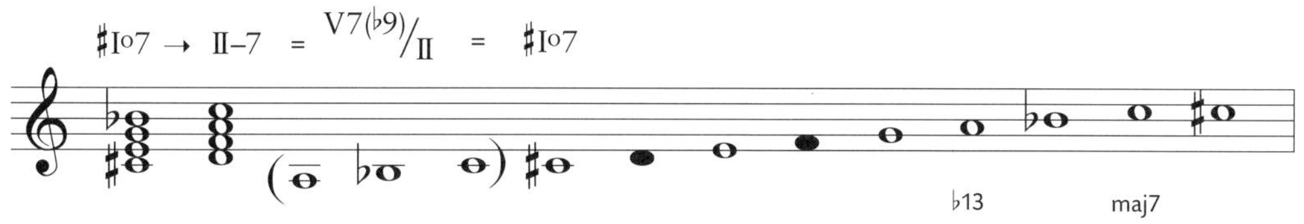

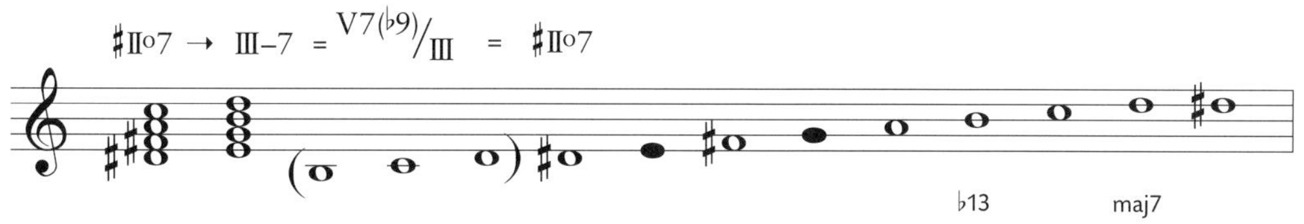

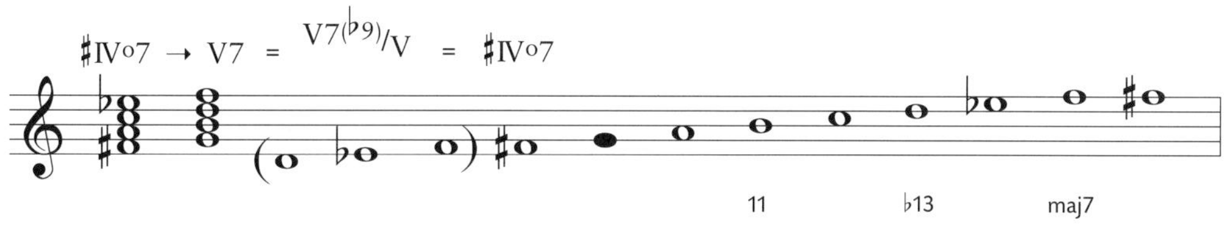

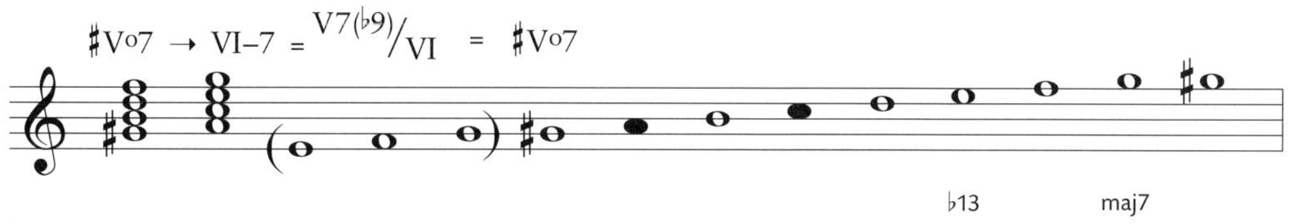

Beachten Sie, dass die Akkord-Skalen für diese aufsteigenden verminderten Akkorde

- versetzte Sekundär-Dominant-Akkord-Skalen sind (beginnend mit der Terz);
- 8 Töne enthalten;
- Tensions und Avoid-Noten enthalten, welche diatonisch sind;
- Avoid-Noten enthalten, welche die 11 und ♭13 der Sekundär-Dominante repräsentieren, mit folgender Ausnahme:

die Akkord-Skala für die 1. Umkehrung des V7(♭9) von V, welche dem ♯IV°7 entspricht, enthält eine zusätzliche Tension .

Die nicht-dominantischen verminderten Akkorde greifen auf die gleichen Akkord-Skalen zurück, haben aber aufgrund ihres anderen Verhältnisses zum Auflösungsakkord *keine dominantische Funktion;* die absteigenden und ausweichenden verminderten Akkorde leiten sich *nicht* von dominantischer Funktion ab. Die Skalen basieren auf der *enharmonischen Austauschbarkeit* der aufsteigenden und der chromatischen verminderten Sept-Akkorde bei *gleichbleibender Tonart.* (Vergleiche vorangehende Seite.)

♯I°7 und V°7 enthalten dieselben enharmonischen Akkordtöne:

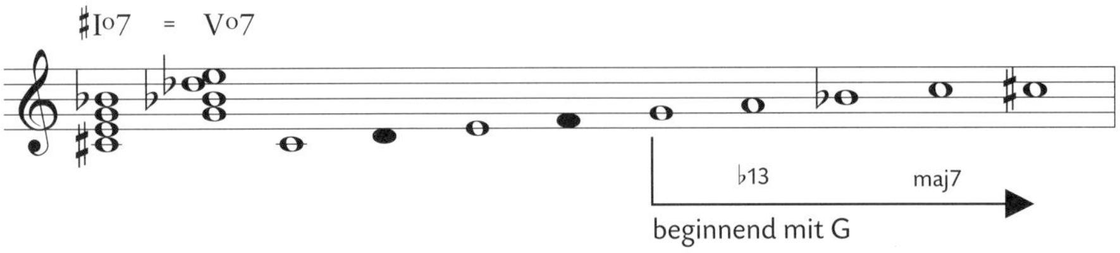

♯V°7 und ♭VI°7 sind enharmonisch gleich:

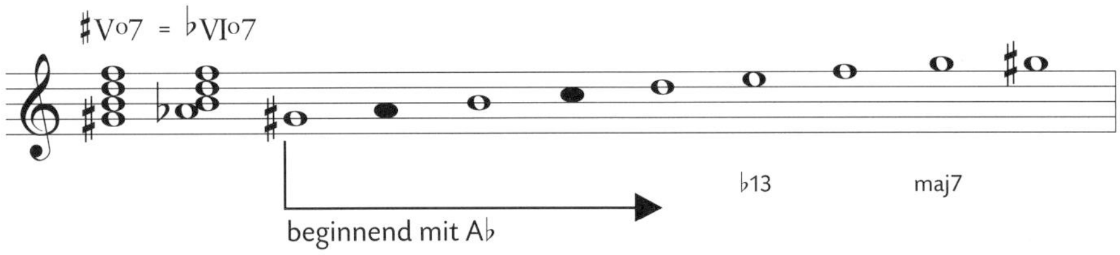

I°7 und ♭III°7 sind enharmonisch äquivalent zu ♯II°7:

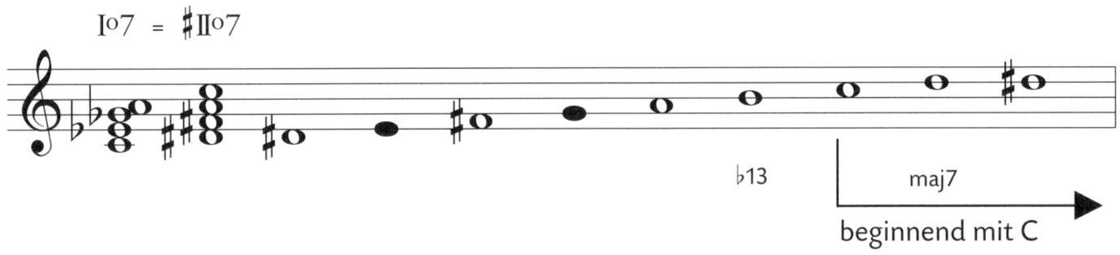

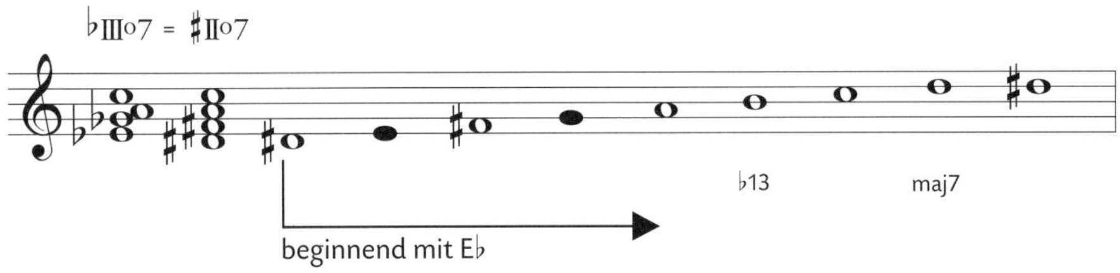

Aus Demonstrationsgründen beginnen die obigen Skalen mit dem Grundton des enharmonischen Akkords. Der Startton der Skala ist der Grundton des verminderten Akkords. Es gibt zwei brauchbare Akkord-Skalen für ♯IV°7: V7(♭9) von V (dominantische Herleitung; siehe vorherige Seite) und V7(♭9) von III (entspricht enharmonisch dem ♯II°7):

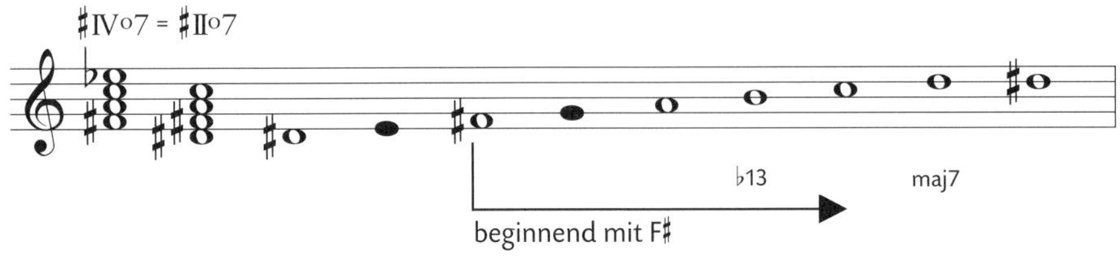

Genauso ist es möglich, die dominantisch abgeleitete Akkord-Skala V7(♭9, ♯9) von V für ♯IV°7 zu verwenden. Sie enthält eine zusätzliche Tension und kann auch für die enharmonisch gleichen ♯II°7, ♭III°7 und I°7 Akkorde verwendet werden. Die Wahl der Akkord-Skalen für diese Akkorde muss berücksichtigen, welche Tensions die passendsten sind. V7(♭9, ♯9) von V enthält eine nicht-diatonische Tension, während V7(♭9, ♯9) von III nur diatonische Tensions enthält, wobei eine die Tonika repräsentiert. Aus linearer, melodischer Sicht sind beide Skalen brauchbar. Vom harmonischen, akkordischen Standpunkt aus klingt die Sekundär-Dominante von III am besten.

Beachten Sie, dass die Bezeichnung der Tensions verminderter Sept-Akkorde einen Ausnahmefall enthält: maj7 ist normalerweise ein Akkordton, während 9, 11, ♭13 Akkord-Erweiterungen bezeichnen; in diesem Fall ist aber auch maj7 eine Tension.

Reharmonisation von verminderten Sept-Akkorden

Im Jazz ist Reharmonisation üblich. Verminderte Sept-Akkorde bieten sich aufgrund ihres labilen Klangcharakters und ihres nicht-spezifischen Auflösungsbedürfnisses besonders zur Reharmonisation an. Während in den 20er und 30er Jahren noch häufig Verminderte anzutreffen waren, wurden sie ab den 40er Jahren (BeBop) meist reharmonisiert. Aufsteigende verminderte Sept-Akkorde können durch ihre entsprechenden Sekundär-Dominanten ersetzt werden. Durch die zusätzliche Einbindung des bezüglichen II–7(♭5) entsteht eine aktivere und interessantere Akkord-Fortschreitung, die auch eine trugschlüssige dominantische Auflösung zulässt. Es muss aber darauf geachtet werden, ob die Melodie diese Reharmonisationen erlaubt.

Original mit verminderten Akkorden:

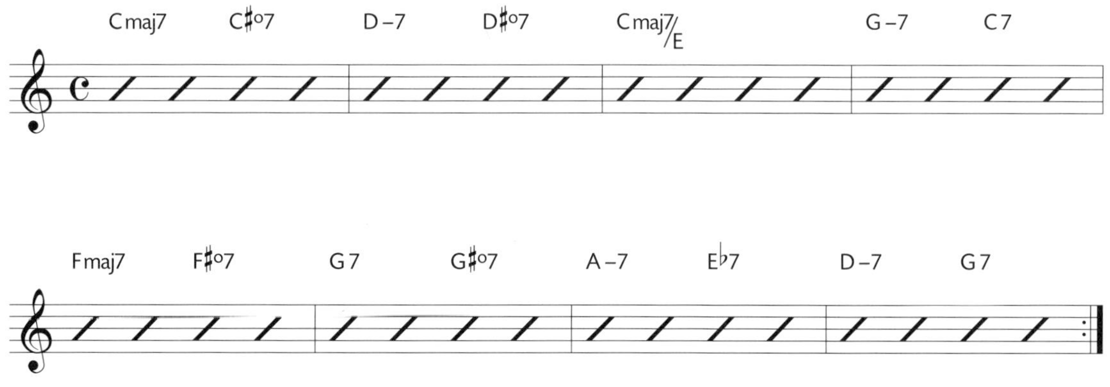

Reharmonisation:

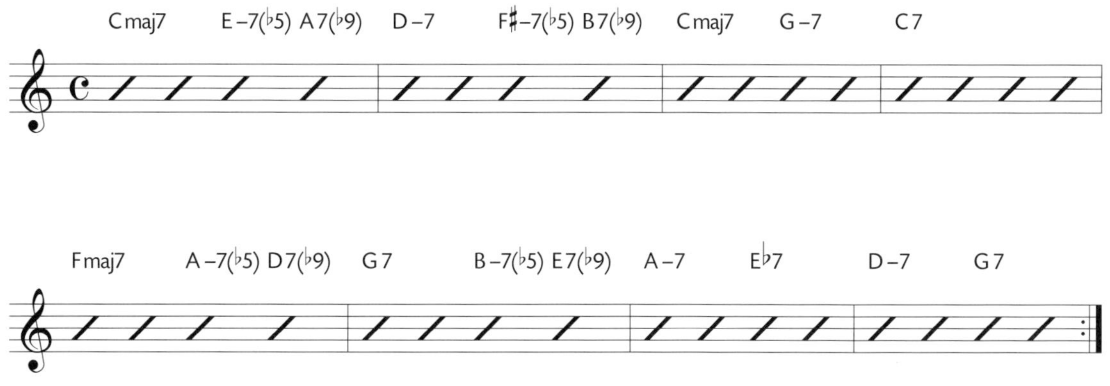

Ein verminderter Sept-Akkord, der sich in eine Umkehrung eines diatonischen Akkords auflöst (Cmaj7 im 3. Takt des vorangehenden Beispiels), wird als reharmonisierter Akkord zum Zielakkord in Grundstellung fortgeführt. Die Reharmonisation wird durch die Einbindung des bezüglichen II–7(♭5) der Dominante vollständig. Der Klang des ursprünglichen verminderten Sept-Akkords wird durch die Aufeinanderfolge des *halbverminderten* und des *verminderten* Akkords als obere Struktur (engl. upper structure) der Dominante impliziert:

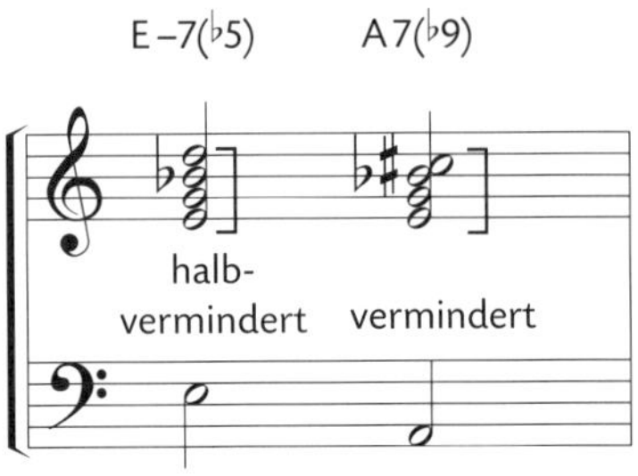

Die Reharmonisationen der *chromatisch* abgeleiteten verminderten Akkorde haben *nicht-dominantische* bzw. trugschlüssige Auflösungen:

Original mit verminderten Akkorden:

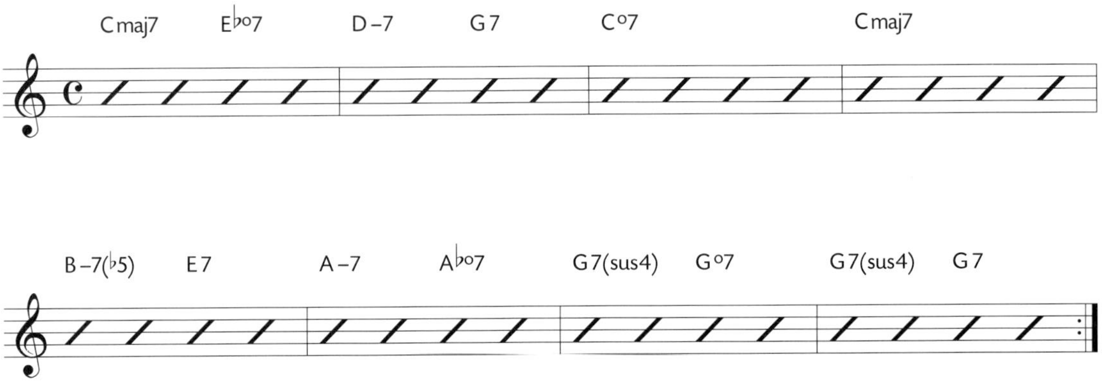

Reharmonisation:

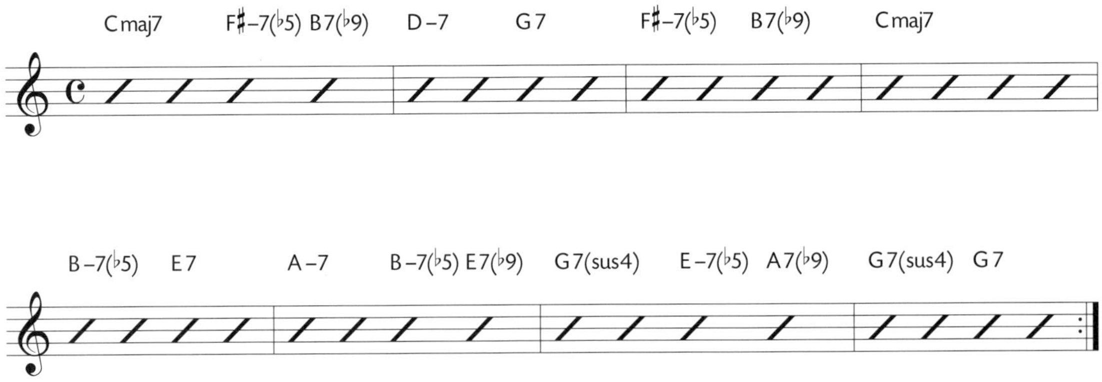

Einige verminderte Akkorde lassen sich besser reharmonisieren als andere. Es gibt Stücke, die bereits mit einer Reharmonisation für Verminderte komponiert wurden, z. B. „Meditation" (Takt 3 und 4 statt Io7). Doch meistens wurden verminderte Sept-Akkorde in alten Standards nachträglich reharmonisiert, z. B. „Stella by Starlight" (die ersten 2 Takte waren original ♭IIIo7).

♯IV–7(♭5)

Da ♯IV–7(♭5) dem verminderten Sept-Akkord in Struktur und Funktion verwandt ist, wird er hier besprochen. Er tritt manchmal in der Funktion eines *halbverminderten Sept-Akkords* auf. ♯IV–7(♭5) klingt wie ein modaler Austausch-Akkord (modal interchange chord) von lydisch:

C lydisch:

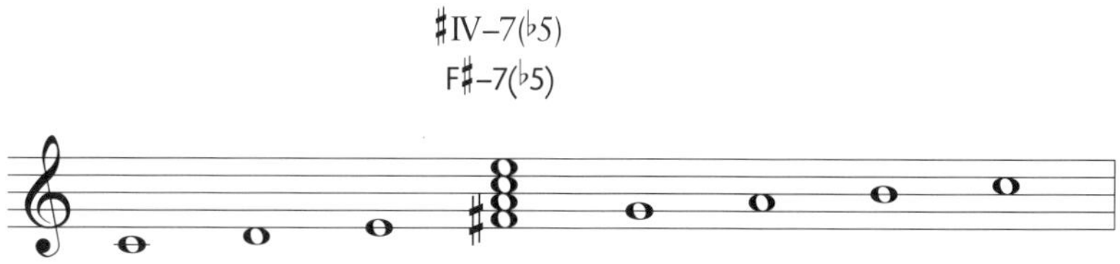

V7 schreitet oft einen Halbtonschritt nach unten zu ♯IV–7(♭5); dies ist eine häufig anzutreffende trugschlüssige Wendung der Primär-Dominante:

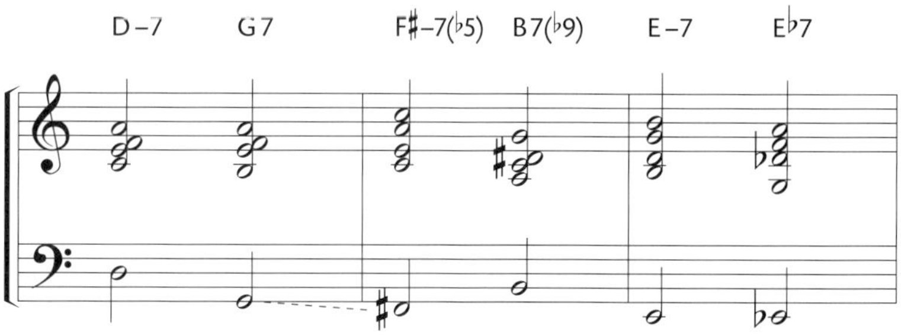

Die Fortschreitung von ♯IV–7(♭5) geht entweder nach

- V7(♭9) von III (bezügliche Sekundär-Dominante; wie im vorigen Beispiel) oder
- einen Halbtonschritt abwärts oder aufwärts zu einem IV, V Akkord oder zur 2. Umkehrung der Tonika (ähnlich dem verminderten Sept-Akkord). Unsere Hörgewohnheiten lassen erwarten, dass ♯IV–7(♭5) zu einem IV–7 oder IV–6 mit einer eventuellen Auflösung in einen Tonika-Klang fortschreitet:

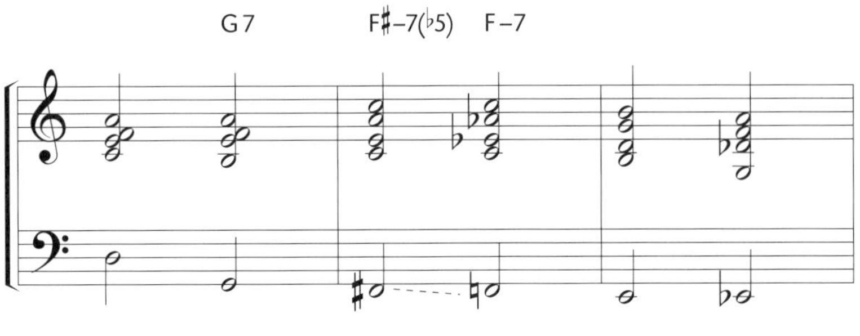

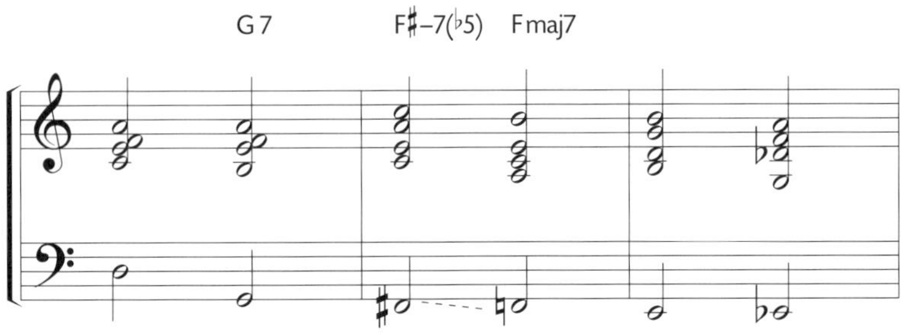

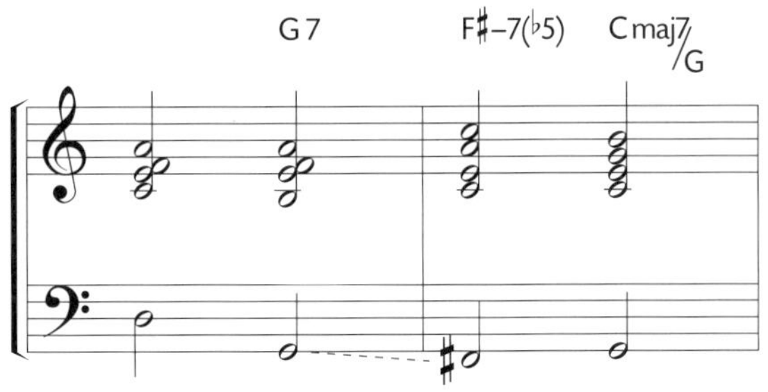

♯IV–7(♭5) hat diatonische Funktion und verwendet die lokrische Akkord-Skala, welche diese diatonische Orientierung widerspiegelt. Lokrisch ♮9 ist eine weitere mögliche Akkord-Skala, wenn eine Fortschreitung nach IV– zu erwarten ist (♮9 ist die –3 des IV–):

F♯ lokrisch:

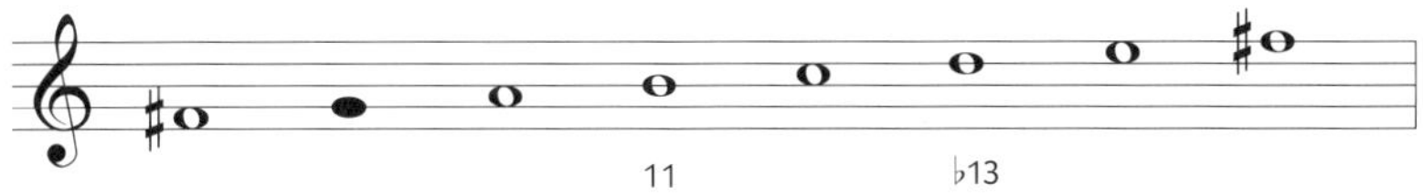

F♯ lokrisch ♮9:

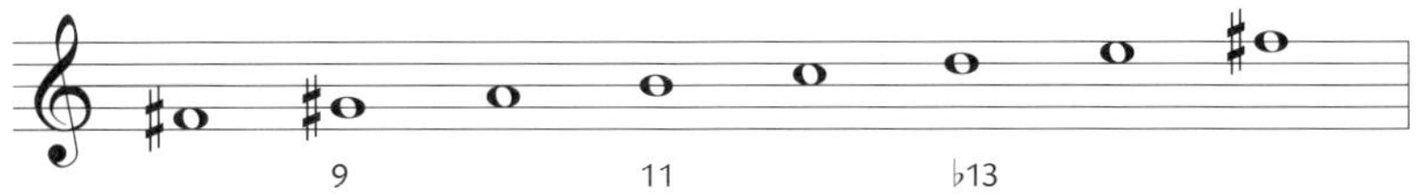

VII°7

Meistens ist VII°7 ein modaler Austausch-Akkord von harmonisch Moll und kann Durchgangsakkord oder hinführender Akkord sein. Als diatonischer Akkord kann er nach I oder zu jedem anderen Akkord mit diatonischer Funktion fortschreiten, wie in „How Insensitive" von Jobim. Die Akkord-Skala des VII°7 ist eine Versetzung des harmonisch Moll, beginnend mit dem 7. Skalenton, oder des V7(mixolydisch ♭9, ♯9, ♭13), beginnend mit der Terz. Beide Skalen drücken die dominantische Qualität des VII°7 aus:

B°7

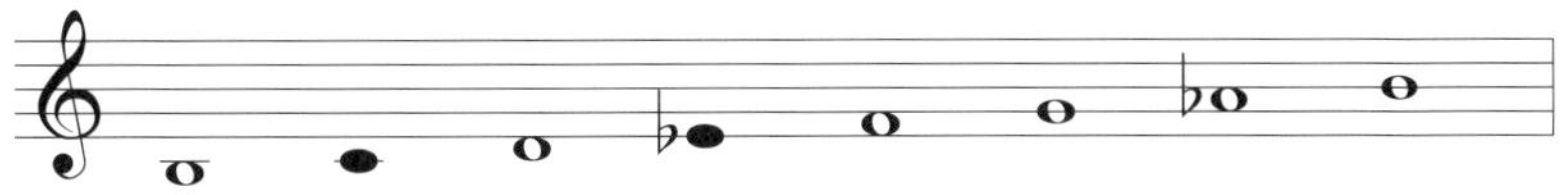

G7(♭13 ♯9 ♭9) = B°7

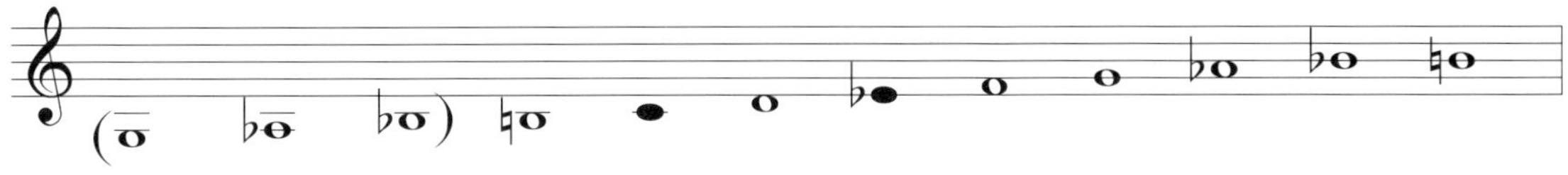

Stücke zur Analyse von verminderten Sept-Akkorden und ♯IV–7(♭5)

„How Insensitive"

„Liza"

„The Song Is You"

„I Remember Clifford"

„Wave"

7

Dominant-Akkorde mit speziellen Funktionen

Blues-Akkorde

Alle Sekundär-Dominanten und ihre Substitutionen haben potenziell auch andere Funktionen. Im Kapitel *Blues* wurden bereits Akkorde gezeigt, die als Tonika- oder Subdominant-Blues-Klänge einzuordnen sind: I7 und IV7. Obwohl beide Akkorde dominantische Struktur haben, haben sie *keine* dominantische Funktion. Um die unterschiedlichen Funktionen desselben Akkords zu demonstrieren, sei genaues Hören einer Blues-Progression empfohlen, die mit I7 beginnt und am Ende des 4. Takts einen V7/IV enthält:

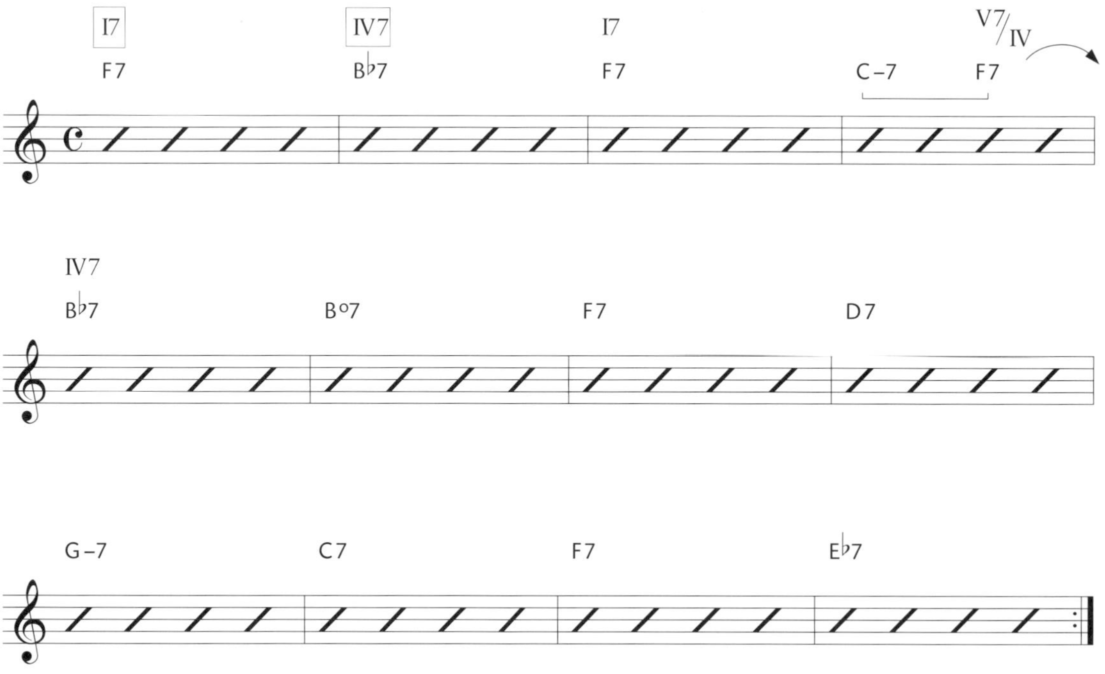

I7 und IV7 kommen nicht nur im Blues, sondern auch in anderen Akkord-Fortschreitungen bzw. Stücken vor: „I'm All Smiles", „Sophisticated Lady", „Moon River", „On a Clear Day", „Tenderly".

Auch andere Akkorde, die dominantische Struktur, aber nicht-dominantische Funktion haben, stehen mit dem Blues in enger Verbindung, da sie *Blue Notes* als Grundtöne haben. ♭VII7, meist ein modaler Austausch- bzw. Subdominant-Moll-Akkord, ist auf einer Blue Note aufgebaut, wie auch ♭V7 und ♭III7. Diese Akkorde können statt ihrer potenziellen Funktion eines subV von II bzw. IV oder VI den Klang und die Funktion von diatonischen Blues-Akkorden haben. ♭V7 und ♭III7 sind selten. All diese Blues-Akkorde kadenzieren zur Tonika oder schreiten entsprechend der Blues-Skala fort:

In der vorangehenden Akkord-Progression klingt sogar V7 so, als hätte er eine andere Funktion als die einer Primär-Dominante. In solchen Situationen kann die Akkord-Skala für jeden Akkord entweder lydisch♭7 sein (um eine andere Grundton-Fortschreitung als eine reine Quint abwärts zu zeigen) oder mixolydisch (um eine erwartete Auflösung eine reine Quint abwärts anzukündigen), aber auch symmetrisch dominant, abhängig vom Musiker, Arrangeur und den entsprechenden Umständen. Stilistische Überlegungen spielen eine wichtige Rolle. Zum Beispiel benutzen viele Motown Stücke der 60er und 70er Jahre Akkorde, die blues-orientiert scheinen, aber eigentlich durch parallelverschobene Gitarren-Barree-Akkorde entstanden sind („Knock on Wood", „Proud Mary", etc.). Aufgrund ihrer parallelen, nicht-dominantischen Funktion benutzen normalerweise alle Akkorde dieselbe Skala (oft mixolydisch). ♭V7 ist meist ein Kadenz-Akkord zur Tonika („The Island" – kein Blues, funktionaler Kontext; „Good-bye Pork Pie Hat" – Blues). Die folgende Akkord-Progression enthält ähnliche Akkorde wie der A Teil von „Satin Doll":

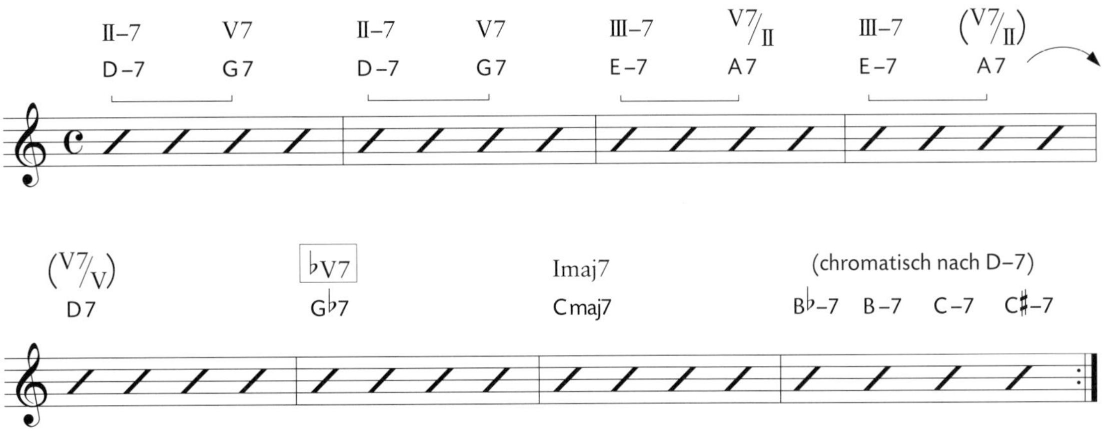

♭VI7 wurde bereits als modaler Austausch-Akkord besprochen. Er hat außerdem eine enge Verbindung zum Blues und kann daher auch als Blues-Akkord bezeichnet und gehört werden. Egal welche Funktion man ihm zuordnet, er kadenziert normalerweise zur Tonika, und die Akkord-Skala ist lydisch♭7. Eine „Half-Time"-Version von „Bye Bye Blues" soll dies zeigen:

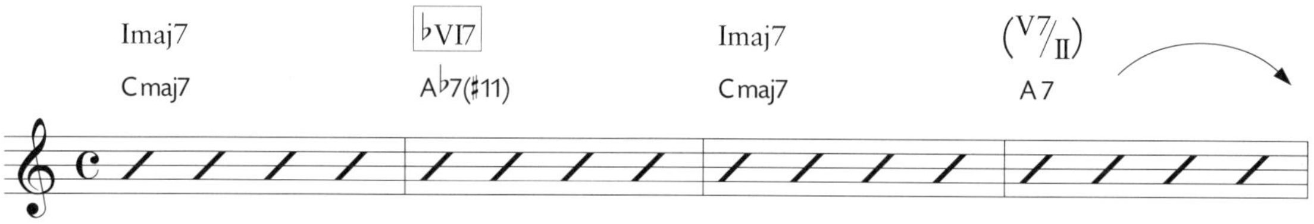

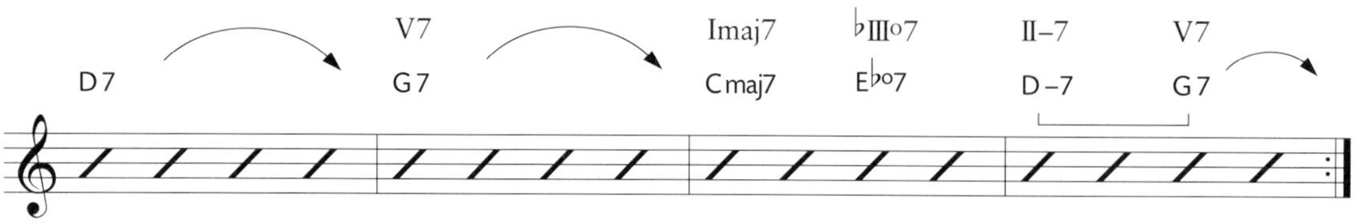

Spezielle Funktionen von Sekundär-dominanten

Alle Sekundär-Dominanten können neben ihrer normalen Funktion auch noch andere Funktionen annehmen. V7/IV tritt auch als I7, V7/II als VI7, V7/III als VII7, V7/V als II7 und V7/VI als III7 auf.

VI7 tritt in Situationen auf, die eine trugschlüssige Auflösung des V7/II in V7/V oder eine Umkehrung davon erwarten lassen. Dies wäre der Anfang einer logischen Progression zurück zur Tonika:

Anstatt einer abschließenden Dominant-Kadenz kann eine Subdominant-Moll-Kadenz auftreten, wobei VI7 nach IV– oder ♯IV–7(♭5) fortschreitet:

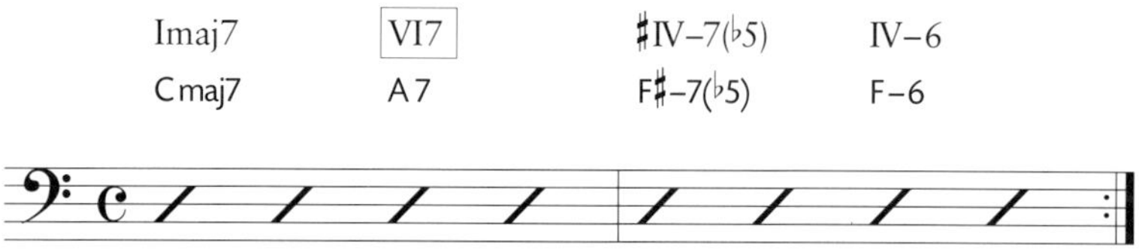

Die Akkordtöne des ♯IV–7(♭5) entsprechen der oberen Struktur des V9/V.

In seltenen Fällen kann VI7 direkt zur Tonika kadenzieren, wie bei einigen Rock-Nummern aus den 50er Jahren oder wie bei der letzten Phrase von „You Must Have Been a Beautiful Baby":

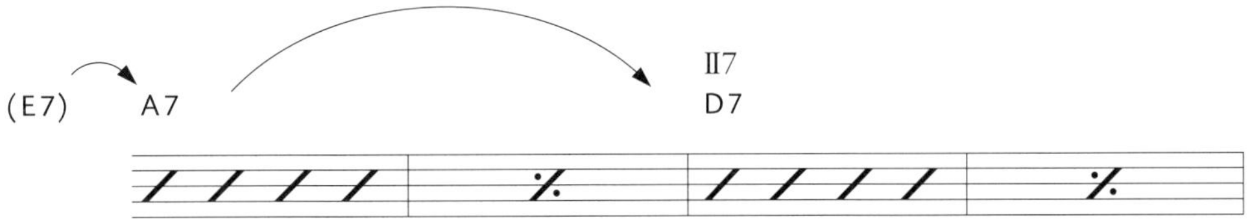

(II7 wird anschließend besprochen)

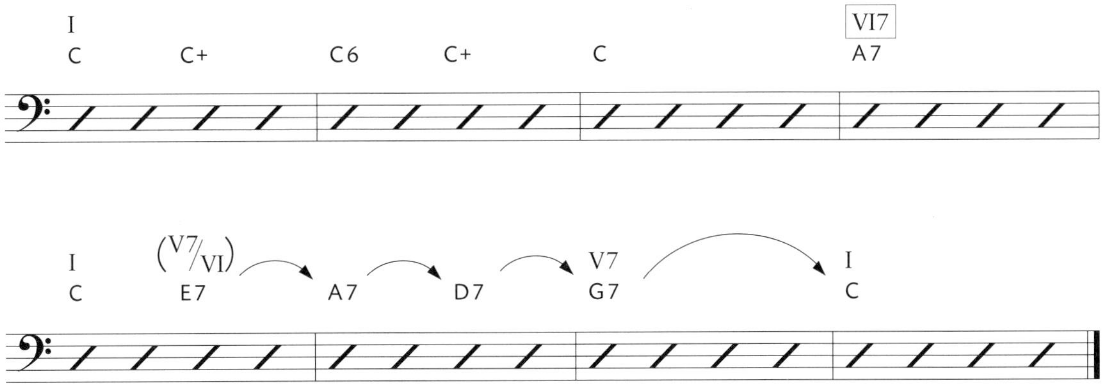

Die Akkord-Skala für VI7 ist meist eine Form von mixolydisch.

VII7 tritt manchmal auf, wenn seine normale Funktion als V7/III von der Möglichkeit, zu einem stärkeren Tonika-Akkord zu kadenzieren, überboten wird:

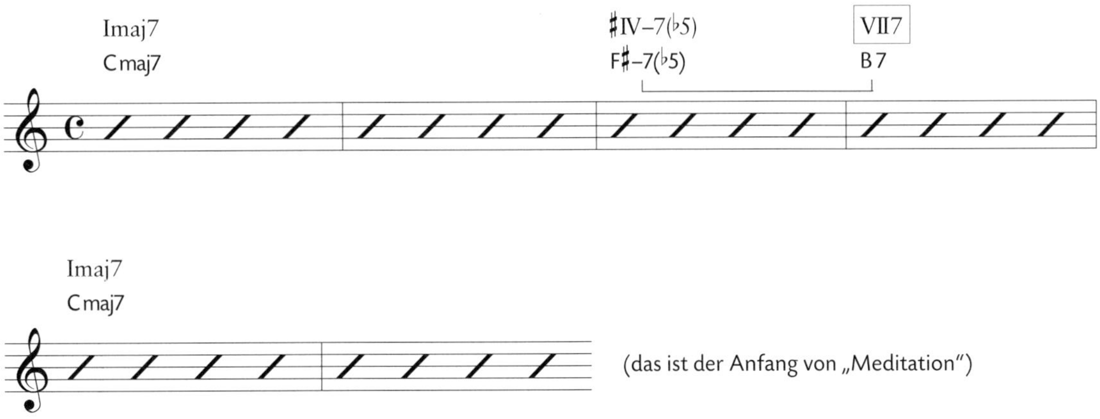

(das ist der Anfang von „Meditation")

VII7 kommt meist als kadenzieller Akkord zur Tonika vor (meist aufgrund des harmonischen Rhythmus). Ein Rückblick auf die Reharmonisation von verminderten Sept-Akkorden zeigt, dass VII7 als Reharmonisation von I°7 nach I fortschreiten kann; er kann sich aber auch in II–7 oder IV als Reharmonisation von ♭III°7 auflösen. Die Auswahl der Akkord-Skalen für VII7 ist eine Form von mixolydisch, alteriert, lydisch♭7 oder symmetrisch-dominant (dies kann an den ersten 4 Takten von „Meditation" erprobt werden).

II7 (meist V7/V) kann als Kadenz-Akkord zur Tonika auftreten, meist aufgrund des harmonischen Rhythmus.

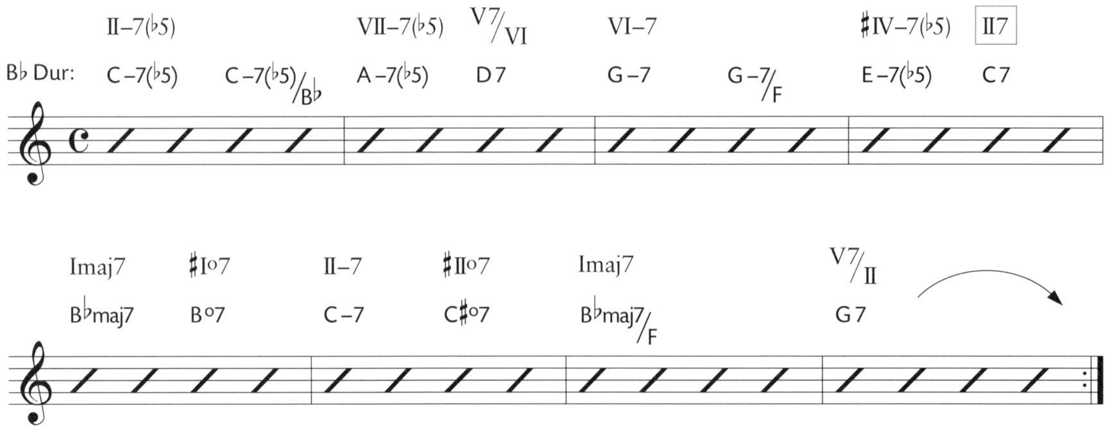

Beachten Sie die Ähnlichkeiten zwischen II7 und ♯IV–7(♭5) im oberen Beispiel („Stockholm Sweetnin'" von Quincy Jones). Beide (gemeinsam mit ♭VI7) enthalten denselben Tritonus und werden häufig gegeneinander ausgetauscht.

Der II7 einer Dur-Tonart hat eine enge Beziehung zur Moll-Tonika der parallelen Moll-Tonart und kann daher als letzter Akkord eines Moll-Teils stehen und zur parallelen Dur-Tonart zurückführen:

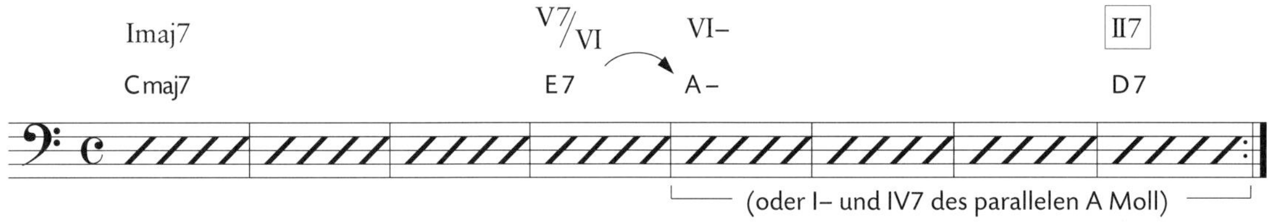

Die Akkord-Skala für II7 ist entweder lydisch♭7 oder, was häufiger der Fall ist, eine Form von mixolydisch.

Die Fortschreitung des VII7 einen Halbtonschritt aufwärts zu Imaj7 wird von III7, der sich (ebenfalls um einen Halbtonschritt nach oben) in IVmaj7 auflöst, imitiert. III7 nach IV tritt an die Stelle des V7/IV:

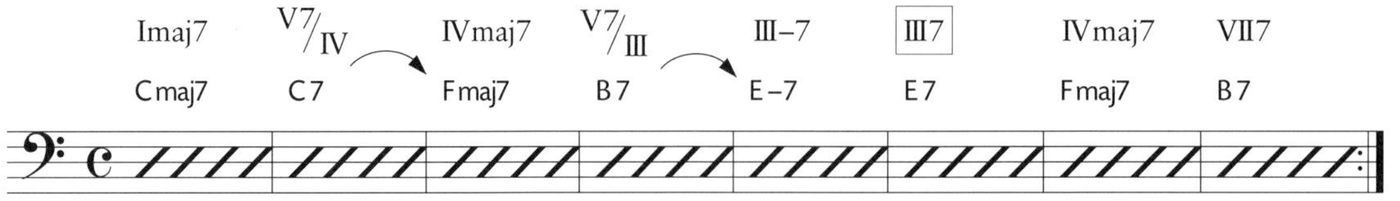

III7 hat seinen Ursprung wahrscheinlich in der trugschlüssigen Auflösung der Primär-Dominante V7 (E7) in ♭VImaj7 (Fmaj7) der parallelen Moll-Tonart (A Moll) ohne eine abschließende Moll-Kadenz. Jede dominantische Akkord-Skala ist für III7 möglich.

Im Folgenden werden die nicht-dominantischen Funktionen dominantischer Akkord-Strukturen zusammengefasst:

Nicht-Dominantische Funktion	Sekundär-Dominant-Funktion	Fortschreitung nach
I7	V7/IV	
II7	V7/V	I oder IV
♭III7	subV7/II	I oder IV
III7	V7/VI	IV
IV7	subV7/III*	I oder III–
♭V7	subV7/IV	I
♭VI7	subV7/V	I
VI7	V7/II	♯IV–7(♭5) oder IV(–) oder I
♭VII7	subV7/VI*	jeder Tonika-Akkord
VII7	V7/III	I oder II– oder IV

* Die nicht-dominantische Funktion dieser beiden Akkorde ist häufiger anzutreffen als ihre Sekundär-Dominant-Funktion.

Die Auswahl der Akkord-Skala für Dominanten mit speziellen Funktionen wird teilweise von der Diatonik bestimmt, entweder Dur, Moll oder Blues. Ein anderer Faktor für die Wahl ist die Erwartung einer möglichen Kadenz und daher einer bestimmten Grundton-Fortschreitung (die Erwartung muss nicht der tatsächlichen Fortschreitung entsprechen). Die symmetrische Dominant-Skala ist für diese speziellen Dominanten besonders geeignet, da sie alle Charakteristika einer Dominant-Skala enthält.

Wenn der fragliche Akkord wie eine Sekundär- oder Substitutions-Dominante klingt, hält die Sekundär-Dominant-Analyse stand und daher auch die Sekundär-Dominant-Skala. Wenn derselbe Akkord wirklich eine spezielle Funktion hat, wird diese spezielle Funktion dem Zuhörer durch die Wahl der Akkord-Skala vermittelt.

Stücke zur Analyse von Dominanten mit spezieller Funktion

„I'm All Smiles"

„Sophisticated Lady"

„Moon River"

„The Island"

„Good-bye Pork Pie Hat"

„You Must Have Been a Beautiful Baby"

„Stockholm Sweetnin'"

„Meditation"

„I Remember Clifford"

„Someday My Prince Will Come"

„Speak Low"

„Spring Can Really Hang You Up the Most"

„Out of Nowhere"

„This Can't Be Love"

„On a Clear Day"

„Summer Samba"

8 Modaler Austausch

Gleichnamige Diatonische Tonarten

Das Ausborgen von Akkorden gleichnamiger Tonalitäten (engl. Modal Interchange) wurde bereits im Kapitel *Moll-Harmonik* besprochen, allerdings auf diatonische Akkorde gebräuchlicher Moll-Tonalitäten beschränkt. Ein Rückblick: Diatonische Akkorde einer beliebigen Moll-Tonart (natürlich, harmonisch, melodisch oder dorisch Moll) können verwendet und miteinander kombiniert werden, wodurch die Reichhaltigkeit von Moll erst richtig deutlich wird, wie zum Beispiel in den ersten 4 Takten von „Lament":

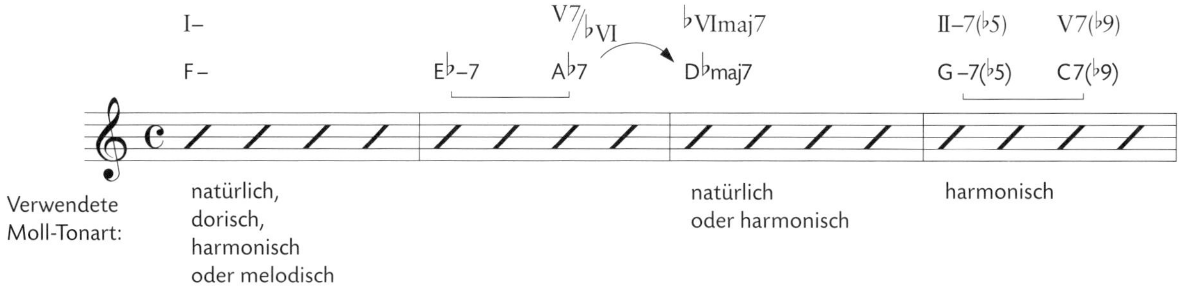

II–7(♭5) V7(♭9) wird oft als harmonisch Moll-Färbung in einer Dur-Akkord-Folge verwendet („You Go To My Head"):

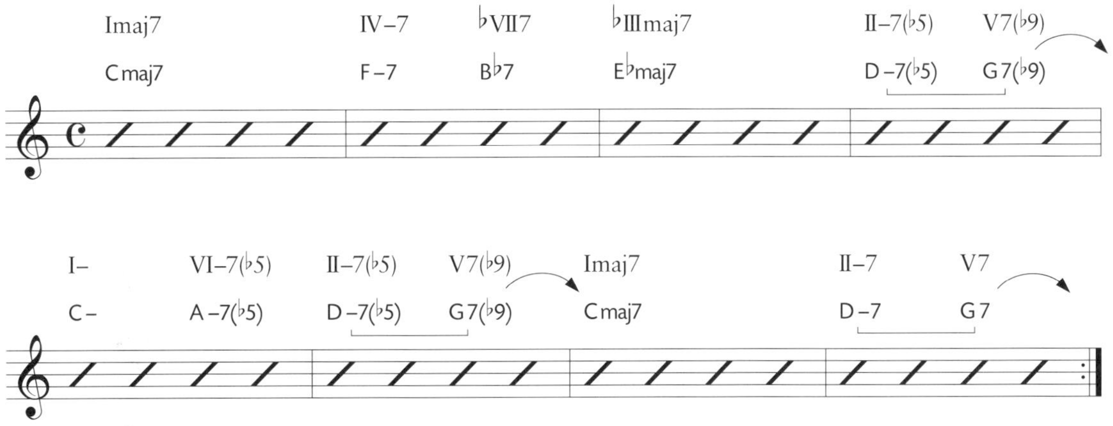

Eine andere Form von modalem Austausch ist die Verwendung ausgeborgter Akkorde von natürlich Moll in der gleichnamigen Dur-Tonart. Diese Austausch-Akkorde sind entweder Tonika-Moll-Akkorde (TM) oder Subdominant-Moll-Akkorde (SDM):

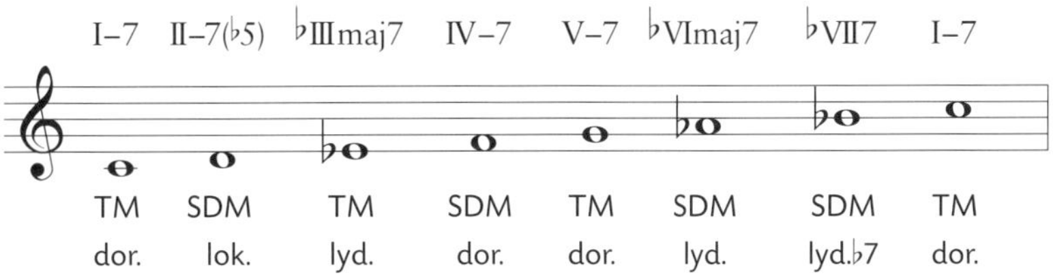

Die Akkord-Skalen für die Akkorde von natürlich (äolisch) Moll haben sich aus der Kombination von diatonischen Tönen gleichnamiger Dur- und Moll-Tonarten abgeleitet. Die Verwendung dieser Skalen hat sich allgemein durchgesetzt. Dennoch wäre es einfacherer, nur *diatonische* Töne des entsprechenden Modus zu verwenden. Obwohl dies als theoretischer Rückschritt in der Behandlung ausgeborgter Akkorde erscheinen mag, ist der daraus resultierende „Farbwechsel" es wert, diese Akkord-Skalen genauer zu erkunden:

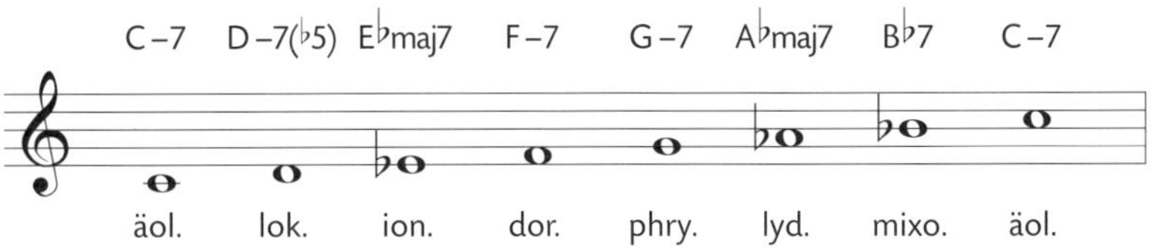

Gebräuchliche Austausch-Akkorde

Es können noch andere Modi zum Austausch von Akkorden gefunden werden, genauso kann mit der Wahl anderer, ungewöhnlicher Skalen experimentiert werden. Zusätzlich zu äolisch können auch die anderen diatonischen Modi brauchbare Akkorde und Akkord-Skalen produzieren.

Modaler Austausch von lydisch:

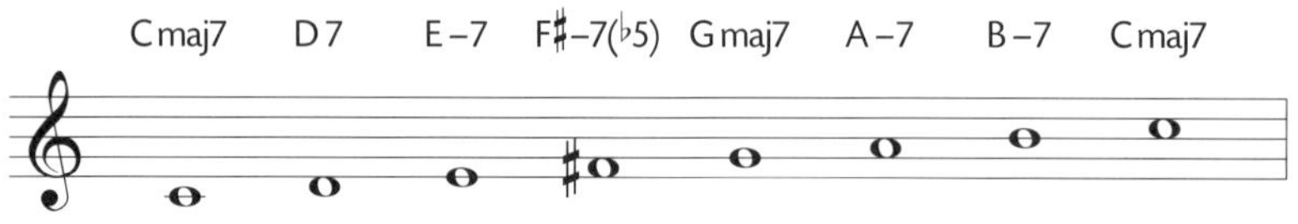

Der gebräuchlichste Akkord von lydisch ist ♯IV–7(♭5) (lokrische Akkord-Skala). Ein selten benutzter Akkord ist VII–7 (phrygische Akkord-Skala), z.B. in „Promises, Promises". VII–7 als kadenzierender Akkord zur Tonika Imaj7 ruft einen puren lydischen Klang hervor.

Andere Akkorde, die in Dur verwendet werden können, sind II7 (mixolydische Akkord-Skala), der im vorigen Kapitel als Sekundär-Dominante mit spezieller Funktion beschrieben wurde, und der obskure Vmaj7. Weitaus typischer für den modalen Austausch von lydisch ist die Verwendung der lydischen Skala für Imaj7 in der gleichnamigen Dur-Tonart. Auch III–9 (äolisch) ist häufig:

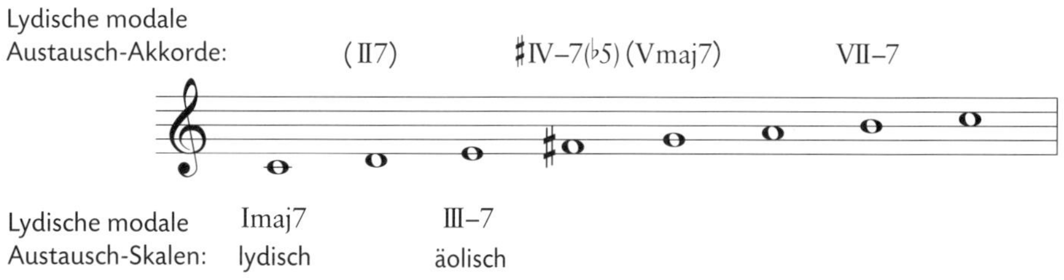

(Akkorde in Klammer sind entweder sehr obskur oder normalerweise von einer anderen Funktion oder einer anderen gleichnamigen modalen Quelle abgeleitet.)

Eine gebräuchliche lydische Alternative ist der II Akkord über dem Tonika-Grundton („Dolphin Dance"); der resultierende Akkord wird im Kapitel *Voicing-spezifische Akkord-Symbole und Strukturen* als hybrider Akkord erklärt:

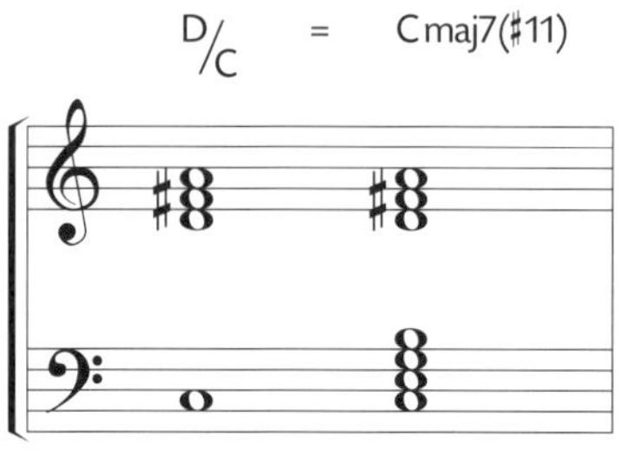

Modaler Austausch von mixolydisch:

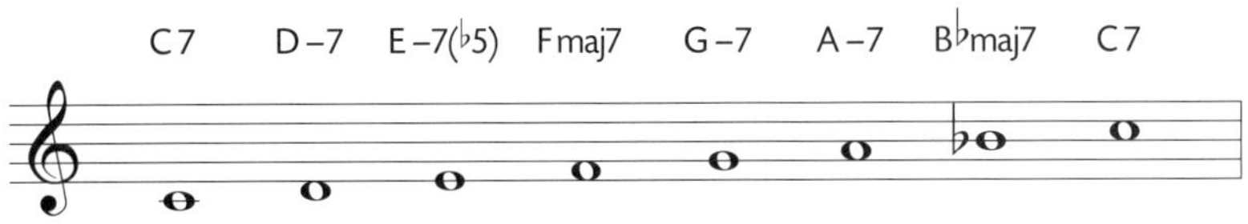

III–7(♭5) (lokrische Akkord-Skala) und ♭VIImaj7 (lydische Akkord-Skala) sind gebräuchliche mixolydische „Modal Interchange"-Akkorde bzw. Skalen („Why Did I Choose You?"; „Lush Life"):

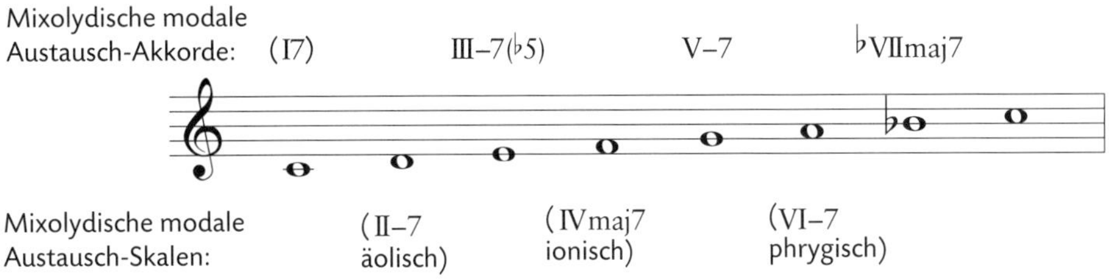

Von den Akkorden, die aus mixolydisch hervorgehen, wird I7 meistens als Blues-Akkord betrachtet. V–7 (dorische Akkord-Skala) ist als kadenzierender Akkord zur Tonika I anzutreffen („Dreamsville", „Never Can Say Good-bye", „Old Devil Moon"). V–7 über dem Grundton der Tonika ergibt als alternative Struktur I7(sus4) („Viola" und „Dolphin Dance"):

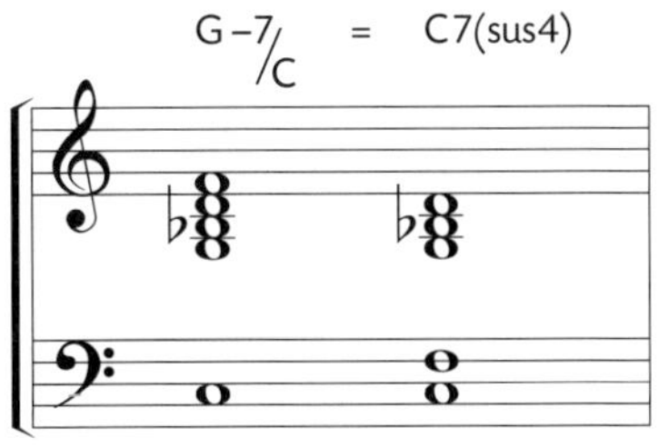

Modaler Austausch von dorisch:

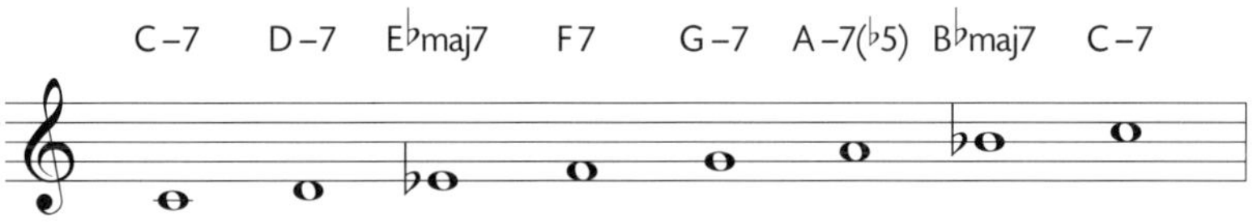

Dieser Modus bietet als Austauschmöglichkeiten die Akkorde VI–7(♭5)(lokrische Akkord-Skala), IV7 (mixolydische Akkord-Skala), der stark mit Blues verbunden ist, und die diatonischen Skalen, die sich aus mixolydisch ergeben:

Dorische modale Austausch-Akkorde:

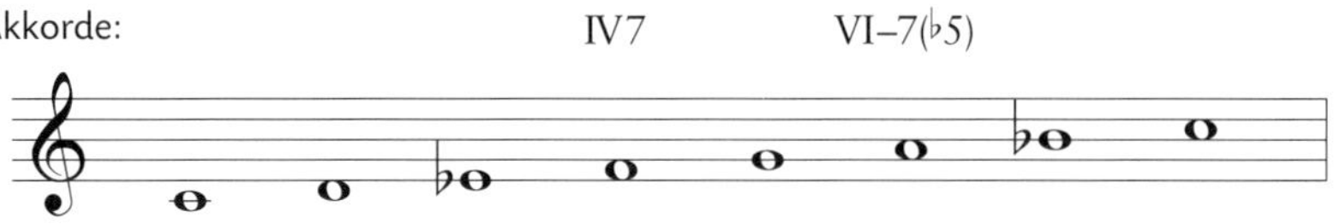

Dorische modale Austausch-Skalen: (II–7 phrygisch) (V–7 äolisch) (♭VIImaj7 ionisch)

Modaler Austausch von phrygisch:

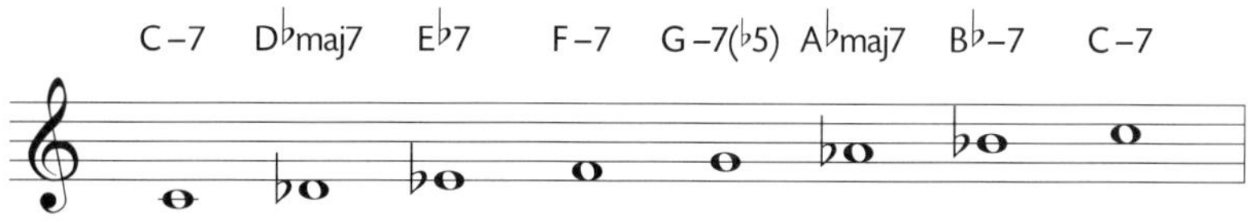

Der modale Austausch von phrygisch bietet einige selten benutzte, aber interessante Akkorde bzw. Skalen. Der phrygische I–7 Akkord produziert eine ungewöhnliche Färbung („Interplay"). ♭IImaj7 (lydische Akkord-Skala) wurde bereits im Kapitel über Moll-Tonarten vorweggenommen und besprochen. ♭III7 hat eine enge Verbindung zur Blues-Harmonik; IV–7 und ♭VImaj7 sind eng mit Moll-Harmonik verbunden. V–7(♭5) (lokrische Akkord-Skala) ist selten. ♭VII–7 (dorische Akkord-Skala) wird als kadenzielle Alternative für ♭IImaj7 verwendet („Temptation", „Little B's Poem"):

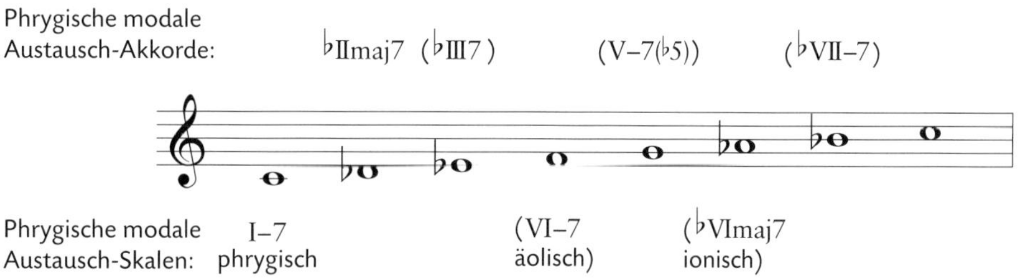

Modaler Austausch von lokrisch:

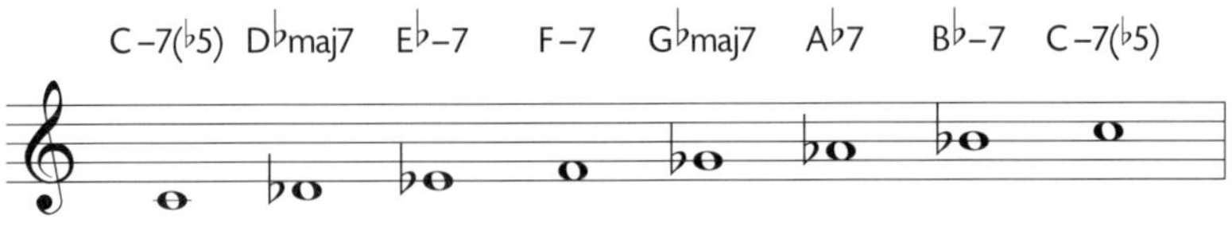

Die Tonika I–7(♭5) (lokrische Akkord-Skala) ist sehr ungewöhnlich, kommt aber vor („Tones For Joan's Bones", „I Will Say Good-bye"). ♭IImaj7, IV–7 und ♭VII–7 werden generell nicht von diesem Modus abgeleitet. ♭Vmaj7 (lydische Akkord-Skala) ist immer wieder in der Musik von Chick Corea und Steely Dan zu finden. ♭III–7 (phrygische Akkord-Skala) kommt in „On the Trail" und als chromatischer Durchgangsakkord zwischen II–7 und III–7 vor. ♭III–7 und ♭Vmaj7 sind potenzielle Kadenz-Akkorde zur Tonika. ♭VI7 (mixolydische Akkord-Skala) wird gelegentlich verwendet („Good-bye Pork Pie Hat" und „Armageddon"), ist aber meist Blues-Akkord oder Subdominant-Moll-Akkord:

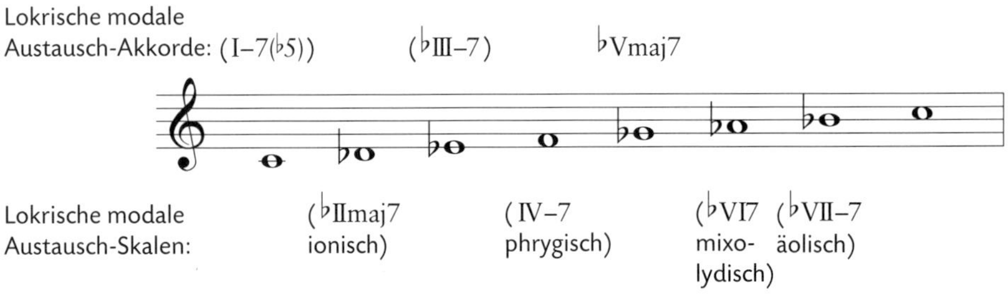

Andere mögliche Akkorde

Ein gebräuchlicher modaler Austausch zwischen Dur und Moll entsteht durch trugschlüssige Auflösung von Dominanten: V7/I–, V7/II–, V7/III–, V7/VI–. Der Auflösungsakkord wird zur Tonika der neuen Tonart. Das Stück „Lament" soll hier als Beispiel dienen:

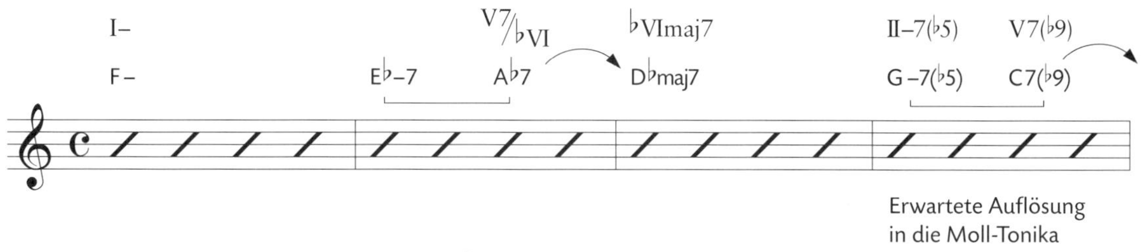

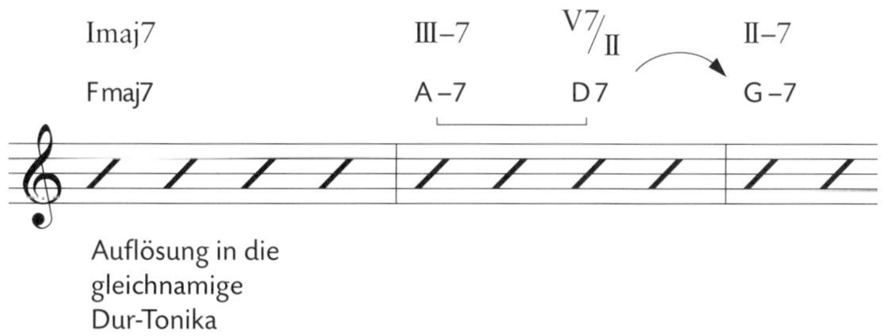

Eine komplette Besprechung modaler Theorie würde den Rahmen dieses Buches überschreiten, die Grundlagen modaler Harmonik werden jedoch im Kapitel *Modale Systeme* behandelt. Als Abschluss dieses Kapitels wird der interessierte Leser dazu aufgefordert, zusätzlich zu den diatonischen Modi auch andere, weniger gebräuchliche Modi auf mögliche Austausch-Akkorde und -Skalen zu untersuchen: Modi von harmonisch Moll, melodisch Moll, Spanisch phrygisch, wie auch eine Reihe anderer synthetischer Modi und ihre Versetzungen.

Stücke zur Analyse von modalen Austausch-Akkorden

„Promises, Promises"

„Dindi"

„Dolphin Dance"

„Lush Life"

„Look To The Sky"

„I Love You"

„Dreamsville"

„Never Can Say Good-bye"

„Interplay"

„Old Devil Moon"

9

Voicing-spezifische Akkord-Symbole und Strukturen

Die moderne Musik bringt eine ständig wachsende Anzahl von Beispielen für Akkord-Folgen mit stilistisch spezifischen Akkord-Voicings hervor. Ohne diese Umkehrungen, Hybrids und Polychords neigen Akkord-Folgen dazu, unspezifisch und alltäglich zu klingen. Es ist wichtig, auch scheinbar ungewöhnlichen, nicht alltäglichen Akkord-Symbolen eine passende Akkord-Skala zuordnen zu können.

Slash Chords

Die im Folgenden verwendeten Akkord-Symbole haben sich noch nicht völlig durchgesetzt, sind aber immer häufiger anzutreffen. Ein Schrägstrich (/) weist auf eine vollständige obere Struktur (Dreiklang oder Sept-Akkord) mit einem unabhängigen Grundton oder auf eine Umkehrung hin. Meist wird für diese Akkord-Strukturen der englische Begriff „Slash Chords" verwendet.

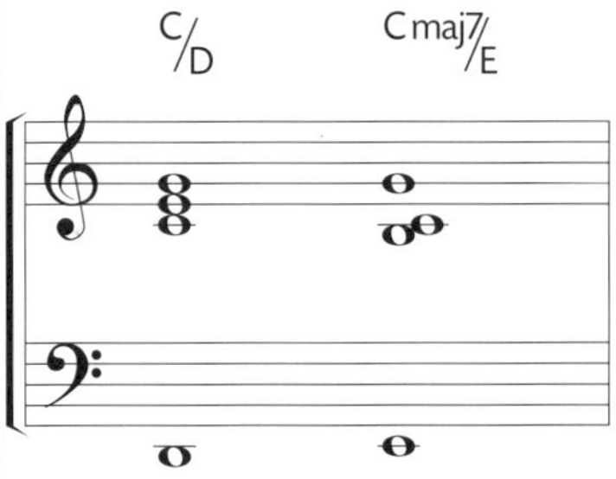

Ein horizontaler Strich (—) weist auf eine vollständige obere Struktur über einer vollständigen unteren Struktur (entweder Dreiklänge oder Sept-Akkorde) hin:

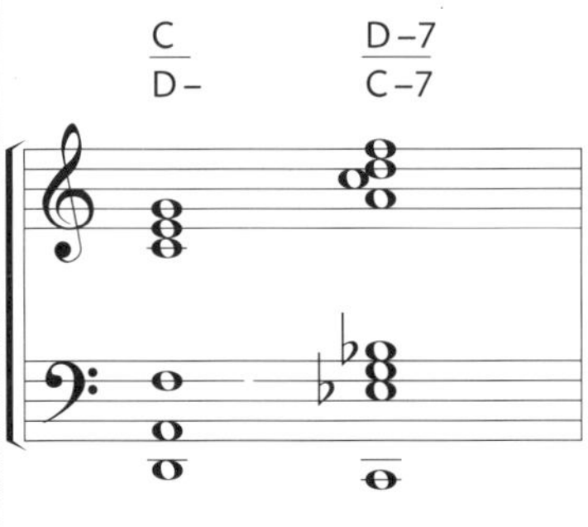

UMKEHRUNGEN

Umkehrungen sind in der heutigen Musik oft zu finden. Eine Umkehrung ist ein Akkord, der nicht in Grundposition steht. Im Bass steht entweder die Terz, die Quint oder die Sept. (Manche Akkorde, die eigentlich Umkehrungen sind, werden als Hybrids gehört.) Im Allgemeinen lassen sich Umkehrungen in wenige Kategorien einteilen:

Erinnern Sie sich, dass Umkehrungen mögliche *Auflösungen für verminderte Durchgangsakkorde* sein können, damit deren Grundton chromatisch weitergeführt werden kann, wie im Stück „Liza":

Die besprochenen alternativen Auflösungen, die in Progressionen mit verminderten Durchgangsakkorden vorkommen, sind die Umkehrungen von I und V. Sie benutzen die diatonische Akkord-Skala. Das Voicing enthält allerdings fast immer nur Akkordtöne und meist nur wenige Tensions. Die Verwendung zu vieler verfügbarer Spannungstöne „vernebelt" den Klang des Akkords und kann sogar ungewollt den Klang eines anderen Akkords erzeugen.

In einer weitereren gebräuchlichen Umkehrung steht die *Terz eines Dominant-Akkords* (als Leitton des Zielakkords der Auflösung) *im Bass:*

Absteigende Bass-Linien bewirken Umkehrungen. Diese Technik kann einer Akkord-Folge neues Leben geben. Bill Evans nahm „Waltz For Debby" einmal ohne Umkehrungen auf und einmal mit einer absteigenden Bass-Linie, die sich schließlich mit einem Leitton in den Zielakkord IVmaj7 in Grundposition auflöste:

Upper Structure Triads

Upper Structure Triads (Dreiklänge der oberen Akkord-Struktur) gehören zu einer Voicing-Methode, die deshalb hier erwähnt ist, weil sie in direkter Beziehung zu hybriden Strukturen (engl. Hybrids) steht. Ein Upper-Structure-Dreiklang enthält einen hohen Anteil an Spannungstönen der Akkord-Skala, mindestens jedoch eine Tension, und wird vom Akkordklang unterstützt:

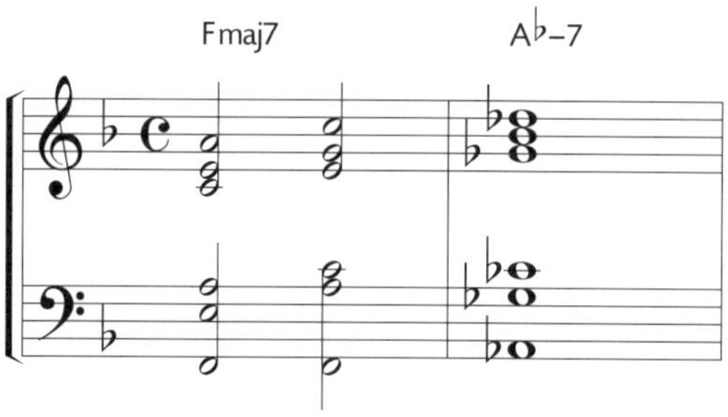

Ihre Konstruktion ist einfach. Bestimmen Sie die passende *Akkord-Skala;* bilden Sie unter Verwendung des Melodietons einen Dur- oder Moll-Dreiklang mit Tensions; dieser Dreiklang wird dann vom Akkordklang unterstützt. (Für weitere Information zum Thema Voicing-Methoden lesen Sie das Kapitel *Einführung ins Arrangieren.):*

A♭ dorisch:

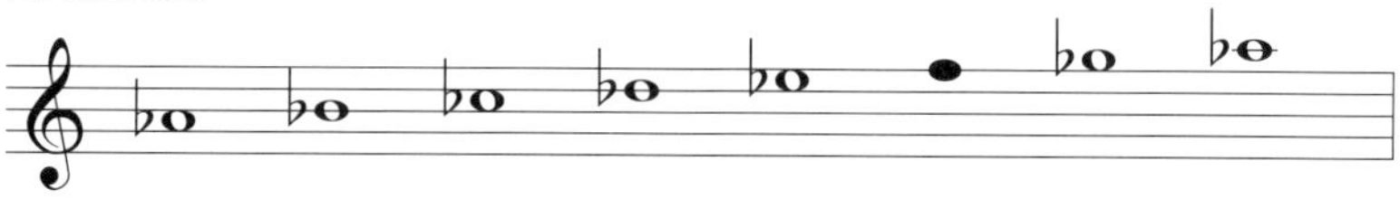

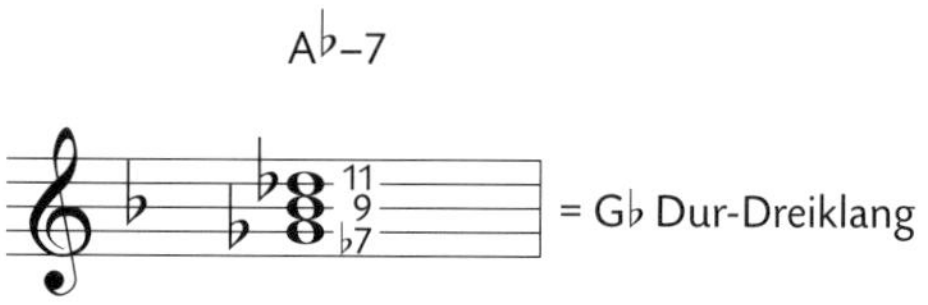

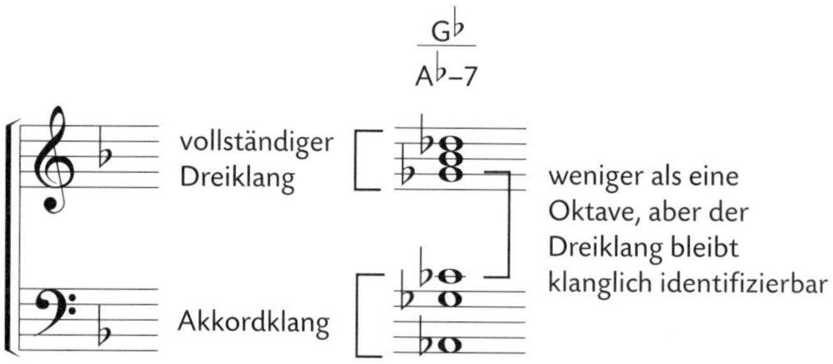

Die Abstände innerhalb des Voicings sind kritisch. Die obere und die untere Struktur müssen einzeln identifizierbar sein, beide zusammen müssen aber eine klangliche Einheit bilden.

Hybrids

Ein hybrider Akkord enthält einen Upper-Structure-Dreiklang (manchmal auch Sept-Akkord), unterstützt von einem unabhängigen Grundton. In seiner einfachsten Form kann ein Hybrid als Upper-Structure-Dreiklang ohne unterstützenden Akkordklang betrachtet werden. Meistens ergibt die Kombination dieser 4 oder 5 Töne *keinen* herkömmlichen Sept-Akkord:

G♭/A♭ Fmaj7/G E/G B–/C G–7/A♭ D♭/G A♭/D♭ G/A♭

Eine Ausnahme zum vorhin Gesagten bildet ein Hybrid, der als I Akkord der modalen Austausch-Skala von lydisch eingesetzt wird und im vorigen Kapitel besprochen wurde. Dieselbe hybride Struktur kann für jede lydische oder lydisch♭7 Akkord-Skala verwendet werden. Auch Dominant7(sus4)-Akkorde werden häufig als Hybrids notiert:

lydisch oder lydisch♭7	V7(sus4)	V7(sus4)	V7(sus4)	V7(sus4)	V7(sus4)
D/C (= keine Umkehrung von D7)	F/G	F6/G	Fmaj7/G	D–/G	D–7/G

Hybrids sind *mehrdeutig*, weil sie keinen vollständigen Akkordklang haben. Erst durch den Zusammenhang wird für den Zuhörer die wahre Funktion des Akkords klar:

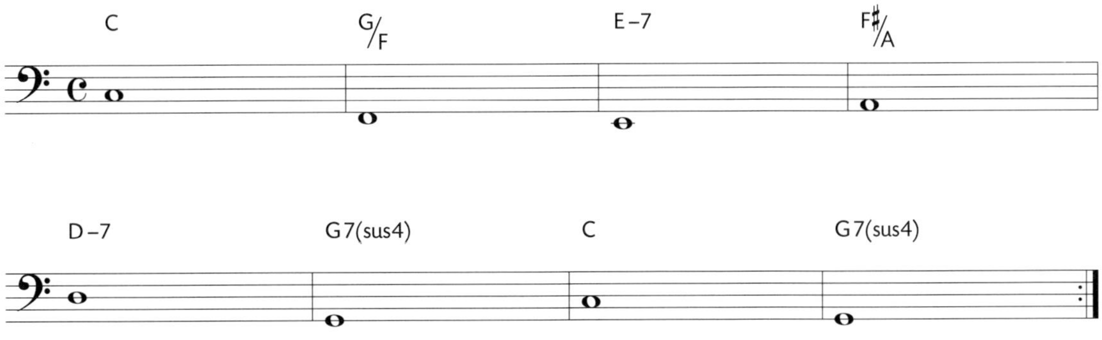

Stevie Wonder's „You Are the Sunshine of My Life" enthält sowohl eine Umkehrung mit absteigendem Basston als auch einen hybriden Akkord. Das Verständnis für die Konstruktion von Hybrids klärt auch ihre eigentliche und jeweilige Funktion. Der erste Schritt ist die Bestimmung der *Akkord-Skala;* der *Grundton* des Akkords ist die Basis; ein Dreiklang wird aus dem Melodieton und verfügbaren Tönen der Akkord-Skala gebildet, nur die Terz wird vermieden. Der Ausschluss der Terz macht den Klang mehrdeutig. (Die Terz ist bei Dominant-Akkorden verfügbar, da das Fehlen der Sept bereits Mehrdeutigkeit erzeugt.) Die Tonabstände sind bei hybriden Akkorden nicht so kritisch wie bei Upper-Structure-Dreiklängen:

A symmetrisch-dominant:

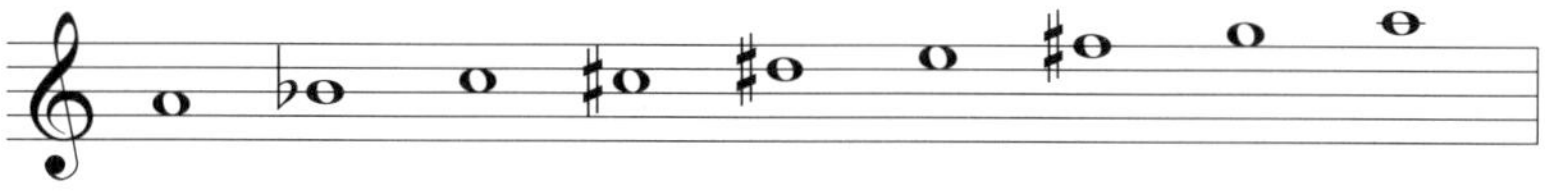

Avoid-Noten werden auf individueller Basis festgelegt. Im obigen Beispiel wird ♯9 vermieden, da sie wie eine kleine Terz klingen würde.

Es gibt eine große Auswahl an Akkord-Skalen für einen hybriden Akkord. F♯/A im oben angeführten Beispiel ist entweder mixolydisch(♭9) oder symmetrisch-dominant. In dieser Progression können beide Skalen für einen V7/II Akkord verwendet werden:

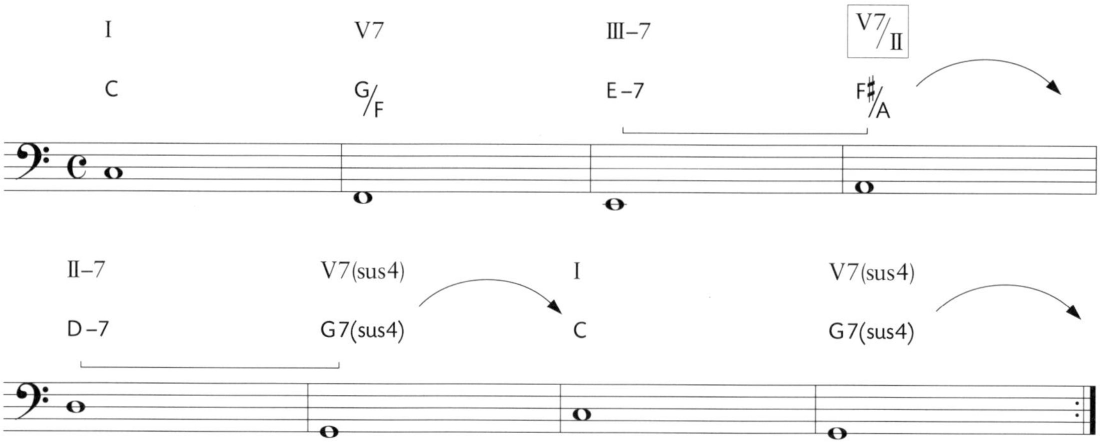

Polychords

Auch Polychords weisen eine Beziehung zu Upper-Structure-Dreiklängen auf. Ein *Polychord* ist eine Struktur, die aus zwei vollständigen Akkorden besteht. Er wird aus der gewählten Akkord-Skala gebildet; die beiden Strukturen erzeugen ein hohes Maß an Spannung; die Abstände zwischen den beiden Akkorden sind kritisch:

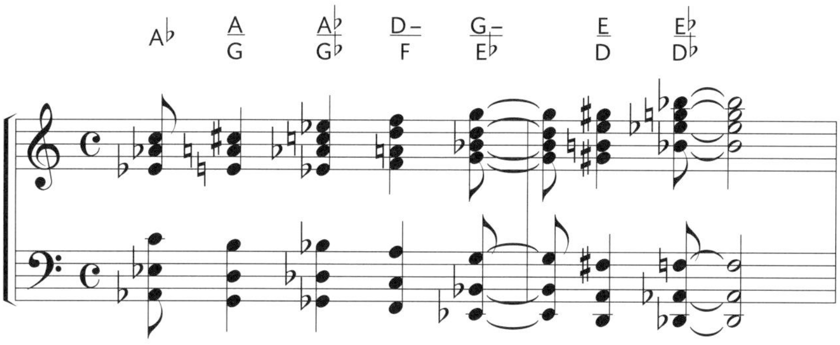

Die angeführten zwei Takte verwenden Polychords zur Harmonisierung. Beachten Sie, wie die Komplexität vom Anfang bis zum Ende der Phrase zunimmt. Beachten Sie außerdem die kontrapunktische Beziehung zwischen der Melodie und der Grundton-Bewegung. Das sind häufig anzutreffende Umstände, unter denen Polychords zu finden sind. Es ist durchaus gebräuchlich, dass Polychords nicht aus der Verwendung einer bestimmten Akkord-Skala stammen, sondern ausschließlich zur Steigerung von Spannung gebildet werden. Der Grad der Spannung hängt von den Intervallen zwischen den einzelnen Tönen der oberen und der unteren Struktur ab (siehe *Einführung ins Arrangieren).* Die kleine Sept und die große None sind *konsonante* Intervalle; große Sept und kleine None sind *dissonant:*

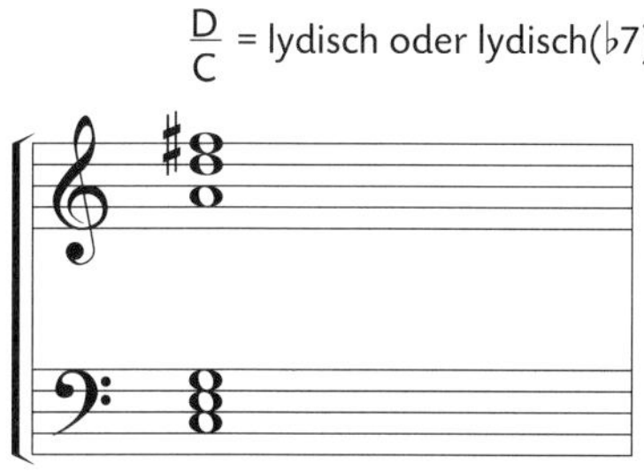

keine dissonanten Intervalle

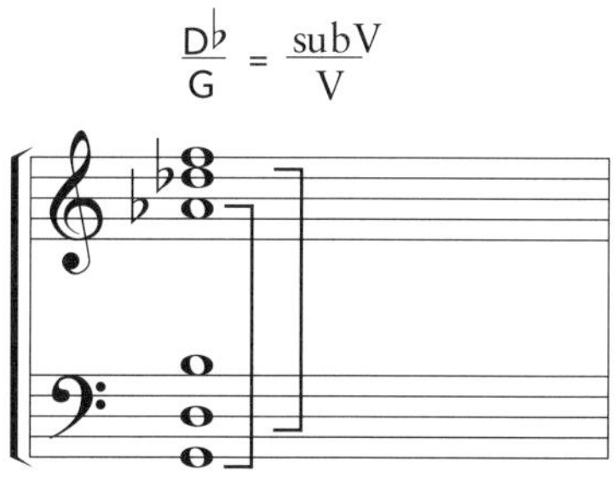

♭9 und maj7 Intervalle

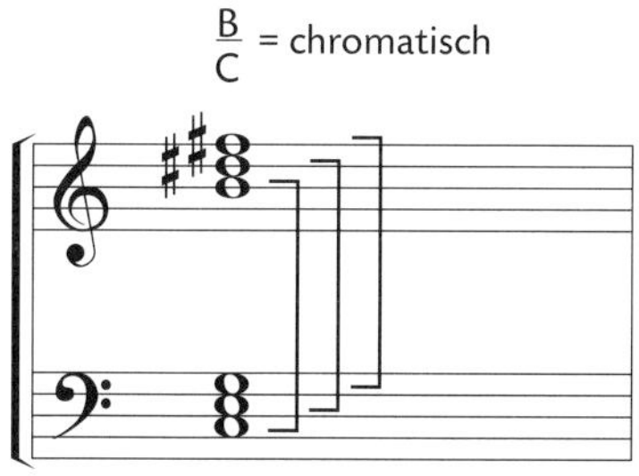

3 maj7 Intervalle

Orgelpunkt/Ostinato

Wo ein Orgelpunkt (=Pedal) auftritt, gibt es auch Umkehrungen und/oder Hybrids. Ein Pedal ist allerdings keine *vertikale,* sondern eine *horizontale* Erscheinung:

oder:

Ein Orgelpunkt verwendet die Töne der Tonika bzw. Dominante einer Tonart als:

- Tonika- bzw. Dominant-Pedal oder als
- Bass-Pedal (unter den Harmonien liegend; siehe oben) oder als
- Mittelstimmen-Pedal (innerhalb der Harmonien liegend; siehe nächstes Beispiel) oder als
- Sopran-Pedal (über den Harmonien liegend; siehe übernächstes Beispiel)

Ein Orgelpunkt kann ein ausgehaltener oder rhythmisierter Ton sein:

Mittelstimmen-Pedal (Ton der Dominante):

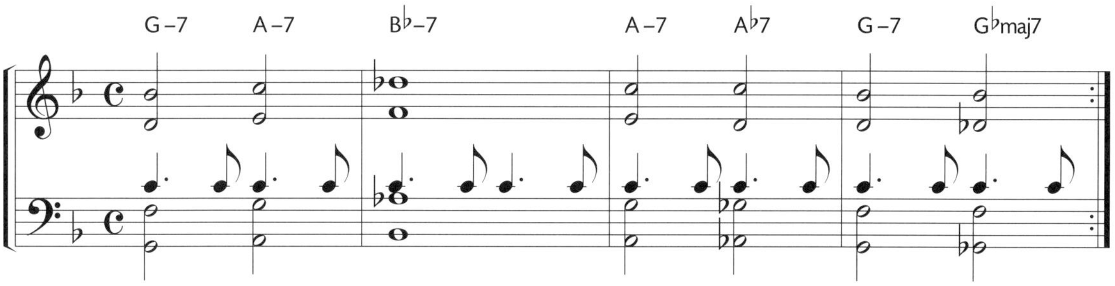

Sopran-Pedal (Tonika und Dominante):

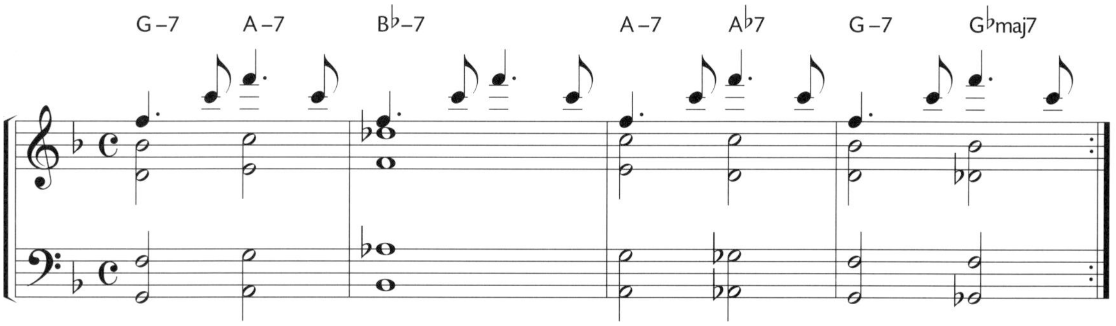

Ein *Ostinato* ist eine komplexere Form des Orgelpunkts. Es ist eine wiederkehrende melodische Figur, die mit einem Pedalton beginnt. Die Töne des Ostinato können sich entweder exakt wiederholen oder den wechselnden Akkorden entsprechend anpassen. Diese beiden Möglichkeiten sollen anhand des A Teils von „On Green Dolphin Street" gezeigt werden:

Statisches (gleichbleibendes) Ostinato:

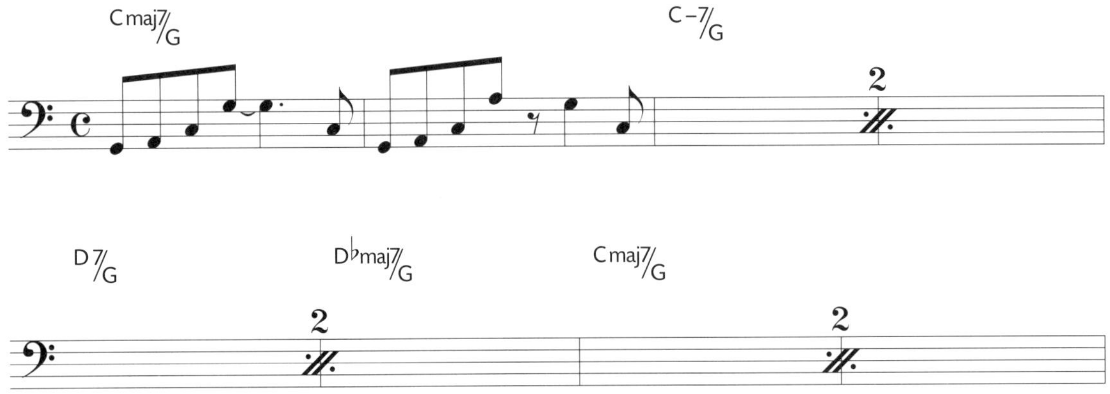

Wechselndes Ostinato:

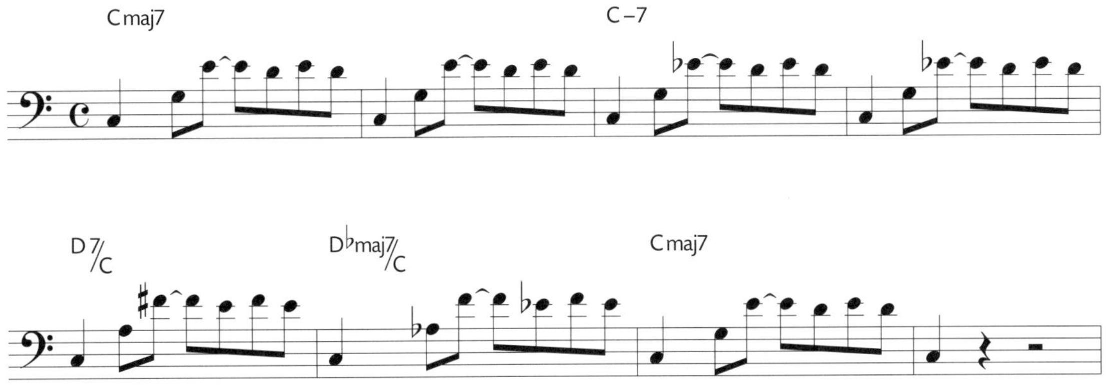

Ein *geschichtetes* Ostinato entsteht durch Überlagerung mehrerer melodischer, harmonischer oder rhythmischer Figuren, die eine komplexere und interessantere Form eines Ostinato erzeugen:

Stücke zur Analyse von Voicing-spezifischen Akkorden und Orgelpunkt / Ostinato

„On Green Dolphin Street"

„Sponge"

„Matinee Idol"

„Falling Grace"

„Napanoch"

„Never Givin' Up"

„Storyline"

„Whisper Not"

„Naima"

„High On a Mountain"

„Footprints"

„Birds of Fire"

10

Modulation

Für dieses Kapitel empfiehlt es sich, die Lead-Sheets folgender Titel bereitzuhalten, um sie, wenn im Text darauf verwiesen wird, heranziehen zu können:

„The Dolphin"	„Pensativa"
„Dolphin Dance"	„Softly"
„The Girl From Ipanema"	„The Song Is You"
„Here's That Rainy Day"	„You Go To My Head"
„I'm All Smiles"	„Waltz For Debby"
„Lady Sings The Blues"	„Watch What Happens"
„Like Someone In Love"	„What's New?"
„Lover"	„Why Did I Choose You?"

Grundsätzliche Überlegungen

Eine *Modulation* ist der Wechsel von einem tonalen oder modalen Zentrum zu einem anderen. Für den Zuhörer muss ein eindeutiger Wechsel von der ursprünglichen Tonika-Referenz zu einem neuen Tonzentrum erfolgen. Modulationen können grob beschrieben werden als:

- scheinbar oder tatsächlich;
- subtil, wenn sie in eine nah verwandte Tonart gehen oder wenn sie in eine entfernte Tonart gehen.

Die nahsten Tonarten im Verhältnis zur Ausgangstonart sind die nach IV und V, da nur ein Vorzeichen anders ist („Why Did I Choose You?", „What's New?"). Die entferntesten Tonarten sind einen Halbton höher (♭II) oder tiefer (VII), da sieben Vorzeichen anders sind („The Girl From Ipanema"). In diesem Kapitel werden die neuen Tonarten immer in Bezug auf die ursprüngliche analysiert, z.B.: „The Girl From Ipanema" moduliert von I (F Dur) nach ♭VI (D♭), weiter nach VII (E) und zurück nach I (F).

Modaler Austausch (Modal Interchange) zwischen gleichnamigen Tonarten wird nicht als Modulation empfunden, da die tonale Referenz erhalten bleibt. Es gibt aber gebräuchliche Modulationen, die eine modale Beziehung zur Originaltonart haben: Die Tonart ♭III ist die Paralleltonart zur ursprünglichen Moll-Tonika und enthält auch gleiche Akkorde, z. B. „Softly", „Here's That Rainy Day". Dieselbe Beziehung existiert zwischen einer Bezugstonart und der Tonart auf der VI. Stufe (Dur oder Moll), wie in „Pensativa", „Like Someone In Love".

Scheinbare Modulation tritt dann auf, wenn die Akkorde oder auch die Melodie klingen, als gäbe es eine neue Tonika, obwohl sie eine Funktion in der Originaltonart haben; z.B. impliziert „What's New?" eine Modulation in die VI. Stufe, der Akkord hat jedoch die Funktion ♭VImaj7 in der Originaltonart; „You Go To My Head" deutet die Tonart ♭III an, es handelt sich aber um die Akkord-Funktion ♭IIImaj7. Eine andere Form von scheinbarer Modulation tritt dann auf, wenn die eigentliche Funktion eines Akkords erst feststeht, nachdem eine Fortschreitung erfolgt, z.B.: der Mittelteil von „The Girl From Ipanema" klingt vorerst wie eine Modulation in die Dur-Tonart der erniedrigten II. Stufe (♭II), stellt sich aber nach seiner Fortschreitung als IVmaj7 in D♭ Dur heraus.

Beim *Analysieren einer Modulation* werden eventuell Klammern verwendet, die einen Wechsel der Funktion oder einen Trugschluss (als Ausgangspunkt einer Modulation), kennzeichnen sollen. Es gibt einige ungewöhnliche und anspruchsvolle Fälle, in denen die Modulation nur einen Akkord lang auftritt (der erste Akkord der Bridge von Clare Fischers „Pensativa" ist ♭IImaj7 in B Dur und Imaj7 in C. Der vorangehende Akkord ist V7/IV in G♭ und V7/I in B Dur. Die Tonart B Dur wird nie vollzogen, nur impliziert.

In Lead-Sheets werden oft, statt der generellen Adaption der Tonart-Vorzeichen nur zu entsprechenden Noten Vorzeichen hinzugefügt („Body and Soul" ist eine der Ausnahmen). Die Vorzeichen und die enharmonische Schreibweise für Akkord-Symbole werden meist von der leichten Lesbarkeit bestimmt und weniger von der eigentlichen Klangrichtung der Modulation, z.B. wenn die Ausgangstonart C Dur ist und die Modulation einen Halbton nach oben geht, wird man nicht in C♯ Dur, sondern in D♭ Dur notieren.

Einige Lead-Sheets verwenden als generelle Vorzeichen die der letzten Tonart und nicht die der eigentlichen Ausgangstonart, z.B. ist „Quiet Nights" in C Dur notiert, obwohl dies eigentlich die Schlusstonart ist, während die ursprüngliche Tonart F Dur ist. Es gibt auch einige Lead-Sheets mit generellen Tonart-Vorzeichen, die zwar an die Melodie angepasst sind, aber mit der wirklichen Tonart der Harmonien nicht übereinstimmen. Dies trifft im Speziellen auf Blues zu, z.B.: „Good-bye Pork Pie Hat" ist ein Blues in F Dur, hat aber die Vorzeichen von F Moll; „Minority" ist harmonisch betrachtet ein 16-taktiger Moll-Blues, aber die Melodie ist in Dur notiert.

Stücke, die modulieren, weisen oft ein harmonisches Muster von Tonarten auf, wie „My Little Boat" (Tonarten I, ♭VII, ♭VI und zurück nach I).

Man erwartet nach einer Modulation wieder die Rückkehr zur Ausgangstonart (was normalerweise auch passiert).

Aufwärts-Modulationen werden von Arrangeuren gerne verwendet, da sie eine Vorwärts-Bewegung der Musik forcieren und sowohl eine Steigerung als auch Variation hervorrufen. (Beispiele dazu finden Sie in vielen Barry Manilow oder Stevie Wonder Arrangements.)

Es ist *nicht* notwendig, dass nach einer Modulation die neue Tonika auch wirklich auftritt. Eine neue Tonart kann durch die Melodie und/oder die Harmonik ohne offensichtliches Präsentieren des Tonika-Akkords etabliert werden.

Wenn eine Melodie in eine neue Tonart moduliert, muss auch die Harmonik modulieren (wiederum Mittelteil von „The Girl From Ipanema"). Es ist aber nicht notwendig, dass die Melodie eine Modulation vorantreibt, wenn die Harmonik eine neue Tonart definiert. Die Melodie wird dann automatisch auch modulieren („I'm All Smiles").

Direkt

Direkte Modulation tritt meistens nach der Tonika (I) auf, da sie eine harmonische Endgültigkeit bedeutet. Entweder wird dieser Akkord oder die Tonika der neuen Tonart in der Funktion umgedeutet, doch entscheidend ist die Beziehung zwischen diesen Tonarten („I'm All Smiles"):

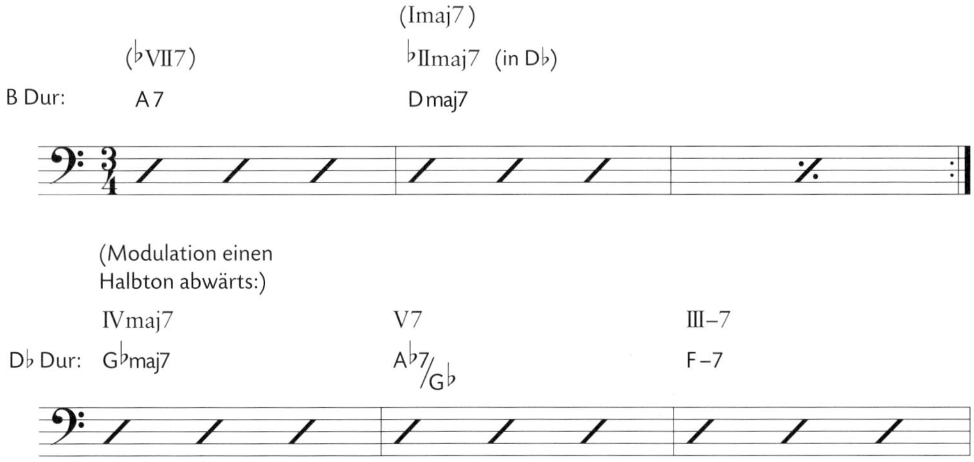

Seltener ist eine direkte Modulation, die direkt von einem anderen diatonischen Akkord ausgeht: II, III, IV, V oder VI. Sie erfolgt im Ganzton- oder Halbtonschritt, und es besteht keine funktionale Beziehung zur Ausgangstonart. Beispiel: „Waltz For Debby"

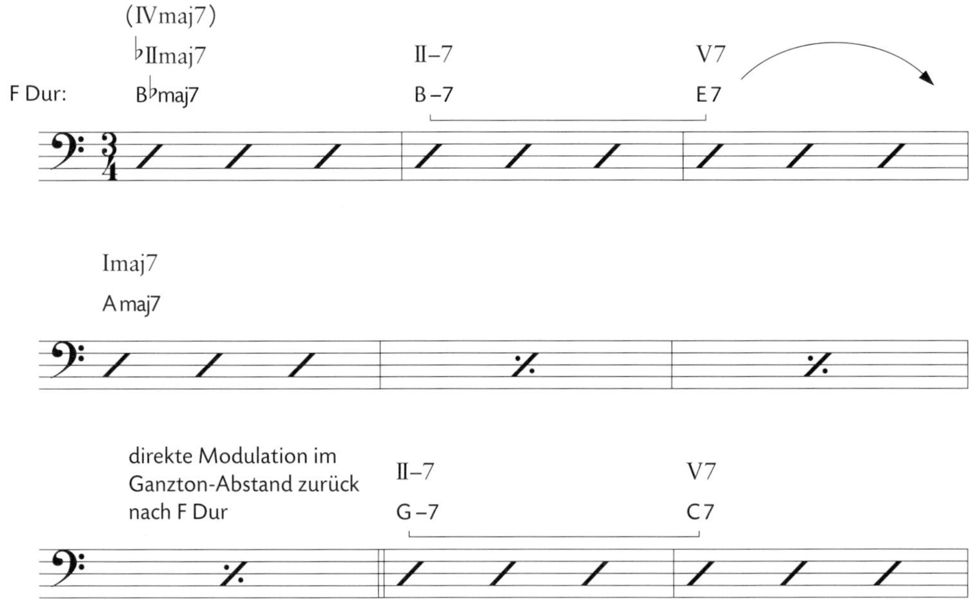

Eine Modulation, die vom diatonischen V7 ausgeht, wird vermutlich als trugschlüssige Auflösung empfunden. Dennoch kann die Melodie die Modulation so beeinflussen, dass der V7 Akkord direkt (ohne Auflösung) moduliert. Dieses Stilmittel wird beim Arrangieren häufig eingesetzt:

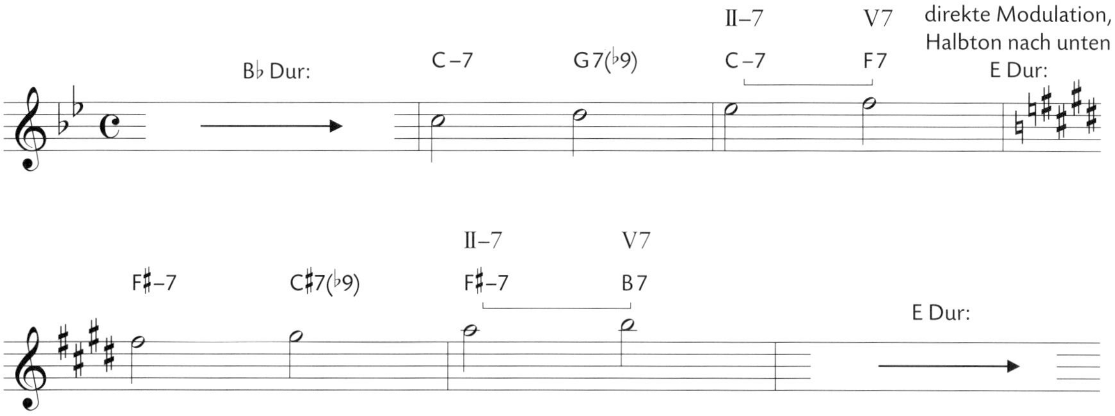

Eine weitere direkte Modulation, die beim Arrangieren häufig eingesetzt wird, besteht darin, dass der V7 der ursprünglichen Tonart *nicht-funktional* in den V7 der neuen Tonart fortschreitet. Die benutzten *Akkord-Skalen* diktieren dem Zuhörer die neue Tonart.

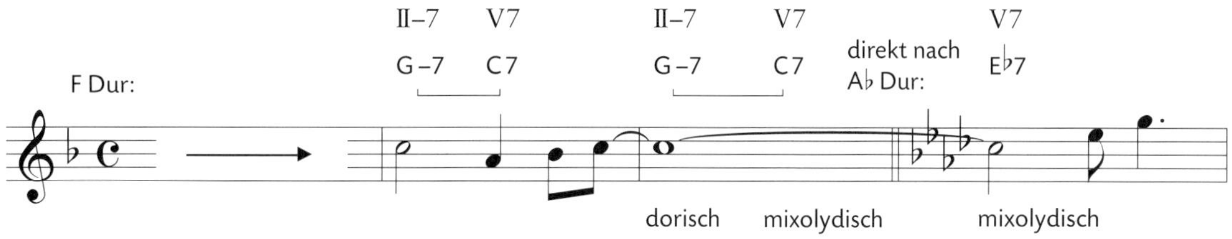

Im oberen Beispiel wird die Modulation entweder von der Melodie unterstützt oder durch das Verhältnis der beiden Tonarten kontrolliert. Dieselbe nicht-funktionale Beziehung tritt bei einer direkten chromatischen Modulation auf. Beispiel: „Watch What Happens"

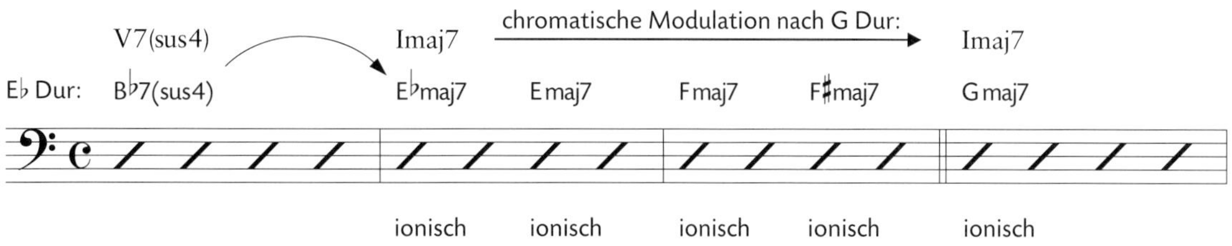

Obwohl jeder Akkord als ♭IImaj7 der Tonart des jeweils vorangehenden Akkords betrachtet werden kann, sind für den Zuhörer diese aufsteigenden Akkorde chromatische, nicht-funktionale Klänge, die eine neue Tonart anstreben (deshalb werden sie auch nicht-funktional analysiert). Die benutzten Akkord-Skalen sind dieselben wie für den Ausgangs- bzw. Zielakkord (E♭maj7 bzw. Gmaj7).

Pivot-Akkord

Akkorde, die ihre Funktion zwischen der Original- und der Modulationstonart wechseln, heißen *Pivot-Akkorde.* Die neue Funktion des Akkords wird rückblickend offensichtlich, sobald sich die neue Tonart entfaltet. Beispiel: „Dolphin Dance"

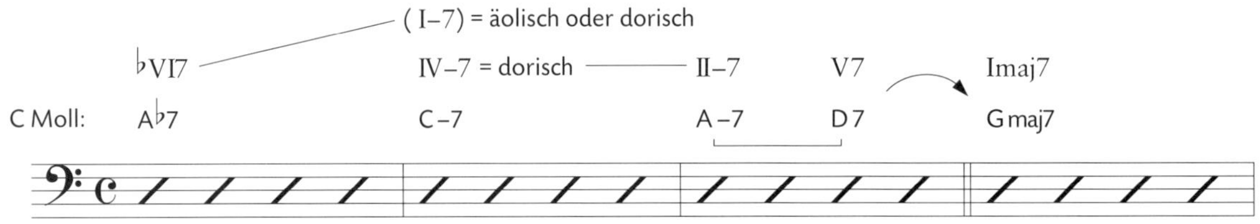

Der Funktionswechsel wird durch die Analyse in Klammer gekennzeichnet; sie zeigt die ursprüngliche Funktion und somit auch die Akkord-Skala. Die nicht eingeklammerte Analyse zeigt die Funktion in der neuen Tonart (Pfeile zeigen die eventuelle Auflösung eine reine Quint oder einen Halbton nach unten an). Beispiel: C–7 kann als I–7 (wie oben), II–7, III–7, IV–7 (wie oben), V–7 oder VI–7 Pivot-Funktion haben (die selteneren Funktionen treten, wie im Kapitel *Modaler Austausch* besprochen, kaum als Pivot-Akkorde auf).

Die Wahl der Akkord-Skala des Pivot-Akkords wird meist von seiner ursprünglichen Funktion in der Ausgangstonart bestimmt, wodurch eine unerwartete Modulation hervorgerufen wird. Dennoch ist auch die Akkord-Skala der neuen Tonart verfügbar.

Dominant-Akkorde

Die trugschlüssige Auflösung von Dominant-Akkorden ist eine gebräuchliche Methode, um eine Modulation hervorzurufen. Die Funktionsvielfalt der Dominante erlaubt die Modulation in jede Tonart. Jede Dominante kann trugschlüssig in *jeder intervallischen Grundton-Fortschreitung* weitergeführt werden:

Abwärts:

reine 5	zum neuen Imaj7 („I'm All Smiles");
Tritonus	V7/I nach ♭IImaj7 („Pensativa");
reine 4	IV7 nach Imaj7 („Lady Sings The Blues");
große 3	V7/I nach ♭IIImaj7 („Softly");
kleine 3 (selten)	V7/I zum Grundton von III–7 als neuer Imaj7 („Pure Imagination");
Ganzton (selten)	II7 nach Imaj7 („Imagination");
Halbton	subV7 nach Imaj7 („The Dolphin")

Aufwärts:

Halbton	VII7 nach Imaj7 („The Song Is You");
Ganzton	♭VII7 nach Imaj7 („Pensativa");
kleine 3 (selten)	VI7 nach Imaj7 („Killer Joe");
große 3	♭VI7 nach Imaj7 („Lady Sings The Blues")

Trugschlüssig aufgelöste Sekundär-Dominanten werden häufig zur Modulation verwendet (V7/II, V7/III, V7/V und V7/VI). Eine neue Tonika tritt an die Stelle des erwarteten diatonischen Akkords, wodurch ein *Wechsel der erwarteten Akkordqualität* entsteht (da IVmaj7 dieselbe Akkordqualität aufweist wie Imaj7, bildet V7/IV eine Ausnahme). Beispiel: „I'm All Smiles"

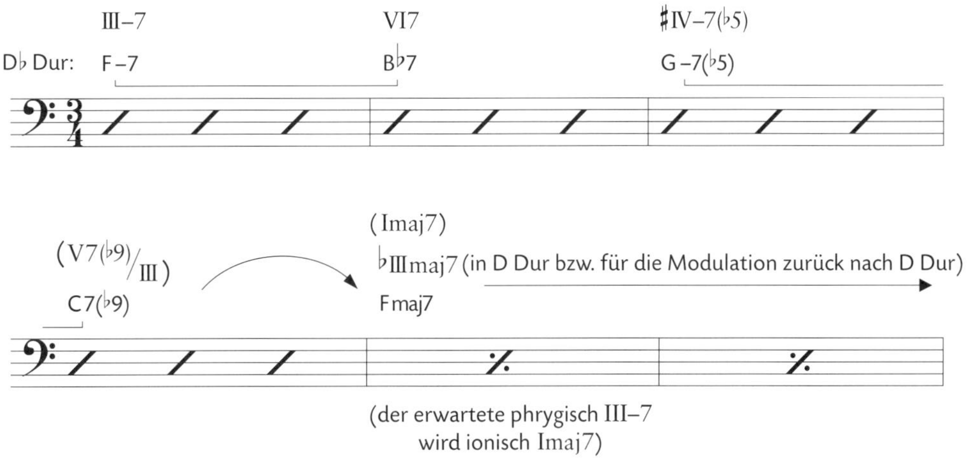

(Fmaj7 ist ein Beispiel für eine Modulation mit einem einzelnen Akkord.)

Bei einer transitionalen Modulation geht der Bezug zur ursprünglichen Tonart durch eine Folge nicht-diatonischer Dominanten verloren. Bezügliche II–7 können auch auftreten. Die Melodik ist entweder statisch oder sequenziell.

Die transitionale Modulation ist ein weiteres gebräuchliches Mittel für Arrangements. Sie ist in Stücken wie „'S Wonderful", „Dreamsville", „You Never Give Me Your Money" zu finden.

11
Modale Systeme

Charakteristische Töne

Alle diatonischen Modi enthalten dieselben sieben Töne in unterschiedlicher Reihenfolge. Dorisch, phrygisch, äolisch, lydisch und mixolydisch sind *Versetzungen* der Dur-Tonleiter ionisch. Die Charakteristik eines Modus unterscheidet sich von den anderen durch die spezifische Position eines bestimmten Tons innerhalb des Modus – durch den *charakteristischen Ton*.

Im *ionischen* Modus ist der Skalenton ♮4 die charakteristische Note:

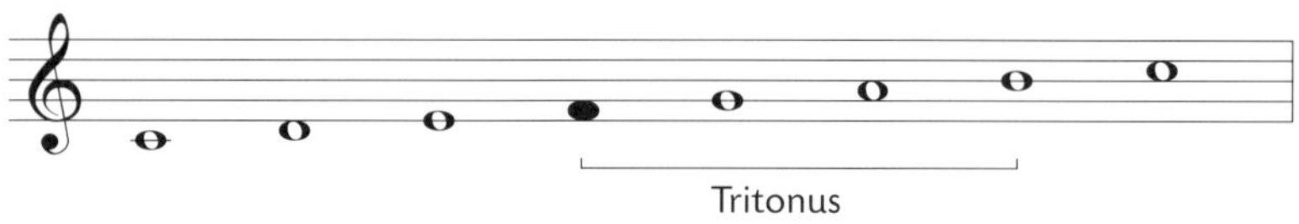

♯4 ist der charakteristische Ton des *lydischen* Modus und bildet den Unterschied zu ionisch:

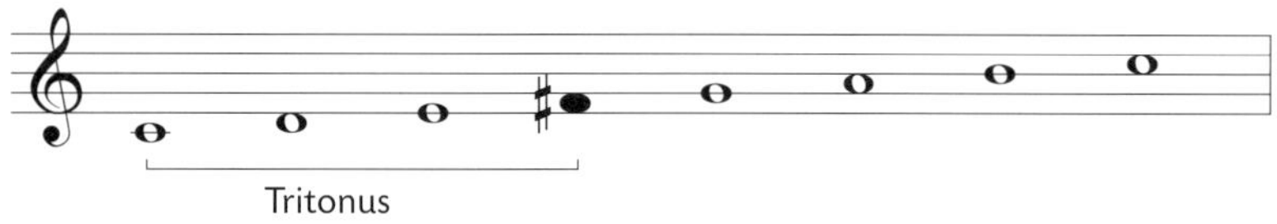

Der *mixolydische* Modus unterscheidet sich von den anderen „Dur-Modi" durch die charakteristische Note ♭7:

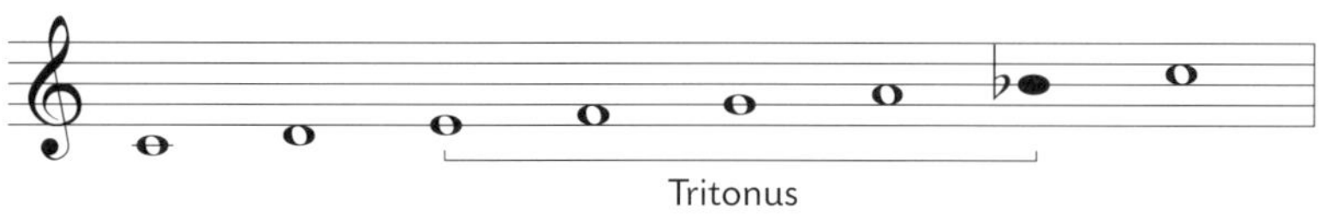

Der charakteristische Ton von *äolisch* ist die ♭6:

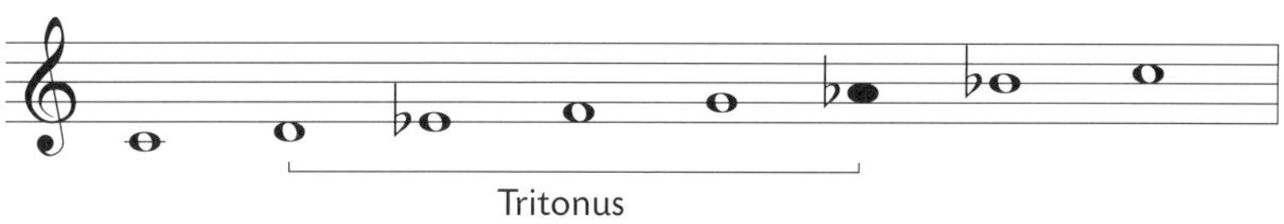

Dorisch unterscheidet sich von äolisch durch den Skalenton ♮6:

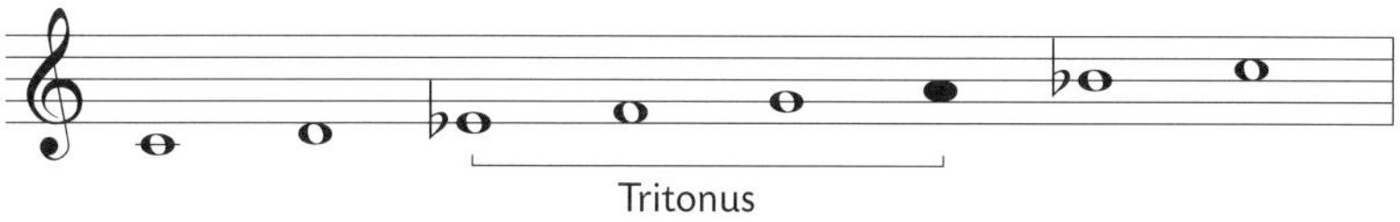

Phrygisch unterscheidet sich von den anderen „Moll-Modi" durch den charakteristischen Skalenton ♭2:

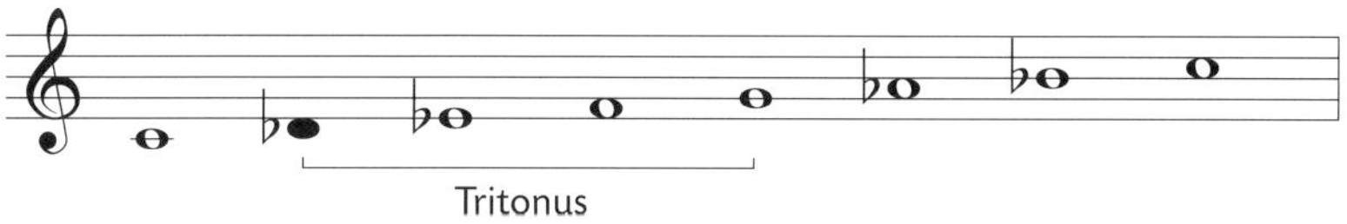

Jeder diatonische Akkord, der den charakteristischen Ton als Akkordton enthält, ist *sehr instabil* und hat daher die Tendenz, zu einem stabileren Akkord fortzuschreiten, der diesen Ton nicht als Akkordton enthält. Aufgrund der Position der charakteristischen Note in lokrisch wurde dieser Modus immer ignoriert. Beim *lokrischen Modus* tritt die paradoxe Situation ein, dass der instabile charakteristische Ton die ♭5 ist, welche Teil des normalerweise stabilen Tonika-Akkords ist:

Eine genauere Untersuchung der Modi zeigt, dass der charakteristische Ton einer der beiden Töne ist, die zusammen den jeweiligen diatonischen Tritonus ergeben. In einer Dur- oder Moll-Tonart hat der Tritonus die wichtige Funktion, den primären kadenzierenden Klang zu bilden. In einem modalen Kontext muss der Tritonus sorgfältig eingesetzt werden, um den modalen Charakter aufrechtzuerhalten und nicht in eine parallele Dur- oder Moll-Tonart abzurutschen. Die charakteristische Note des Modus bestimmt die eine Hälfte des diatonischen Tritonus und *muss* vorhanden sein. Es gibt bestimmte diatonische Strukturen, die beide Töne des Tritonus enthalten und genau deshalb vermieden werden. Der diatonische *–7(♭5)* wird vermieden. Der diatonische *Dominant-Sept-Akkord* wird meist als Dreiklang verwendet, wodurch das gleichzeitige Auftreten beider Tritonustöne vermieden wird. Jeder der gebräuchlichen 5 Modi enthält 7 verschiedene Töne und 6 diatonische Akkorde.

Akkord-Progressionen

Lead-Sheets von modalen Stücken enthalten nicht immer bestimmte Akkord-Progressionen, sondern oft nur den Namen des Modus. Das Verständnis modaler Harmonik kann deshalb für Arrangeure, Komponisten und ausführende Musiker (vor allem für die der „Rhythm Section") hilfreich sein.

Die diatonischen Akkorde eines Modus können in 3 funktionale Bereiche eingeteilt werden:

- **Tonika-Akkord:** Steht für sich allein
- **Kadenzierende Akkorde:** Alle diatonischen Sept-Akkorde und Dreiklänge, die den charakteristischen Ton als Akkordton enthalten.
- **Nicht-kadenzierende Akkorde:** Sie enthalten den charakteristischen Ton nicht als Akkordton.

(Für die anschließenden Beispiele werden folgende Bezeichnungen verwendet: T = Tonika, K = Kadenz-Akkord; nicht-kadenzierende Akkorde werden nicht gekennzeichnet.)

Die Funktionen der diatonischen Akkorde von *lydisch* sind:

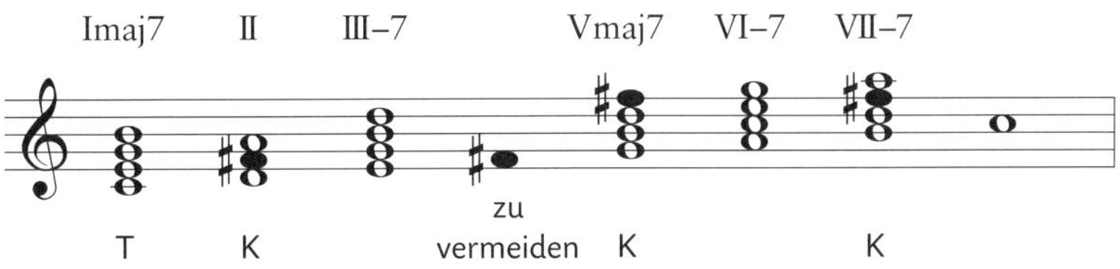

Die Funktionen der diatonischen Akkorde von *mixolydisch* sind:

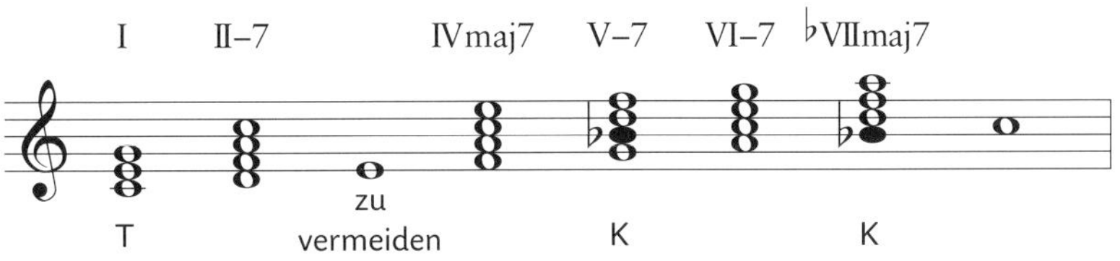

Die Funktionen der diatonischen Akkorde von *dorisch* sind:

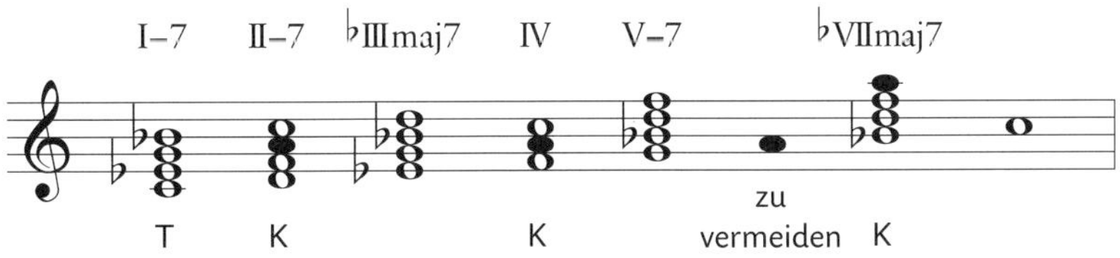

Die Funktionen der diatonischen Akkorde von *phrygisch* sind:

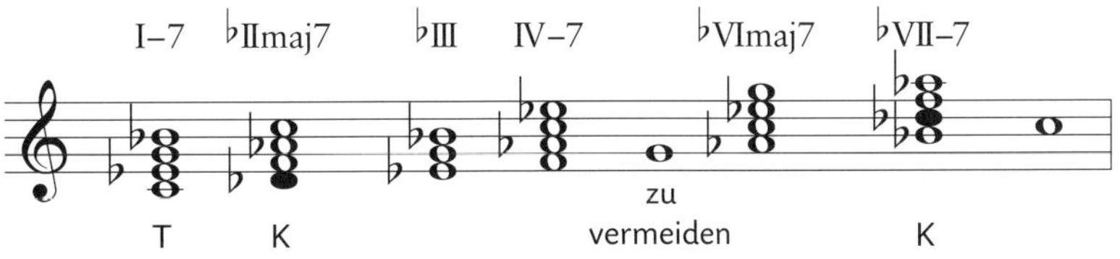

Die Funktionen der diatonischen Akkorde von *äolisch* sind:

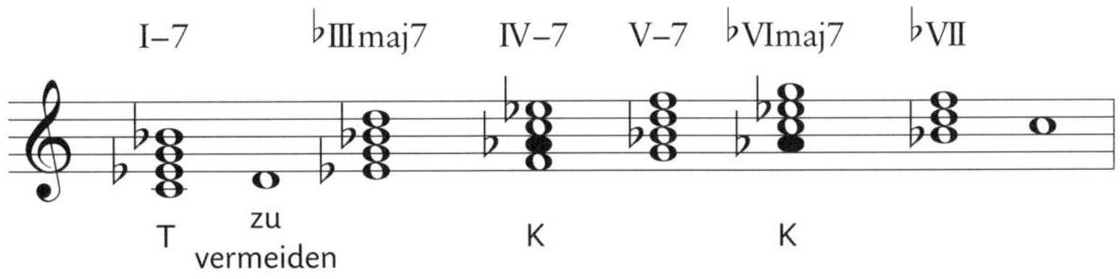

Die Organisation von modalen Progressionen zieht folgende Überlegungen in Betracht:

- Die stärkste kadenzierende Fortschreitung in einer Dur/Moll-Tonart und im Blues ist die Grundton-Fortschreitung in reinen Quinten bzw. ihrer Umkehrung in reinen Quarten, welche für Dominant- oder Subdominant-Bewegung typisch ist. Die typische Grundton-Fortschreitung der modalen Harmonik ist, entsprechend dem Modus (der Skala), *stufenweise.*
- Eine stufenweise Kadenz ist in äolisch *nicht* möglich.
- Die Position des charakteristischen Tons innerhalb eines Kadenz-Akkords bestimmt seine Stärke im Vergleich zu anderen: Die charakteristische Note bewirkt als Grundton das *stärkste* Auflösungsbedürfnis; als Quint das *nächststärkste;* als Terz ist das Auflösungsbedürfnis schwächer, als Sept verursacht die charakteristische Note schließlich das geringste Auflösungsstreben.
- Der Tonika-Akkord erhält die größte *Betonung.*
- Kadenzen gehen von einer Leichtzeit aus.
- *Beim Umgang mit modalen Systemen empfiehlt sich Einfachheit statt Überladung.*

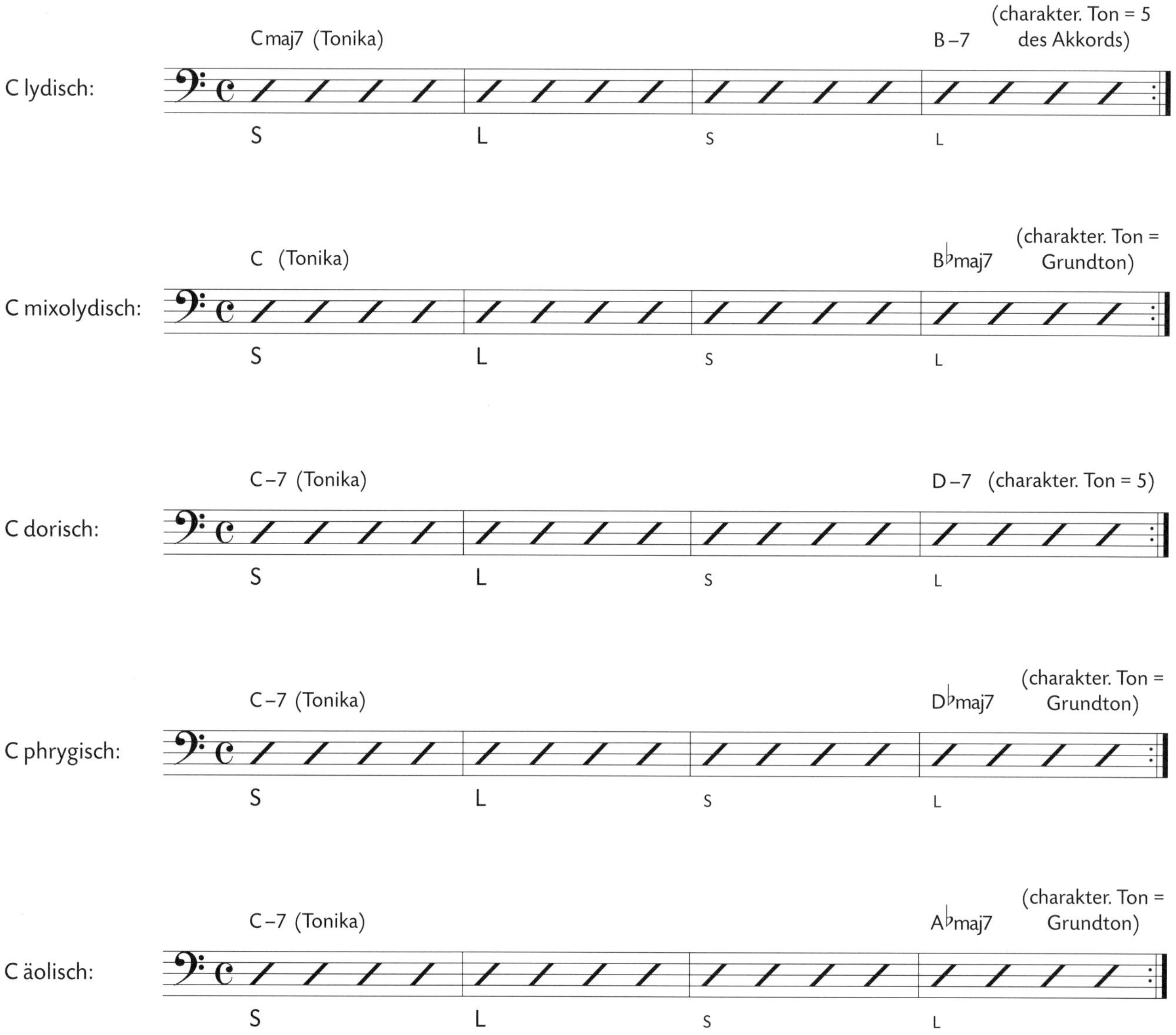

Wenn komplexere Progressionen erwünscht sind (obwohl üblicherweise nicht notwendig) oder wenn die Melodie einen anderen Akkord erfordert, kann dem kadenzierenden Akkord ein *nicht-kadenzierender* vorangestellt werden, dem wiederum ein *Kadenz-Akkord* vorangestellt werden kann und so weiter. Dadurch bewegen sich die Kadenz-Akkorde immer zu einer Leichtzeit, bis schließlich eine Kadenzierung in den Tonika-Akkord erfolgt:

C dorisch:

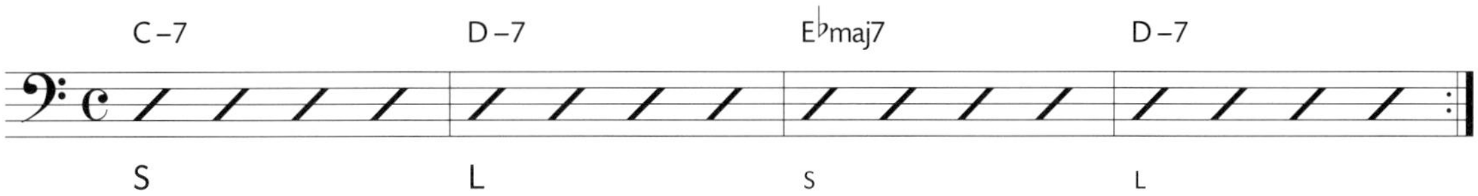

Die verfügbaren Akkord-Erweiterungen für die diatonischen modalen Akkorde liegen jeweils einen Ganzton über einem Akkordton. Die 13 der diatonischen dorischen Akkord-Skala *ist verfügbar.* Der diatonische Tritonus muss nicht vermieden werden, wenn einer seiner Töne eine Tension ist (dies erzeugt keinen Dominant-Klang). Da alle Töne von dorisch und lydisch im Akkord der I. Stufe verfügbar sind, geben sie auch den vollständigen Klang des Modus wieder, und eine Kadenz zur Tonika ist nicht notwendig:

C dorisch:

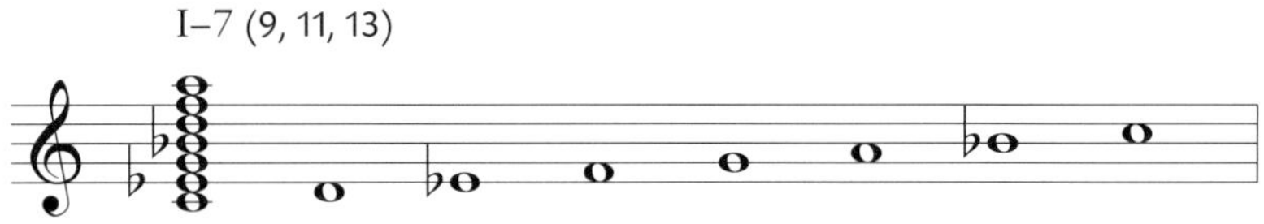

C lydisch:

Zusätzlich zu den terzgeschichteten diatonischen Akkorden sind auch *hybride Akkorde* möglich. Jeder Hybrid hat die Funktion eines kadenzierenden oder nicht-kadenzierenden Akkords, abhängig vom Auftreten des charakteristischen Tons. Maj6 ist eine Alternative für maj7 Akkorde.

Melodik

Modale Melodien enthalten folgende Merkmale:

- Sie sind fast immer *diatonisch.*
- Chromatische Töne können als Durchgangsnoten verwendet werden.
- Wie bei der modalen Grundton-Fortschreitung ist auch hier stufenweise Fortschreitung häufig.
- *Arpeggios* der diatonischen Akkorde und aufeinander folgende Quartensprünge sind typisch.
- Bei Kadenzen erfolgt meist *stufenweise* Auflösung zum 1. oder 5. Skalenton (seltener zum 3.)
- Der charakteristische Ton wird häufig *betont.*
- Die *meisten* oder *alle* Töne des Modus werden verwendet.
- Der diatonische Tritonus wird weder ausgefüllt (obere und untere Töne eines melodischen Motivs), noch angesprungen (mit Ausnahme aufeinander folgender Quarten). Der Tritonus wird *nicht* im klassischen Sinne aufgelöst.
- Die Tonart-Vorzeichen sind entweder offen (keine Vorzeichen) oder sie entsprechen der verwandten Dur-/Moll-Tonart oder der gleichnamigen Dur-/Moll-Tonart (letzteres ist am ungünstigsten). Die Modalität wird *angegeben.*

Modale Stücke zur Analyse

„It's a Lazy Afternoon"

„Black Narcissus"

„Crystal Silence"

„Follow Your Heart"

„Little Sunflower"

„Maiden Voyage"

„Moondance"

„Norwegian Wood"

„Recordame"

„Simone"

„So What"

„Milestones"

„Little B's Poem"

„First Light"

„Darkness"

„Tell Me a Bedtime Story"

„Saga of Harrison Crabfeathers"

„Footprints"

Voicings

Akkord-Strukturen, die für modale Harmonik benutzt werden und die Melodie unterstützen, sind:

- oft Dreiklänge oder Dreiklänge mit hinzugefügtem Farbton (Tension);

C dorisch: C– E♭ D– C– D–

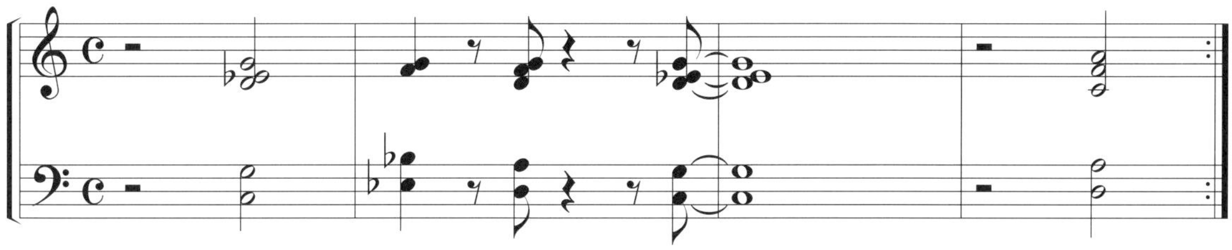

- oder quartengeschichtet;

C dorisch: C–7 E♭maj7 D–7 C–7 D–7

- oft diatonisch parallel (wie einige im vorigen Beispiel);
- oft pandiatonische/modale Tonika-Voicings.

Pandiatonik ist die Verwendung diatonischer Strukturen, die den chakteristischen Klang einer Tonart/eines Modus produzieren, ohne einen einzelnen Ton als Tonika zu betonen. Modale Tonika-Voicings, meist in Quarten, sind ein einfacher Weg, die Illusion einer harmonischen Progression zu erzeugen, obwohl nur der modale Tonika-Akkord angegeben ist. Jedes modale Tonika-Voicing hat Tonika-Klang und in paralleler Fortschreitung gleiches Gewicht:

C dorisch:

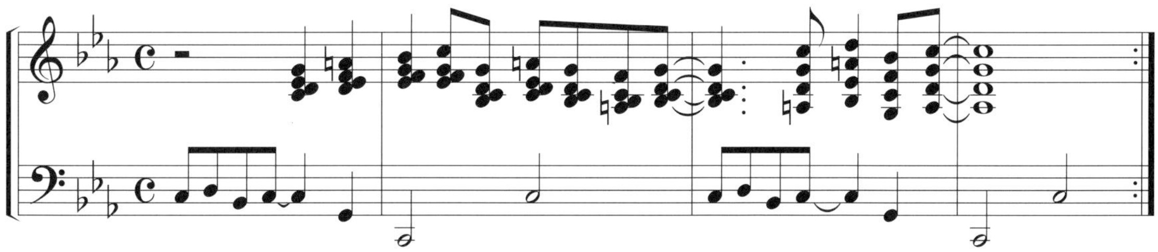

In modaler Musik ist die Verwendung von Orgelpunkt und Ostinato häufig, da sie meist den wichtigen 1. und 5. Skalenton forcieren (Tonika- und Dominant-Pedal).

Poly-Modalität

Poly-Modalität ist der gleichzeitige Einsatz von zwei oder mehreren verschiedenen Modi oder von zwei oder mehreren modalen Zentren.

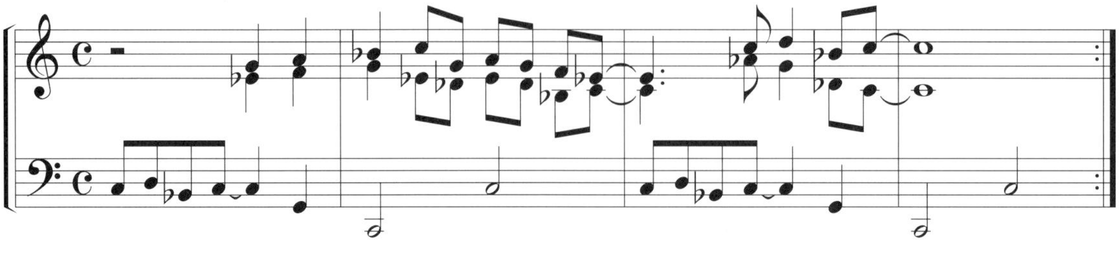

Oder eine Melodie in C dorisch wird von A dorisch harmonisch unterstützt (Parallelismus):

Zum Beispiel: Eine Melodie in C dorisch wird mit C phrygisch ausharmonisiert (Mittelstimme):

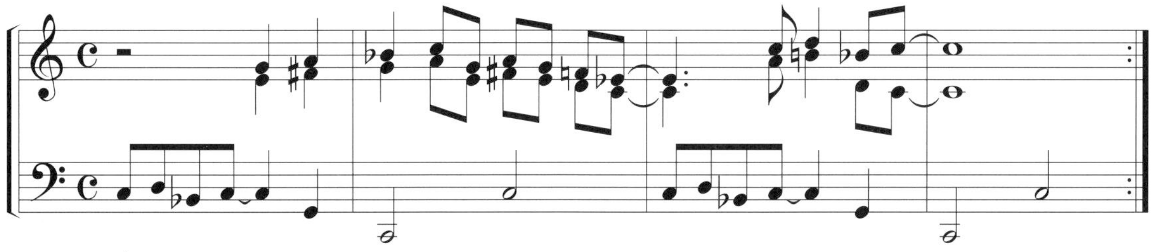

Durch die Verwendung von Poly-Modalität oder das Auftreten von Melodie und Harmonik in verschiedenen Tonarten/Modi kann die Entwicklung eines Kontrapunkts forciert werden (Einleitung von „Tell Me a Bedtime Story").

Die besprochene Information ist ein Überblick über die grundlegenden modalen Konzepte. Bei Interesse an weiterer Beschäftigung mit diesem Thema empfiehlt sich die Analyse der Musik von Chick Corea, den Brecker Brothers, Wayne Shorter, John McLaughlin, Michael Gibbs und anderen Komponisten dieses Genres, wie auch das Experimentieren mit den Modi von harmonisch und melodisch Moll und anderen synthetischen Skalen.

12 Nicht-funktionale Harmonik

Im Kapitel über Modulationen wurden bereits Situationen vorgestellt, die *nicht-funktional* sind. Die kontrollierende Kraft ist dabei nicht die Beziehung zwischen den Akkorden, wie im Falle funktionaler Progressionen, sondern die Melodie oder die Beziehung zwischen Tonarten.

Die Basis nicht-funktionaler Harmonik ist die *Symmetrie.* Dur- und Moll-Tonarten, Blues und modale Systeme haben gemeinsam, dass ihre diatonischen Skalen und Akkord-Skalen nicht symmetrisch aufgebaut sind (mit Ausnahme der Ganztonleiter und der Akkord-Skalen symmetrisch-dominant und symmetrisch-vermindert). Wo Symmetrie auftritt, gibt es auch nicht-funktionale Beziehungen. Einfache symmetrische Beziehungen, welche die Oktave aufteilen, sehen folgendermaßen aus:

2 Tritonus-Intervalle:

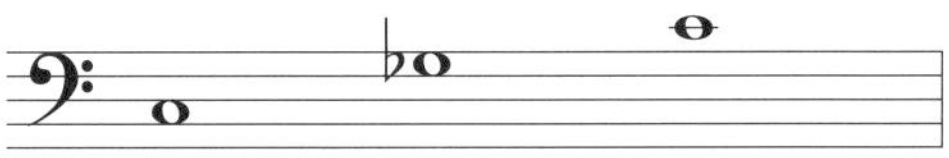

3 große Terzen:

4 kleine Terzen:

6 große Sekunden:

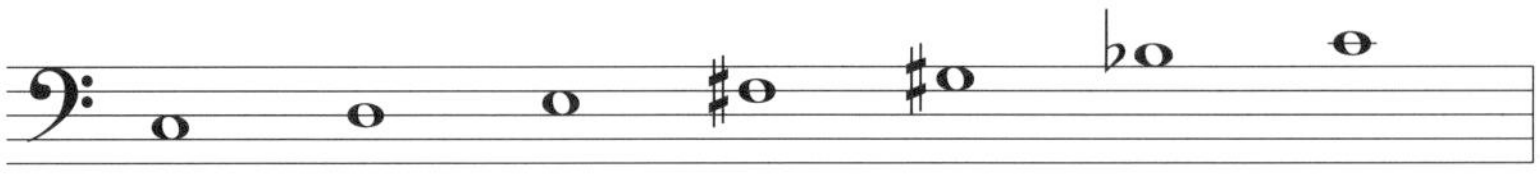

12 kleine Sekunden:

Multitonic System

Multitonikales System

Eine Komposition kann mehrere Tonzentren aufweisen. Wenn Akkorde oder Tonarten in einer kontinuierlichen Symmetrie auftreten, ist eine entsprechende graphische und/oder semantische Analyse notwendig. *Multitonikale* Stücke können funktional analysiert werden, dennoch ist das Wesentliche die Symmetrie der Beziehungen. Zum Beispiel: „Giant Steps" von John Coltrane ist eine nicht-funktionale Komposition, basierend auf symmetrisch angeordneten Tonarten, die jeweils eine große Terz voneinander entfernt sind:

- Dieses Stück enthält 3 tonale Zentren, die im Abstand einer großen Terz (bzw. kleinen Sext) zueinander stehen (B Dur, G Dur, E♭ Dur).
- Die Melodik ist symmetrisch aufgebaut.
- Jede Tonika hat gleiches Gewicht.
- Daher könnte das Stück auf jeder Tonika enden.
- Jeder Dominant-Sept-Akkord ist eine Primär-Dominante.
- Funktionale Analyse ist möglich, geht aber am Wesentlichen vorbei; graphische Zeichen (Klammern) und beschreibende Worte werden benutzt (wie oben).

Zum Vergleich wird hier „Giant Steps“ funktional analysiert:

Die Wahl der Akkord-Skalen für „Multitonic“-Kompositionen wie „Giant Steps“ entspricht normalerweise der Diatonik des jeweiligen tonalen Zentrums: ionisch für Imaj7, mixolydisch für V7 und dorisch für II–7. Dies sind auch die Skalen, die John Coltrane für seine Improvisation benutzte. Aufgrund der symmetrischen Beziehung zwischen den drei Tonalitäten und dem gleichen Gewicht jeder Tonika wäre es möglich, für dieselben Akkorde auch lydisch, lydisch♭7 und dorisch zu verwenden (dies ist vor allem für Arrangeure und begleitende Musiker eine interessante Alternative).

Viele Stücke beziehen sich in einer funktionalen Weise auf symmetrische Beziehungen. Clare Fischers „Pensativa" ist ein Beispiel für eine Komposition, in der die Modulations-Entwicklung auf einem unvollständigen Vier-Tonika-System basiert, welches aber funktionale harmonische Fortschreitungen verwendet. „I'll Remember April" ist ein Standard, dessen Mittelteil auf einem unvollständigen Vier-Tonika-System basiert. Viele Standards haben eine tonal instabile Bridge, in der mitunter symmetrische Verhältnisse eine Rolle spielen, wie auch im Mittelteil von „Have You Met Miss Jones" (enthält ein Drei-Tonika-System):

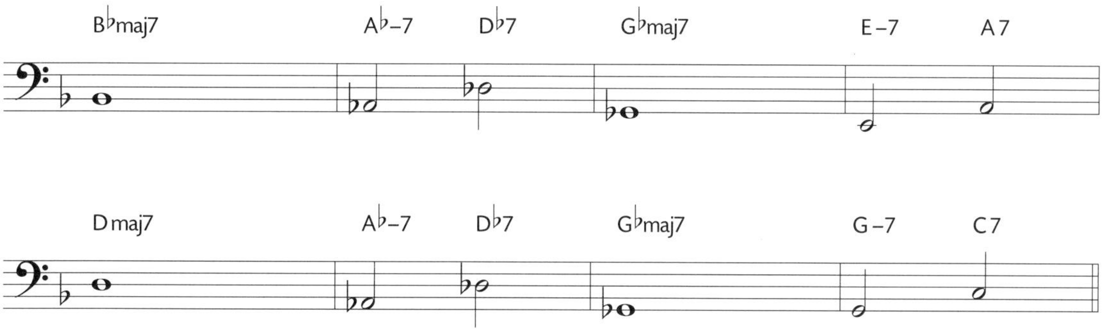

Die funktionale Anwendung symmetrischer Beziehungen geht bereits auf das 19. Jh. zurück, als die Dominant-Harmonik (mit ihrem Tonika-Dominant-Verhältnis) zunehmend durch die Mediant-Harmonik (Terz-Beziehungen) und andere symmetrische Beziehungen (Ganzton, Chromatik) erweitert wurde. Diese dürfen nicht mit einfachen Grundton-Fortschreitungen in Terzen und Sekunden verwechselt werden, die es schon lange zuvor gab. Es handelt sich hier um die Erweiterung des Tonraums durch symmetrische Aufteilung, welche schließlich in der zeitgenössischen Musik zur Auflösung des Tonzentrums führte. Komponisten wie Schubert und Wagner haben multitonikale Systeme, meist funktional, als harmonische Zielpunkte von Modulationen eingesetzt.

Es ist bekannt, dass John Coltrane die Musik des 19. Jh.s studierte und für seine Zwecke adaptierte. Er schrieb und reharmonisierte auch Stücke, die auf Standards basieren mit Multi-Tonic-Systems: So wurde aus „Tune Up" von Miles Davis die multitonikale Reharmonisation „Countdown" und aus „How High The Moon" das Stück „Satellite". Er hat auch Gershwins „But Not For Me" reharmonisiert.

Benachbarte Dominanten

Nicht-funktionale Akkord-Folgen können auch in funktionalen Stücken gefunden werden. Am häufigsten treten sogenannte *benachbarte Dominanten* (engl. contiguous dominants) auf. Das sind Dominanten, die *nebeneinander* stehen, aber *keine* funktionale Beziehung zueinander haben. In vielen Fällen lassen sie aber eine Auflösung in einen Akkord mit gleicher Funktion erwarten (z. B. die Dominanten der Tonika und ihrer Vertreter: V7/I, V7/III, V7/VI), wie in „Alone Together":

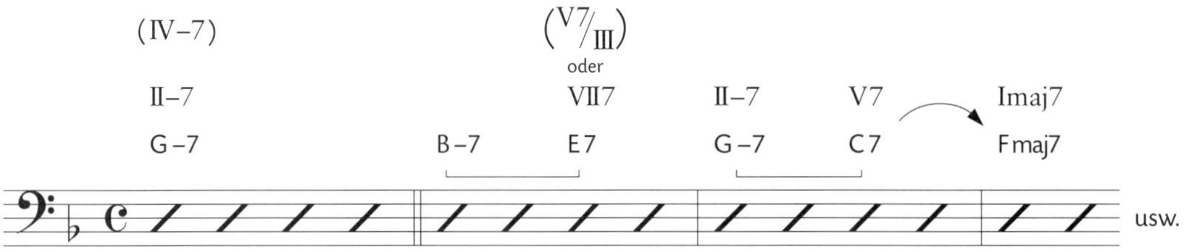

Zu dieser Akkordgruppe gehören auch Dominant-Akkorde, die eine Auflösung in denselben Akkord erwarten lassen (V7 und ♭VII7), wie in „The Dolphin":

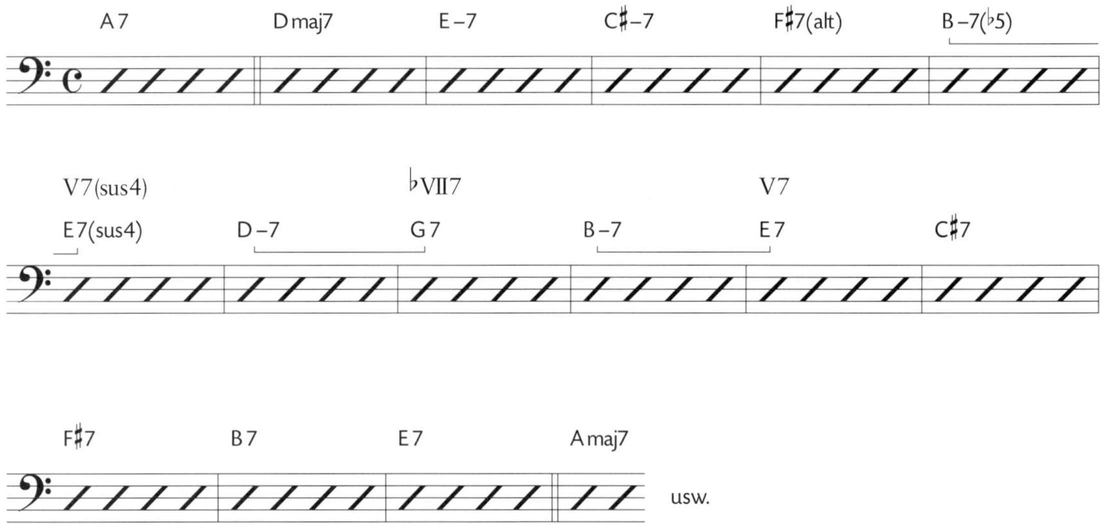

Wichtig: Benachbarte Dominanten schreiten nicht von Dominante zu Dominante, sondern zu einem *gleichen, gemeinsamen Ziel*. Obwohl benachbarte Dominanten aus der praktischen Anwendung funktionaler Harmonik hervorgegangen sind, werden sie meist nicht-funktional eingesetzt. Deshalb ist funktionale Analyse möglich, sie beschreibt aber weder den wirklichen Klang der Akkord-Fortschreitung noch die entsprechenden Akkord-Skalen (siehe Beispiel „I'm All Smiles").

Dominantische Auflösung geht normalerweise abwärts. Benachbarte Dominanten haben aber eine Grundton-Fortschreitung *aufwärts* (in Halbton-, Ganztonschritten, kleinen oder großen Terzen).

Die Grundton-Fortschreitung einen *Halbton aufwärts* ist möglicherweise aus einer Arrangiertechnik hervorgegangen, bei der die abschließende Kadenz zur Tonika erweitert wird, indem nach V7 die Substitutions-Dominante subV7/V kommt, die schließlich wieder nach V7 zurückzukehrt:

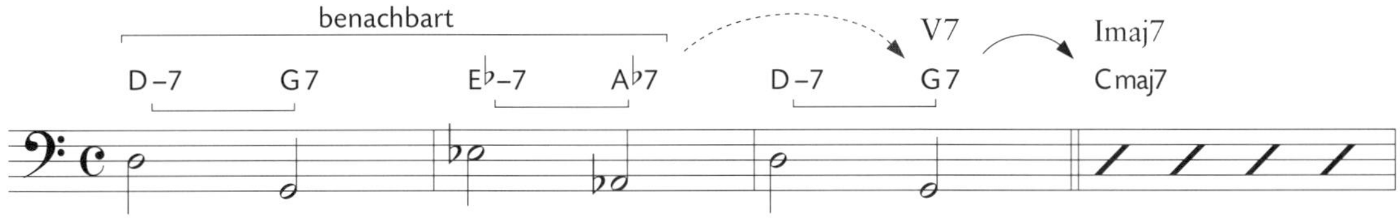

Typisch für benachbarte Dominanten ist, dass jede Auflösung möglich ist. Der subV7/V im vorangehenden Beispiel kann sich mit jeder Grundton-Fortschreitung in jeden Akkord auflösen. Deshalb kann sich subV7/V auch als V7/I auflösen wie in Coltranes „Moment's Notice":

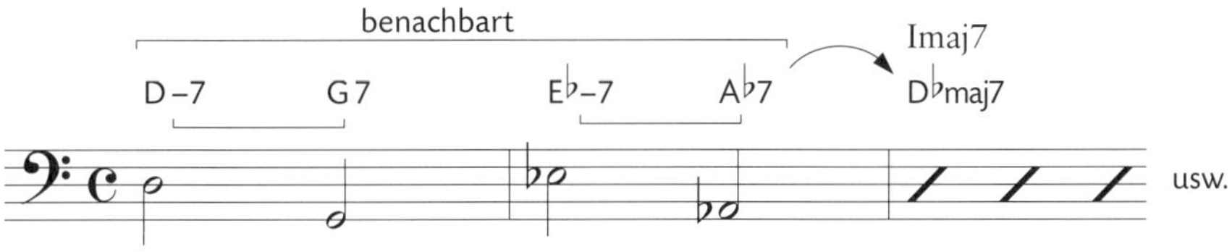

Die Grundton-Fortschreitung einen *Ganzton aufwärts* entspricht der trugschlüssigen Auflösung von V7/I nach III–7. Wenn diese Fortschreitung kontinuierlich aufsteigend erfolgt, ergeben sich benachbarte Dominanten, die eine Fortsetzung bis zu einer endgültigen Auflösung erwarten lassen, wie im Beispiel „I'm All Smiles":

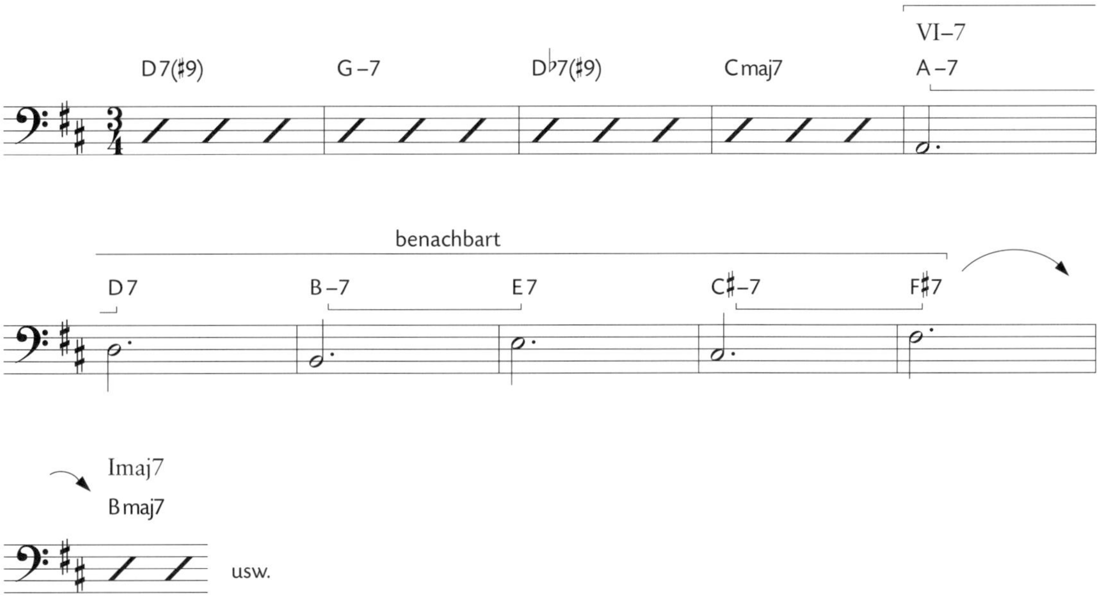

Die Grundton-Fortschreitung benachbarter Dominanten *aufwärts in kleinen Terzen* entspricht dem funktionalen V7 nach ♭VII7 (Dominant/Subdominant-Moll-Kadenz), wie in „The Dolphin" (siehe Beginn *Benachbarte Dominanten*). Benachbarte Dominanten können auch nur impliziert sein, wodurch *benachbarte II–7 Akkorde* entstehen, wie im letzten Teil von „The Shadow Of Your Smile":

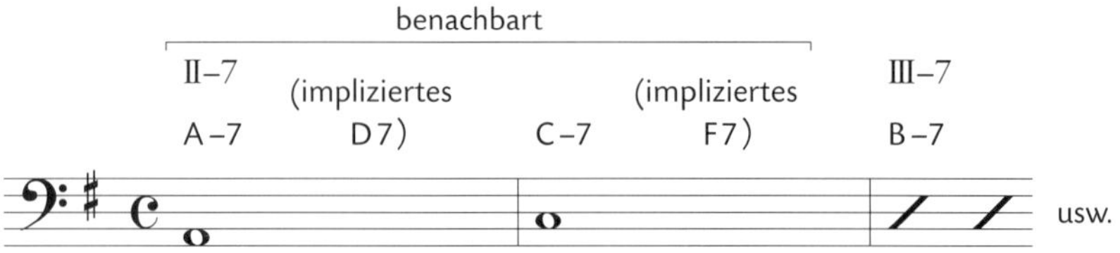

Grundton-Fortschreitung benachbarter Dominanten *aufwärts in großen Terzen* kann funktional auf V7/I nach V7 der Tonika-Vertretung III–7 zurückgeführt werden (siehe „Alone Together"). Sie entsteht auch, wenn sich V7 indirekt über die Reharmonisation von I°7 (=VII7) auflöst; V7/I nach VII wird manchmal für den Beginn von „Misty" benutzt:

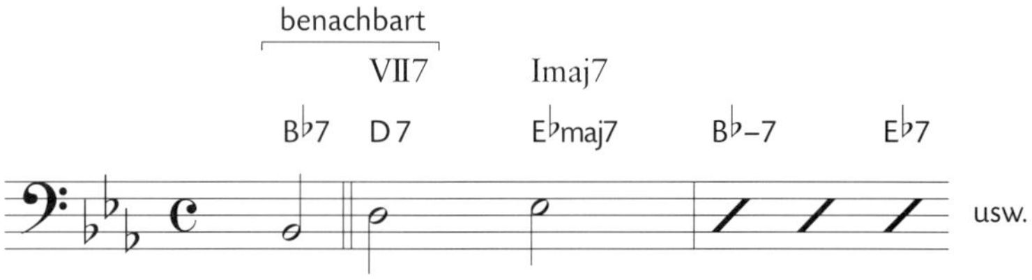

Die Akkord-Skalen für benachbarte Dominanten und ihre bezüglichen II–7 Akkorde sind (vor allem für Instrumentalisten) dorisch/mixolydisch. Da wir es mit Dominant-Akkorden zu tun haben, deren erwartete Auflösung keine reine Quint nach unten ist, sind auch andere Skalen möglich (vor allem, wenn der bezügliche II–7 nicht auftritt): lydisch♭7 bietet sich an. Wenn benachbarte Dominanten in einem kontinuierlichen Muster fortschreiten, besteht die Möglichkeit, die Akkord-Skala des ersten Akkords auch auf die darauf folgenden Dominanten anzuwenden. *Symmetrisch-dominant* eignet sich besonders gut für symmetrische nicht-funktionale Dominant-Akkorde.

Eine Progression benachbarter Dominanten kann auch eingeschobene funktionale Akkorde enthalten, was die Komplexität erhöht und deshalb sowohl geschriebene als auch graphische Analyse erfordert.

Constant Structures

Gleich bleibende Akkord-Strukturen

Gleich bleibende Akkord-Strukturen sind Akkorde *derselben Qualität,* deren Grundtöne in einem *gleich bleibenden* Muster (engl. „pattern") fortschreiten. Meistens sind es Terzen, aber auch andere Intervall-Fortschreitungen sind möglich. Die Akkordqualität ist beliebig, obwohl –7(♭5) Akkorde selten sind:

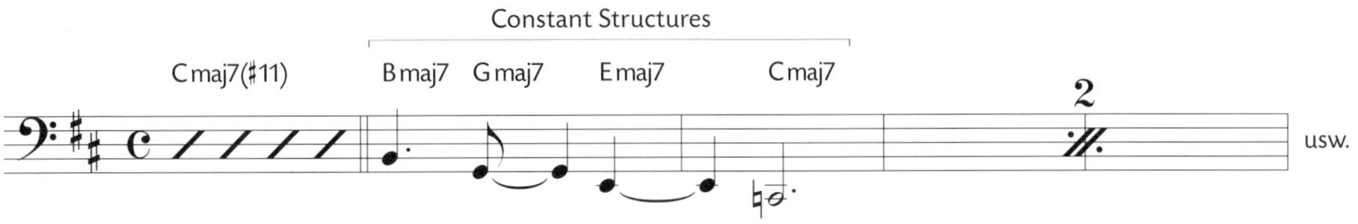

„Tell Me a Bedtime Story" von Herbie Hancock enthält eine interessante Constant-Structure-Progression. Die Grundton-Fortschreitung erfolgt konstant in Terzen (klein oder groß), und die Akkorde sind durchwegs maj7. Beachten Sie, dass die Grundtöne dieser Akkorde den Akkordtönen des Cmaj7 entsprechen. Diese Akkord-Folge klingt nicht funktional, doch wäre eine funktionale Interpretation in B Dur als Imaj7, ♭VImaj7, IVmaj7 und ♭IImaj7 möglich. Die Akkord-Skalen sollten konstant sein, was für den ersten Akkord ionisch ergäbe. Aber wie in anderen nicht-funktionalen Situationen liefert auch hier die funktionale Analyse nicht die beste Akkord-Skala. Da diese Akkord-Folge keine spezifische Tonika enthält, ist *lydisch* die beste Wahl.

Constant Structures können auf Grundton-Fortschreitung basieren (wie oben) oder konstant mit der Melodie (parallel) verbunden sein (wie die chromatischen Akkorde der ersten 4 Takte von „White Christmas"). Im folgenden Beispiel sind die Constant Structures des 2. und 6. Takts mit der Melodie verbunden:

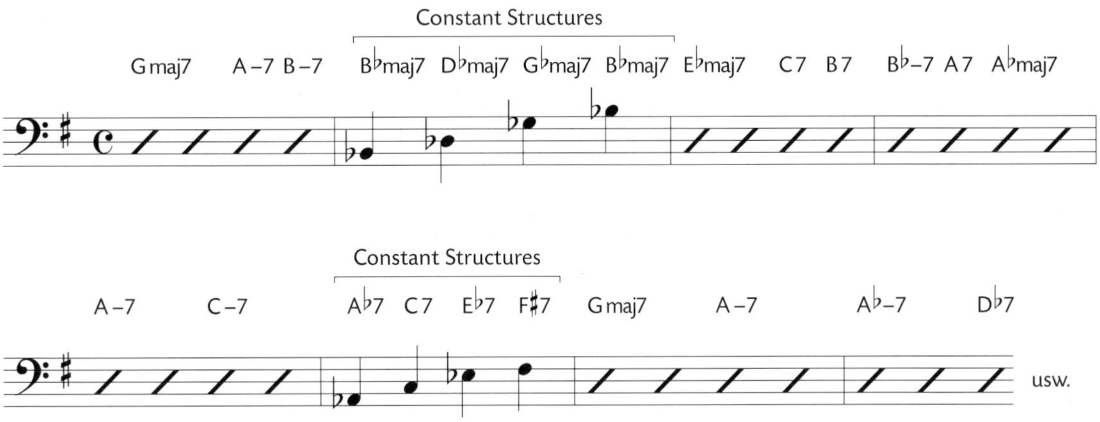

Zur Erinnerung: Wenn verminderte Sept-Akkorde nicht-funktional eingesetzt werden, ist die Akkord-Skala *symmetrisch-vermindert;* wie in „Little Niles":

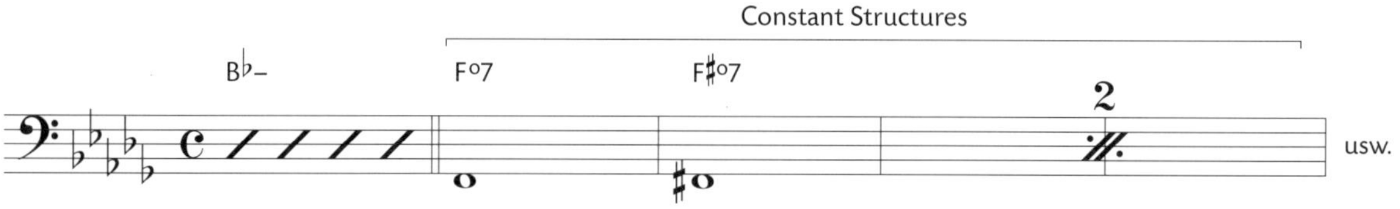

Akkord-Folge-Patterns

Ähnlich wie am Ende des Kontrapunkt-Studiums der freie Kontrapunkt steht, mündet das Ergebnis der Analyse harmonischer Progressionen in ein Konzept, bei dem jeder Akkord zu jedem Akkord schreiten kann. Dabei ist die entsprechende Kontrolle erforderlich. Akkord-Folgen, die ein nicht-funktionales Muster (engl. „pattern") harmonischer Aktivität aufweisen, werden durch Wiederholung oder Weiterentwicklung kontrolliert.

Ein Beispiel für ein *wiederholtes Akkord-Folge-Pattern* ist „Tones For Joan's Bones". Eine Abfolge von Akkorden wird etabliert und dann wiederholt. Typisch für diese Patterns ist, dass sie meist dreimal wiederholt und anschließend verändert werden, um die durch Wiederholung entstandene Spannung aufzulösen:

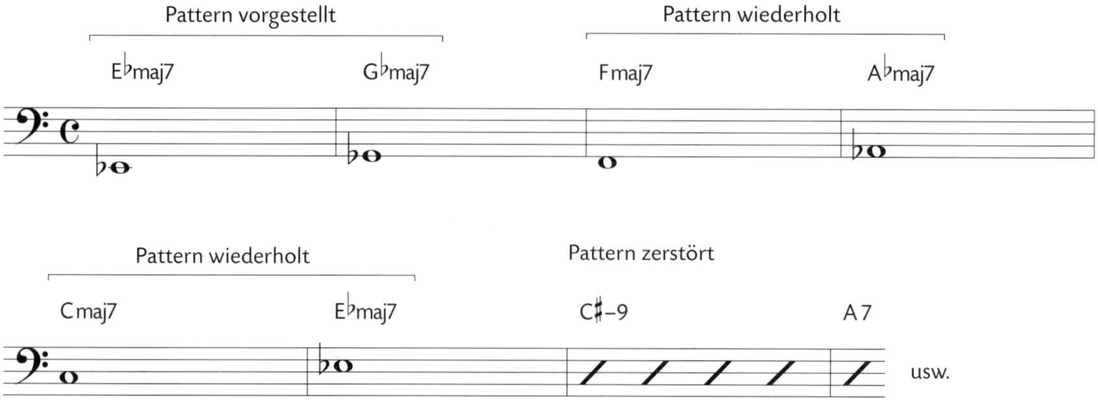

Das Pattern kann unter Umständen sehr kurz sein und sich sofort weiterentwickeln. „Time Remembered" basiert auf einem einleitenden –7, der sich einen Halbton nach oben zu maj7 bewegt. Die Weiterentwicklung besteht in der umgekehrten Abfolge dieses Musters:

STÜCKE ZUR ANALYSE VON NICHT-FUNKTIONALER HARMONIK

„Pensativa"

„Just the Way You Are"

„The Dolphin"

„Bloodcount"

„Moment's Notice"

„I'm All Smiles"

„The Shadow Of Your Smile"

„Wrong Together"

„Alone Together"

„Tell Me A Bedtime Story"

„Little Niles"

„Tones For Joan's Bones"

„Time Remembered"

„Jacob's Ladder"

13

Einführung ins Arrangieren

VOICINGS

Auch wenn die Themen Arrangement und Orchestrierung über den Bereich dieses Buches hinausgehen, ist ein Überblick über die Grundlagen der Harmonisierungstechniken sinnvoll für das Verständnis der Organisation harmonischer Strukturen. Es gibt drei grundlegende Methoden, Akkorde zu setzen (zu „voicen"), wobei jede von einem der folgenden Punkte abhängt:

- Melodische Funktion
- Grundton-Bewegung
- Instrumentenspezifische Einschränkungen

I. **Harmonisierungen, die von der Melodie ausgehen,** sind typisch für Jazz und verwandte Stilrichtungen. Die Melodie ist am wichtigsten, die darunter liegenden Harmonien unterstützen sie:

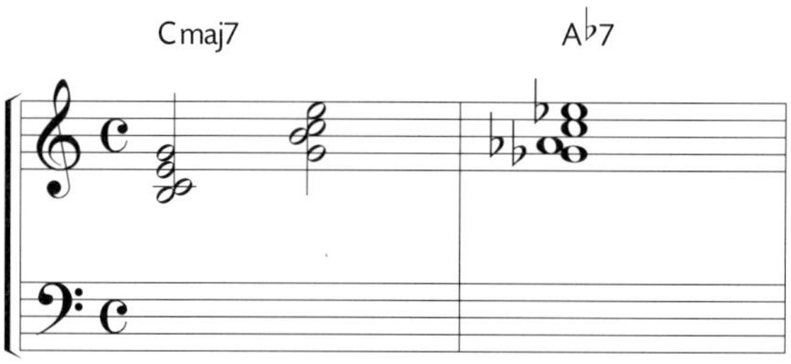

Diese von der Melodik ausgehende Harmonisierungstechnik heißt **„Four Way Close"** (4-stimmige Engführung) oder **Blockakkord-Harmonisierung.** Dabei repräsentiert jeder Melodieton eine Funktion der Akkord-Skala. Die übrigen Töne sind die noch fehlenden des Akkords. Die Melodie ist entweder

- Akkordton
- Akkord-Erweiterung (Tension)
- Avoid-Note oder
- chromatischer Nebenton (Durchgang, Wechselnote,...), der sich wieder in einen Akkordton oder eine Akkord-Erweiterung auflöst.

Jede dieser Möglichkeiten wird anders behandelt.

a) Wenn der Melodieton ein Akkordton ist, werden die übrigen Töne des Akkords in enger Lage zueinander hinzugefügt. Dadurch entsteht ein vollständiger Akkordklang, siehe obiges Beispiel.

b) Ist der Melodieton eine Akkord-Erweiterung (Tension), wird der nächstfolgende Akkordton unterhalb der Tension ausgelassen und mit den darauf folgenden Akkordtönen ergänzt, um wieder einen vollständigen Akkordklang zu erhalten:

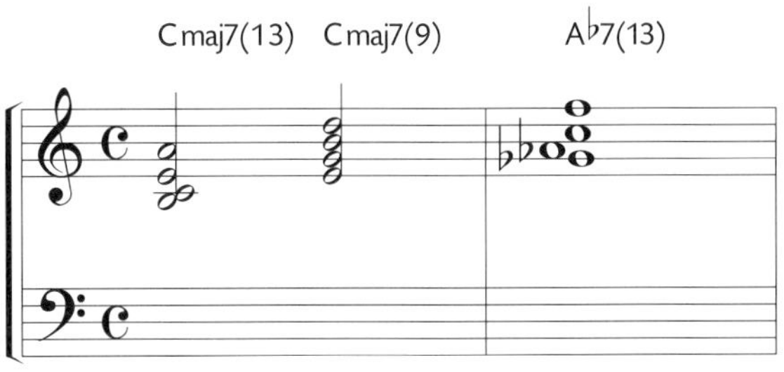

c) Wenn der Melodieton eine harmonische Avoid-Note ist, können die übrigen Töne des Akkordklangs ausgehalten werden, während die melodische Avoid-Note allein die Weiterführung vornimmt. Man spricht von **„Independent Lead“** (= unabhängige Oberstimme):

„Independent Lead“

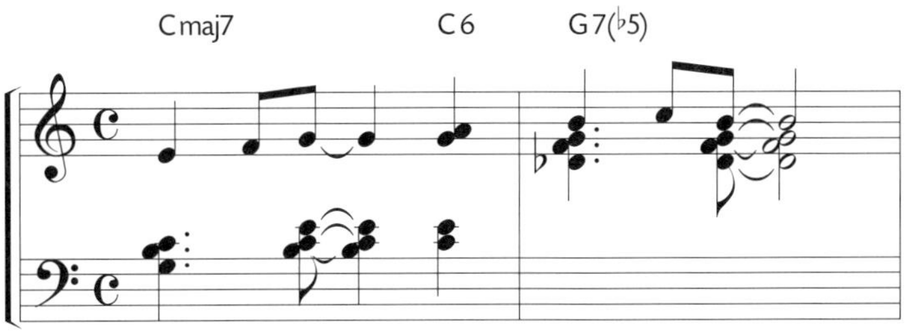

Die andere Möglichkeit besteht darin, die Avoid-Note mit Tönen auszuharmonisieren, die sich gemeinsam mit der Melodie in ein vorher bestimmtes Voicing, einen Zielakkord (aus Tönen der entsprechenden Akkord-Skala) auflösen. Hier spricht man von **„Approach Note“-Reharmonisation:**

Approach Note-Reharmonisation

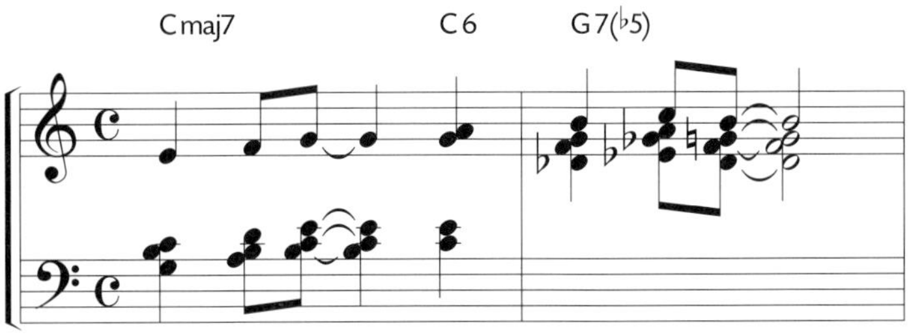

d) Die beiden vorher genannten Methoden sind auch anwendbar, wenn die Melodie eine chromatische Nebennote (Durchgang, Wechselnote,...) der Akkord-Skala ist. Es ist möglich, jeden Ton der Akkord-Skala als melodische „Approach Note" zu betrachten, wenn er sich in einen möglichen Akkordton oder in eine Tension auflöst. Im folgenden Beispiel sind alle besprochenen Harmonisierungsmethoden zu finden:

Weitere mechanische Harmonisierungsmethoden (mechanisch heißt, dass Einzelstimmen zugunsten der Blockakkorde unberücksichtigt bleiben), basierend auf „Four Way Close", sind:

- „Drop 2": „Four Way Close" mit der 2. Stimme (von oben) eine Oktave tiefer
- „Drop 3": „Four Way Close" mit der 3. Stimme eine Oktave tiefer
- „Drop 2 und 4": „Four Way Close" mit der 2. und 4. Stimme eine Oktave tiefer

Typisch für diese Methoden ist auch das Ersetzen des Grundtons durch Tension 9 (wenn möglich), durch die Quint, die oft als unwichtigster Ton des Sept-Akkords betrachtet wird, durch Tension 13 oder durch ♭13 (wenn möglich):

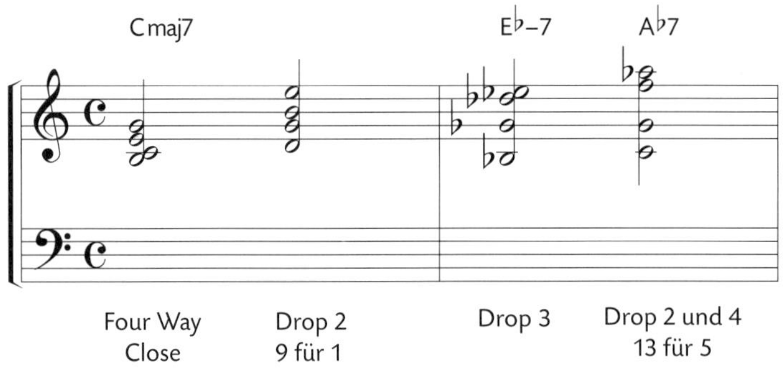

Einschränkungen durch die Instrumentierung bzw. den Tonumfang von Instrumenten beeinflussen die Verwendung der oben angeführten Harmonisierungen. Aufgrund der Wechselbeziehung zwischen diesen Faktoren und der Melodie kann es sich ergeben, dass die Melodie verdoppelt wird (normalerweise unter dem ausharmonisierten Akkordklang). George Shearing entwickelte daraus einen populären Jazzstil und vervierfachte sogar die Melodie mit Vibraphon und Gitarre.

Diese Harmonisierungsmethode erzeugt automatisch gleiche und parallele Bewegung; *parallele Quinten und Oktaven werden erwartet und sind daher nicht nur erlaubt, sondern notwendig.*

II. **Harmonisierungen mit Akkorden in Grundstellung,** auch **„Spreads"** genannt, sind häufig anzutreffen. Anders als Harmonisierungen, die von der Melodie ausgehen, sind diese Strukturen eher klassisch orientiert. Das folgende Beispiel zeigt eine einfache Harmonisierung einer kurzen Akkord-Folge:

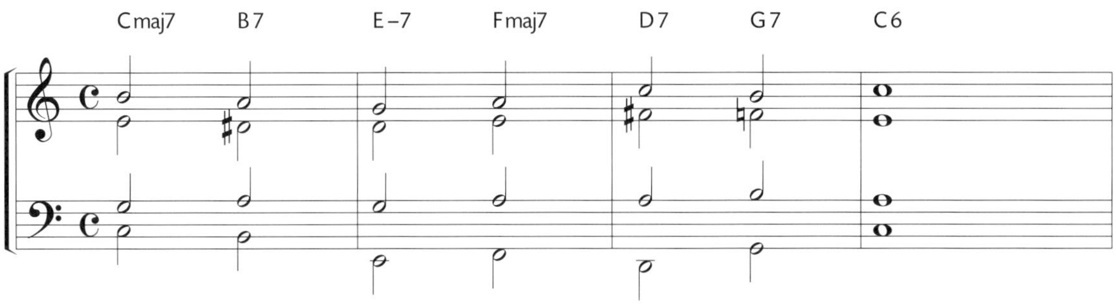

Das nächste Beispiel ist etwas komplizierter:

Da beide Beispiele von Voicings in Grundstellung ausgehen, lassen sich dazu einige generelle Aussagen treffen, die als Richtlinien aufgefasst werden können:

- Grundtöne und Quinten kommen in den *unteren* Stimmen vor (mitunter auch etwas darüber).
- Der Akkordklang (Terzen und Septen) entsteht im *mittleren* Bereich (oder etwas höher).
- Die Tensions liegen in den *oberen* Stimmen.
- Innerhalb eines Voicings sind die größeren Intervalle für den tieferen Bereich reserviert, die kleineren Intervalle für den höheren.
- Melodische Bewegung in irgendeiner Stimme erfordert klassische, kontrapunktische Behandlung.
- Approach-Noten und Avoid-Noten werden aufgelöst; Tensions können, müssen aber nicht aufgelöst werden.

All diese Überlegungen basieren auf der Naturtonreihe und dem menschlichen Grundbedürfnis nach Auflösung von Spannung.

Einige zusätzliche Betrachtungen zeigen, wie Spreads entstehen:

- Die Tritoni der Dominant-Akkorde werden nicht unbedingt so wie in der klassischen Harmonik aufgelöst.
- Parallele Bewegung ist typisch und wird nicht vermieden.
- Die Quint des Akkords kann ausgelassen werden.
- Jeder Ton kann verdoppelt werden.
- Die Dichte einer Harmonisierung (Textur) kann von klanglich dünn bis klanglich dick ausfallen.

Grundständige Akkord-Strukturen unterstützen darüber liegende Harmonien in enger Lage, da diese Verbindung den Intervallen der Obertonreihe entspricht. Henry Mancini setzte diese Art von Harmonisierung häufig für seinen Blechbläsersatz für 4 Hörner und 4 Posaunen ein. Hören Sie seine Komposition „Dreamsville".

Grundsätzlich hat sich diese Art der Stimmführung aus der klassischen Musik entwickelt, insbesondere aus der Musik des 19. Jh.s. Wir sind komplexere Klänge gewohnt als unsere Vorfahren, Klänge mit einer Vielzahl von Akkord-Strukturen, nicht nur terzgeschichtete 3- und 4-stimmige Akkorde. Harmonische Strukturen zeitgenössischer Musik (E-Musik, moderner Jazz) enthalten mitunter alle 12 Töne der chromatischen Skala.

III. Die **Instrumentierung** beeinflusst die Harmonisierung von Akkorden. Für einen Gitarristen ist das Spielen der vorangegangenen Beispiele schwierig; eine Hand für sechs, hauptsächlich in Quarten gestimmte Saiten. Ein Pianist kann zehn Töne gleichzeitig spielen (mitunter ein paar mehr), aber ihm ist durch die Spannweite zwischen Daumen und kleinem Finger eine Grenze gesetzt. Das letzte Beispiel ist für ein professionelles Ensemble von 6 Posaunen oder 6 Saxophonen spielbar, aber nicht für 6 Trompeten.

Eine Untersuchung von Instrumentierung und Orchestrierung würde den Rahmen dieses Buches sprengen, aber es ist offensichtlich, dass verschiedene Instrumentierungen verschiedene Harmonisierungen verlangen. Für die Beispiele in diesem Buch ist keine bestimmte Instrumentierung vorgesehen oder beabsichtigt.

Anhang

Dieser Anhang soll dazu dienen, Begriffe zu erklären, die in der Fachsprache des Jazz-Musikers und daher auch in der (vor allem englischsprachigen) Fachliteratur vorkommen. Oft fehlen jedoch Erklärungen, und weil die Begriffe auch in der Sekundärliteratur nicht immer zu finden sind, werden die wichtigsten kurz beschrieben und erklärt. Da viele Ausdrücke aus dem amerikanischen Sprachraum stammen und es mitunter kein deutschsprachiges Äquivalent gibt, kommen in der Praxis oft englische Originalbegriffe zur Anwendung.

2/2, Alla breve-Takt = *Cut Time*

4/4 Takt = *Common Time*

Accidental (= Vorzeichen): ♯ = sharp (Kreuz), ♭ = flat (B)

Akkord-Erweiterungen: Siehe *Tensions, Extensions.*

Akkord-Skalen: Siehe *Chord Scales.*

Akkord-Skalen-Theorie: Siehe *Chord Scale Theory.*

Akkord-Wechsel, Akkord-Folge: Siehe *Chord Changes.*

Altered Scale (=Alterierte Skala): Eine besondere Form der mixolydischen Skala, bei der alle Tensions alteriert sind; entspricht der Skala beginnend mit der VII. Stufe von melodisch Moll.

Alterierte Skala: Siehe *Altered Scale.*

Approach Note-Reharmonisation: Harmonisierungstechnik, bei der ein Melodieton mit Tönen ausharmonisiert wird, die sich in ein vorher bestimmtes Voicing, einen Ziel-Akkord (basierend auf der entsprechenden Akkord-Skala) auflösen.

Avoid-Noten: Siehe *Avoid Notes.*

Avoid Notes (=Avoid-Noten; kein deutsches Äquivalent vorhanden, heißt: „zu vermeidende Noten", „vermiedene Töne"): Avoid-Noten sind Töne, deren Verwendung in Akkorden (harmonisch) vermieden wird, da sie stark dissonant klingen (es entstehen dabei kleine Sekunden bzw. kleine Nonen). Sie können aber melodisch eingesetzt werden (Vorsicht: lange Töne auf Schwerzeit können wie Akkordtöne wirken).

Z.B.: Im Dur-Akkord der Tonika ist die reine Quart Avoid-Note, welche in tonaler Harmonielehre nicht gleichzeitig mit der Terz auftreten kann, da Vorhalt und Auflösung gleichzeitig erklingen würden. Die Melodie hingegen darf die Quart als nicht-harmonischen Ton (Durchgang, Vorhalt, etc.) enthalten.

Ballade: Langsames Stück

Bar = Takt

Beat: Hauptzählzeit, Grundschlag, Puls

Bedingte Avoid-Noten: Siehe *Conditional Avoid Notes.*

Bezüglicher II–7: Siehe *Related II–7.*

Blue Notes: Ursprünglich nur die kleine Terz und die kleine Sept, die melodisch in einem durtonalen harmonischen Kontext auftreten: Blues. Im moderneren Blues ist auch die ♭5 = ♯4 mit eingeschlossen.

Bones: Spitzname für Posaunen (engl. trombones).

Borrowed Chords (= Ausgeborgte Akkorde): Akkorde, die einer anderen Tonalität oder Modalität entliehen sind.

Brass, Brass section = Blechbläser

Break (= Unterbrechung, Pause, tacet): Das generelle Aussetzen der Rhythmusgruppe, meist durch eine solistische Einlage (Kadenz) überbrückt (siehe *Solo Break*).

Bridge (= Überleitung): B-Teil bzw. Mittelteil eines Stücks.

Changes: Siehe *Chord Changes.*

Chart: Notiertes Arrangement

Chord Changes (= Akkord-Wechsel, Akkord-Folge): Die Akkorde eines Stücks.

Chord Progression = Akkord-Folge, Akkord-Progression

Chord Scale Theory (= Akkord-Skalen-Theorie): Die Beziehung von Skalen zu bestimmten Akkorden und umgekehrt. Skalen werden von erweiterten Akkord-Strukturen (meist 7-stimmig) abgeleitet, indem Töne, die über den Oktavraum hinausgehen, um eine Oktave nach unten versetzt werden. Die Funktion des Akkords bestimmt die Erweiterungen bzw. die dazugehörige Skala.

Chord Scales (= Akkord-Skalen): Akkord-Skalen weisen drei grundlegende Qualitäten auf:

1) **Akkordtöne:** Die Akkordtöne sind die konsonanten Töne einer Skala und klingen daher stabil. Im Jazz gelten Vierklänge als Grundakkorde (Grundton=1, Terz=3, Quint=5, Sept=7), während in der Klassik von Dreiklängen ausgegangen wird.

2) **Akkord-Erweiterungen** (=*Tensions,* Spannungstöne, Ergänzungstöne, Optionen): Diese werden dem Akkord durch weitere Terzschichtung hinzugefügt (9, 11, 13), um spezielle Farben und Spannungen (=*Tensions*) zu erzeugen.

3) **Avoid-Noten:** Diese Töne klingen im Akkord sehr dissonant und werden deshalb harmonisch vermieden.

Chorus: Die Form eines Stücks, bzw. der Teil, über den improvisiert wird.

Cluster: Ein Akkord, der aus mindestens drei nebeneinander liegenden Sekunden besteht (Tontrauben, Sekunden-Harmonik). Der Begriff „cluster" wurde von dem amerikanischen Komponisten Henry Cowell geprägt.

Common Chord: Siehe *Pivot Chord.*

Common Time = 4/4 Takt

Comping (= Begleitung): Die interaktive (und dadurch auch oft improvisierte) harmonische Begleitung für einen Solisten.

Compound Intervals (= Zusammengesetzte Intervalle): Intervalle, die über eine Oktave hinaus gehen.

Conditional Avoid Notes (= Bedingte Avoid-Noten): Bei mixolydisch ♭13 Akkord-Skalen sind die Quint und die ♭13 bedingte Avoid-Noten. Das heißt, im Akkord kann entweder Quint oder ♭13 verwendet werden, jedoch nicht beide gleichzeitig, um den eindeutigen Charakter des Akkords aufrechtzuerhalten. Sie werden in Klammer geschrieben. Sind melodisch immer verfügbar (siehe *Sekundär-Dominanten*).

Constant Structures (= Gleichbleibende Akkord-Strukturen): Akkorde derselben Qualität, deren Grundtöne in einem gleichbleibenden Muster fortschreiten. Sie sind funktionsfrei und werden klanglich, d.h. als Klangfarben, eingesetzt.

Contiguous Dominants (= Benachbarte Dominanten): Dominant-Akkorde (mit oder ohne ihre bezüglichen II–7 Akkorde), die hintereinander auftreten, ohne einen funktionalen Bezug zueinander zu haben.

Cue (= Zeichen): Meist Handzeichen zur Ankündigung des nächsten Teils.

Cut Time = 2/2, Alla breve -Takt

Deceptive Resolution = Trugschluss

Digital Patterns: Gruppen von 4 (manchmal 8) Achtel- oder Sechzehntelnoten, die mit den entsprechenden Akkord-Skalen meist schnell fortschreitende Akkord-Folgen implizieren. Sie werden oft mechanisch nacheinander platziert.

Dorian Avoid Note (= Dorische Avoid-Note): Obwohl die Sext (=13) der dorischen Skala definitionsgemäß eine Tension ist, wird sie in gewissen Situationen wie eine Avoid-Note behandelt. Da sie im Zusammenklang mit der Terz einen Tritonus erzeugt, der den Dominant-Charakter der V. Stufe vorwegnimmt, wird sie in einer II V Verbindung vermieden.

Dorische Avoid-Note: Siehe *Dorian Avoid Note.*

Double Bass = Kontrabass

Double-Time (= Doppeltes Tempo): Reale Verdoppelung des Tempos bzw. der metrischen Impulse. Jeder Akkord dauert nur mehr halb so lang. Vergleiche: Double-Time Feel.

Double-Time Feel: Scheinbar doppeltes Tempo, doch der ursprüngliche *harmonische Rhythmus* bleibt gleich. Obwohl (scheinbar) doppelt so schnell gespielt wird, dauert jeder Takt gleich lang wie zuvor. Vergleiche: *Double Time.*

Downbeat: Der erste Schlag im Takt (Schwerzeit).

Drop 2, Drop 3, Drop 2 und 4: Eine Harmonisierungstechnik basierend auf „Four Way Close", bei der die zweite, die dritte, bzw. die zweite und vierte Stimme eine Oktave nach unten gesetzt wird.

Einleitung = *Intro, Introduction*

Extended Dominants: Alter Ausdruck für Sequenz-Dominanten, der aufgrund seiner Zweideutigkeit (= erweiterte Dominante) vermieden wird.

Extro: Die Einleitung wird als Schluss eines Stücks verwendet.

Fill in, Fill: Rhythmisches oder melodisches „Auffüllen" eines Übergangs oder einer Pause.

Fours: Siehe *Trade.*

Four Way Close: Eine Harmonisierungstechnik, bei der die Melodie zu vierstimmigen Akkorden in enger Lage erweitert wird. Findet vor allem bei aktiven, schnellen Melodieverläufen Verwendung.

Functional Harmony (= Funktionale Harmonik, auch: Funktionelle Harmonik): Die funktionale Harmonik versucht, jedem Akkord eine Funktion zuzuordnen. Es gibt drei Funktionskategorien: Tonika-Klang, Subdominant-Klang, Dominant-Klang.

Funktionale Harmonik: Siehe *Functional Harmony.*

Gleichnamige Tonart: Siehe *Parallel Key.*

Groove: Die Verschmelzung von Rhythmus und Time löst im optimalen Fall eine Empfindung aus, die als Groove bezeichnet wird.

Guide Tones; Guide Tone Line (= Stimmführungstöne; Stimmführungslinie): Die Terz und die Sept sind die wichtigsten Töne eines Akkords, da sie seine Grundqualität definieren. Man nennt sie „Guide Tones". Die Quint wird nur dann als Stimmführungston verwendet, wenn sie alteriert ist. Eine Folge dieser Töne, die eine Akkord-Folge repräsentieren, nennt man „Guide Tone Line". Bei quintverbundenen Akkorden (= Quintfall-Sequenz) kann man feststellen, dass die Sept in die Terz und die Terz in die Sept geht.

Half-Time (halbes Tempo): Reale Halbierung des Tempos bzw. der metrischen Impulse. Jeder Takt, und somit jeder Akkord, dauert doppelt so lang. Vergleiche: *Half-Time Feel.*

Half-Time Feel: Scheinbar halbes Tempo, doch der ursprüngliche *harmonische Rhythmus* bleibt gleich. Obwohl (scheinbar) um die Hälfte langsamer gespielt wird, dauert jeder Takt gleich lang wie zuvor. Vergleiche: *Half-Time.*

Harmonic Rhythm (= Harmonischer Rhythmus): Ein Akkord-Schema erzeugt durch harmonische Spannung und Entspannung eine rhythmische Bewegung, welche als harmonischer Rhythmus bezeichnet wird. Diese wird durch die Häufigkeit der Akkordwechsel und deren Platzierung bestimmt. Es entsteht ein übergeordneter harmonischer Puls.

Harmonischer Rhythmus: Siehe *Harmonic Rhythm.*

Head: Der auskomponierte Teil eines Stücks (Melodie und Akkorde).

Head Arrangement: Nicht notiertes, auswendig gespieltes Arrangement.

Horn: Umgangssprachlicher Sammelbegriff für Blasinstrumente.

Hybrids (= Hybride Strukturen): Siehe *Slash Chords.*

Hybride Strukturen = *Hybrids*

Independent Lead (= vom Akkord unabhängige Oberstimme): Harmonisierungstechnik. Wenn ein Melodieton eine Avoid-Note oder eine nicht zur Akkord-Skala gehörende Nebennote ist, kann der übrige Akkordklang ausgehalten werden, während die Melodienote alleine die Weiterführung vornimmt.

Interchange Chords: Akkorde, die an die Stelle anderer treten können (vgl. *Borrowed Chords).*

Interlude (= Zwischenspiel): Instrumentalteil zwischen zwei Chorussen oder zwischen Chorus und einem neuen Teil, oft ähnlich der Einleitung.

Intro, Introduction = Einleitung

Inversion (= Umkehrung): Siehe *Slash Chords.*

Key = Tonart

Kirchentonarten = *Modes*

Klischee-Linie: Siehe *Line Cliché.*

Kontrabass = *Double Bass*

Krebs: Siehe *Retrograde.*

Lead sheet: Ein gedrucktes oder handgeschriebenes Notenblatt mit der Melodie und den Akkorden (über der Melodie) eines Stücks. Nur das Notwendigste ist notiert.

Line Cliché (= Klischee-Linie): Einzelstimme, die sich innerhalb eines Akkords meist chromatisch aufwärts oder abwärts bewegt. Dadurch wird das Gefühl einer harmonischen Bewegung eines sonst statischen Akkords erzeugt. Sie kann in der Oberstimme, einer Mittelstimme oder auch im Bass liegen. Im Bass muss vom Grundton ausgegangen werden. Bewegt sich meist vom Grundton zur Quint abwärts oder von der Quint zum Grundton aufwärts. Findet vor allem bei Moll-Stücken bzw. Moll-Akkorden Anwendung, da sich mit den Variablen der Moll-Tonleiter eine chromatische Klischee-Linie von der Quint zum Grundton und umgekehrt bilden lässt: 8, maj7, ♭7, 6, ♭6, 5 oder 5, ♯5, 6, ♯6, maj7, 8.

Low Interval Limits (= Untere Intervall-Grenzen): Bestimmte Intervalle beginnen unterhalb eines gewissen Ton-Bereichs mulmig und undifferenzierbar zu klingen.

Meter = Metrum

Metrum = *Meter*

Middle C = Eingestrichenes C = c′

Modal Harmony (= Modale Harmonik, Modalität): Im Gegensatz zur *funktionalen Harmonik,* die primär von der Dur-Tonleiter ausgeht, verwendet die modale Harmonik Kirchentonarten, sog. Modi als musikalische Basis. Modale Stücke kommen meist mit wenigen Akkorden aus. Es gibt vier Kategorien von modalen Stücken:

unimodal-unitonal:	Ein Modus und ein Bezugston.
unimodal-polytonal:	Ein Modus mit verschiedenen Bezugstönen.
polymodal-unitonal:	Mehrere Modi, doch derselbe Bezugston.
polymodal-polytonal:	Mehere Modi, mehrere Bezugstöne.

Modale Harmonik: Siehe *Modal Harmony.*

Modal Interchange (= Modaler Austausch): In einem durtonalen Stück werden oft Akkorde der gleichnamigen Moll-Tonalität ausgeborgt *(=borrowed chords).* Eine vorherrschende Modalität wird durch Töne bzw. Akkorde einer anderen Modalität klanglich erweitert. „Modal Interchange" darf nicht mit Modulation verwechselt werden, auch wenn es ein Mittel dazu sein kann.

Modal Scales = Modale Skalen

Modaler Austausch: Siehe *Modal Interchange.*

Modes = Kirchentonarten

Multitonic System (= System mit mehreren Tonzentren; multitonikales System): Stücke mit mehr als einer Tonika; alle Tonzentren sind gleichberechtigt und in einer kontinuierlichen Symmetrie angeordnet. „Giant Steps" basiert auf dem „Three Tonic System", bei dem jede Tonika eine große Terz von der nächsten entfernt ist.

Nicht-funktionale Harmonik: Nicht die Beziehung zwischen den Akkorden, wie im Falle funktionaler Progressionen, ist das kontrollierende Moment, sondern die Melodie und die Beziehung zwischen Tonarten.

N.C. (No Chord) (= Kein Akkord): Kommt in notierten Arrangements vor und heißt, dass an dieser Stelle kein Akkord gespielt wird.

Octatonic Scale: Aus acht Tönen bestehende Skala.

Off-Beats: Töne und Akzente, die nicht auf die Hauptzählzeiten (Beat) fallen.

On Cue (= auf Zeichen): Z.B: Auf Handzeichen kommt der nächste Teil.

Outside Playing: Außerhalb einer vorgegebenen Harmonik Töne spielen, die nicht der entsprechenden Akkord-Skala angehören.

Pandiatonik: Die Verwendung diatonischer Strukturen, die den charakteristischen Klang einer Tonart/eines Modus produzieren, ohne einen einzelnen Ton als Tonika zu betonen.

Parallel Key (= Gleichnamige Tonart): Im Unterschied zur europäischen Bezeichnung Paralleltonart ist im englischen Sprachraum die Tonart gemeint, die mit demselben Ton beginnt, z.B. C Dur, C Moll.

Paralleltonart = *Relative Key*

Pattern: Ein rhythmisches, harmonisches oder melodisches Muster, das sich wiederholt.

Pentatonic Scale (= Pentatonik Skala): Eine Fünf-Tonskala ohne Halbtonschritte.

Pivot Chord, Common Chord: Ein Akkord, der umgedeutet werden kann, da er auch einer anderen Tonart oder Tonalität angehört. Verwendung für Modulationen.

Poly-Akkorde, polytonale Akkorde: Siehe *Polychords.*

Polychords (= Poly-Akkorde oder polytonale Akkorde): Werden auch als bitonale oder polytonale Klänge bezeichnet. Ein Akkord wird über einen anderen gelegt. Dadurch lassen sich komplexe Akkord-Strukturen einfach darstellen:

$$\frac{D\flat}{G7}$$ (sprich: der Dreiklang D♭ über G7)

Poly-Modalität: Siehe *Modal Harmony.*

Primär-Dominante: Siehe *Primary Dominant.*

Primary Dominant (= Primär-Dominante): Die eigentliche, der Tonika vorangestellte Dominante: V7/I.

Quartal, Quintal Harmony (= Quarten-, Quinten-Harmonik): Akkorde sind auf Quarten (meist rein, manchmal übermäßig) bzw. Quinten aufgebaut. Sie können als Substitut für terzgeschichtete Akkorde dienen, haben aber starken, mehrdeutigen Charakter. Es gibt keine spezielle, einheitliche Schreibweise für Quarten- und Quinten-Akkorde.

Quarten-, Quinten-Harmonik: Siehe *Quartal, Quintal Harmony.*

Reeds, Reeds section = Holzbläser

Related II–7 (= Bezüglicher II–7, auch: in Bezug stehender II–7): Nicht nur der Primär-Dominante V7 darf die diatonische Subdominante II–7 vorangestellt werden, sondern jeder Dominante kann ihr bezüglicher II–7 Akkord vorangehen. Diese Beziehung bezeichnet man im amerikanischen Sprachraum als „related" (=verwandt, in Beziehung stehend, bezüglich). In der Analyse wird sie mit einer Klammer unterhalb beider Akkorde dargestellt.

Relative Key = Paralleltonart

Retrograde (= Krebs): Eine Melodie wird von hinten nach vorne gespielt.

Rhythm Changes: Eine Akkord-Folge, basierend auf dem Stück „I Got Rhythm" von George Gershwin. Die Form AABA besteht aus 32 Takten. Hat im Bebop große Verbreitung gefunden.

Rhythm section = Rhythmusgruppe

Riff: Der Riff ist ein kurzes, sich wiederholendes Motiv, welches entweder strikt wiederholt oder an die Akkord-Folge angepasst wird.

Root Position Voicings: Siehe *Spreads.*

Secondary Dominants (= Sekundär-Dominanten, auch: Zwischendominanten): Jedem diatonischen Akkord kann seine Dominante vorangestellt werden. Während es in einer Tonart nur eine *Primär-Dominante* gibt (V7/I), existieren fünf Sekundär-Dominanten: V7/II, V7/III, V7/I, V7/V, V7/VI

Es gibt keine Sekundär-Dominante zur VII. Stufe, da ihr Grundton nicht diatonisch ist und ein VII–7(♭5) kein eigenständiger, weil instabiler Akkord ist. Sekundär-Dominanten benutzen diatonische Akkord-Skalen mit den notwendigen Alterationen für die Akkordtöne.

Secundal Harmony (= Sekunden-Harmonik): Siehe *Cluster.*

Sekundär-Dominanten: Siehe *Secondary Dominants.*

Sequential Dominants (=Sequenz-Dominanten, auch: „Extended Dominants", Dominant-Kette): Nicht-diatonische Dominanten, die sich in weitere Dominanten oder in deren bezüglichen II–7 Akkord auflösen. Sie haben zwar keinen direkten diatonischen Bezug, zielen aber auf einen diatonischen Auflösungsakkord hin.

Sequential Substitute Dominants (=Sequenz-Substitutions-Dominanten): *Sequenz-Dominanten* mit Einbindung ihrer Substitutionen.

Sequenz-Dominanten: Siehe *Sequential Dominants.*

Sequenz-Substitutions-Dominanten: Siehe *Sequential Substitute Dominants.*

Side Slipping: Das chromatische Verschieben eines Akkords oder einer Melodie einen Halbton nach unten oder oben (Siehe *Outside Playing*).

Slash Chords (= Slash-Akkorde, Schrägstrich-Akkorde): Dreiklänge über einer Bassnote werden aufgrund ihrer Schreibweise „Slash-Akkorde" genannt und folgendermaßen notiert: zuerst der Dreiklang (Dur, Moll, verm., überm.), manchmal Sept-Akkord, dann ein Schrägstrich (slash) gefolgt vom Basston, z.B.: G/C.

Es gibt zwei Gruppen von Slash-Akkorden:

1) Umkehrungen („Inversions")

2) Hybride Strukturen (= „Hybrids") können manchmal als unvollständige 9, 11, 13 Akkorde betrachtet werden.

Das Beispiel G/C ist eine solche Struktur, Cmaj9 ohne Terz. Der G Dur-Akkord repräsentiert die „Upper Structure" (siehe *Upper Structure Triads*) von C. Meist sind Hybrids jedoch komplexer, wie E/F.

Solo Break: Der Solist leitet sein Solo ein, indem er in das *Break* (meist am Ende eines Chorus) bereits hinein spielt und dadurch in den neuen Chorus überleitet.

Spreads, Spread Voicings (= Voicings in Grundstellung): Werden für Hintergrund-Akkorde und zur Harmonisierung perkussiver oder nicht besonders aktiver Melodien verwendet. Zeichnen sich durch weite Intervalle und vollen Klang aus.

Standards: Stücke, die vom Jazz aus der amerikanischen Unterhaltungsmusik (Broadway Shows, Musicals, Filmmusik, ...) übernommen wurden.

Stoptime: Die Rhythmus-Gruppe reduziert ihr normales Spiel auf das gemeinsame Artikulieren einzelner Schläge. Kommt fast nur notiert im Rahmen eines Arrangements vor.

Subdominant Minor Chords (= Subdominant-Moll-Akkorde): Akkorde, die sich von der IV. Stufe in Moll ableiten lassen: IV–7, IV–6, IV-(maj7); II–7(♭5); ♭VII7; ♭VImaj7, ♭VI6, ♭VI7; ♭IImaj7. Siehe auch *Modal Interchange.*

Subdominant-Moll-Akkorde: Siehe Subdominant *Minor Chords.*

Substitute Dominant (= Substitutions-Dominante (subV7), Tritonus-Substitution): Zu jedem Dominant-Sept-Akkord gibt es eine funktionsgleiche Substitution, deren Grundton einen Tritonus vom anderen entfernt ist *(Tritonus-Substitution).*

Jeder Dominant-Sept-Akkord enthält den charakteristischen Tritonus, der durch große Terz und kleine Sept entsteht. Bei Umkehrung der Terz-Sept-Beziehung (aus Terz wird Sept und umgekehrt) entsteht ein neuer Dominant-Sept-Akkord, der denselben Tritonus enthält wie der ursprüngliche (enharmonisch verwechselt). Dieser hat auch gleiche Funktion und kann daher, wenn die Melodie es erlaubt, als Alternative eingesetzt werden.

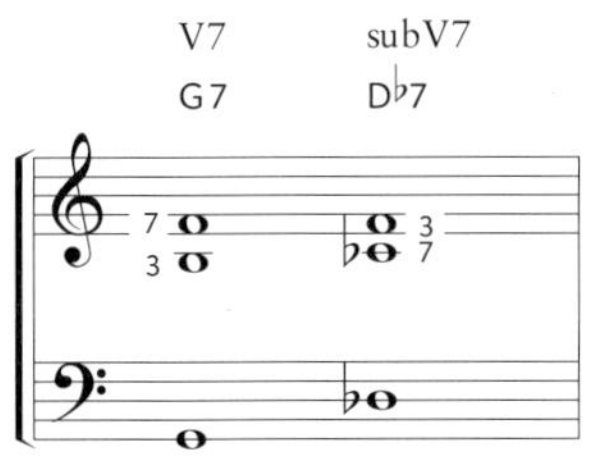

Die Substitutions-Dominante findet in der klassischen Musik ihr Äquivalent im übermäßigen Quint-Sext-Akkord.

Substitutions-Dominanten (subV7): Siehe *Substitute Dominant.*

Superimposition: Eine musikalische Struktur – ein Akkord, eine Melodie, ein Rhythmus – wird über eine bereits bestehende andere gelegt.

Synthetic Scales (= Synthetische Skalen): Bezeichnung für all jene Skalen, die nicht historisch gewachsen sind, sondern speziell für eine Komposition geschaffen werden.

Synthetische Skalen: Siehe *Synthetic Scales.*

Tag (=Anhängsel): Ein kurzer Teil, eine kurze Phrase, die am Ende eines Stücks angehängt und meist mehrmals wiederholt wird.

Takt = *Bar*

Tensions, Extensions (= Akkord-Erweiterungen, auch: Ergänzungstöne, Spannungstöne, Optionen, Farbtöne): Töne, die dem Grundakkord (=Vierklang, 1, 3, 5, 7) durch weitere Terzschichtung hinzugefügt werden (9, 11, 13), um spezielle Farben und Spannungen (=Tensions) zu erzeugen. Sie dienen gleichzeitig auch als wesentliche und interessante Melodietöne.

Die möglichen Tensions heißen: 9, ♭9, ♯9, 11, ♯11, 13, ♭13.

Die alterierte Quint (♭5, ♯5) wird oft als Tension behandelt (entspricht ♯11, ♭13).

♭9 und ♯9 sind nur bei Dominant-Akkorden möglich.

Verminderte Sept-Akkorde haben vier mögliche Tensions: 9, 11, ♭13 und ♭15 (= maj7).

Welche Tensions möglich sind, wird durch die Funktion des jeweiligen Akkords bestimmt.

Tertian Structures (= Terzschichtung, terzgeschichtete Akkorde): Akkorde, die durch das Übereinanderfügen von Terzen entstehen. Vergleiche *Quarten-, Quinten-Harmonik.*

Tetrachord: Eine Vier-Tongruppe einer Skala.

Tetrad (= Tetraden-Akkord): Ein Voicing aus vier Tönen, wobei eine Sekund, eine Terz und wieder eine Sekund übereinandergeschichtet werden.

Thema: Die ganze Melodie einer Komposition.

Time: Der rhythmische Fluss, festgelegt durch eine gewisse Anzahl von Impulsen pro Zeiteinheit. In Time zu spielen bedeutet, melodische oder rhythmische Phrasen in diesem Fluss präzise zu platzieren.

Time feel: Zwei Bedeutungen:

1. Bezeichnet das rhythmische Idiom eines Stücks (Swing, Latin,...).
2. Im Unterschied zum metronomisch präzisen Spiel platzieren gute Musiker die Töne individuell.

Time keeping pattern: Ein (meist rhythmisches) Begleitmuster, welches die Time repräsentiert bzw. aufrecht erhält, z.B. Becken spielt Viertel.

Tonart = *Key*

Trade, Trading Fours, Fours (= „Vierer"): Ein Chorus wird zwischen mehreren Solisten oder einem Solisten und dem Schlagzeuger aufgeteilt. Jeder soliert üblicherweise jeweils vier Takte (Vierer) über die Form.

Transitional Harmony (= Transitionale Harmonik, auch: Übergangs-, Überleitungs-Harmonik): Akkord-Folge innerhalb eines funktionalen Stücks, die auf kein eindeutiges Tonzentrum schließen lässt. Sie entsteht meist durch Verwendung von Sequenz-Dominanten und Substitutions-Dominanten zum Zweck einer Modulation (Transitionale Modulation) oder auch nur, um mit einer vorübergehenden Ausweichung ein bestehendes Tonzentrum zu bereichern.

Transitional Modulation (= Transitionale Modulation): Siehe *Transitional Harmony.*

Transitionale Harmonik, Transitionale Modulation: Siehe *Transitional Harmony.*

Tritone Substitution: Siehe *Substitute Dominant.*

Tritonus-Substitution: Siehe *Substitute Dominant.*

Tune = Stück, Komposition

Trugschluss = *Deceptive Resolution*

Turnaround, Turnback: Meist eine zweitaktige Kadenz mit vier Akkorden, welche am Ende eines Teils oder am Ende eines Chorus steht und damit die Form eines Stücks unterstützt. Der Turnaround führt zurück zum Beginn eines Chorus, weiter zum nächsten Teil oder wiederholt sich selbst. Meistens wird am Schluss einer Form die zweitaktige Tonika durch einen Turnaround ersetzt, um die stagnierende Melodie und Harmonik mit einer aktiven harmonischen Akkord-Folge zu versehen. Der erste Akkord hat üblicherweise Tonika-Funktion, der letzte Dominant-Funktion. Es gibt Stücke, die im Wesentlichen nur aus Turnarounds bestehen: *Rhythm Changes.*

Umkehrung = *Inversion*

Upper Structure Triads: Dreiklänge, die mindestens eine Tension der entsprechenden Akkord-Skala enthalten und über einem Basston oder unterstützenden Akkordklang liegen.

Up Tempo: Schnell

Vamp: Rhythmisches Alternieren meist zweier Akkorde. Oft für *Intro* oder *Extro* verwendet, es gibt allerdings auch ganze Stücke, die darauf basieren: „Vamp-Tunes".

Vers: Ist der Teil eines Stücks, der sich textlich verändert (Stophe). Im Jazz wird der Vers eines Standards meist weggelassen oder als Einleitung zum eigentlichen Thema, dem Chorus verwendet.

Vierer: Siehe *Trade, Trading Fours, Fours.*

Voicing: Die eigentliche Position bzw. Anordnung der Töne eines Akkords. Ein Akkord kann unterschiedliche Voicings haben. Diese gehen meist nicht oder nur teilweise aus den Akkord-Bezeichnungen hervor (Umkehrungen, Slash-Akkorde, Poly-Akkorde) und sind vom Geschmack und Können des Musikers abhängig. Bei Voicings, die innerhalb einer Oktave liegen, spricht man von enger Lage (close voicing), über die Oktave hinausgehend spricht man von weiter Lage (open voicing).

Vorzeichen: Siehe *Accidental.*

Walking Bass: Eine Basslinie, die in Viertelnoten meistens stufenweise fortschreitet.

Zusammengesetzte Intervalle: Siehe *Compound Intervals.*

Zwischendominanten: Siehe *Secondary Dominants.*

Index

Die Autoren

Richard Graf (Österreich)

- Studien: Klassische Gitarre und Instrumentalpädagogik an der Hochschule für Musik und darstellende Kunst in Wien; Diplom mit einstimmiger Auszeichnung, Mag. art.
- Jazz-Theorie und Jazz-Gitarre Studium am Berklee College of Music, Boston, Massachusetts, USA
- Lehrauftrag für „Studio/Jazz Guitar" an der University of Southern California in Los Angeles
- Auszeichnungen und Preise in Österreich und den USA
- Tätigkeit als Musiker, Komponist, Arrangeur und Produzent; Auftragskompositionen; Musik für Werbung und Theater; Mitwirkung bei einigen CD's; Solo-CD „Rich Art"; Konzerte in den USA und Europa
- derzeit freischaffender Musiker, Komponist und Autor

Barrie Nettles (USA)

- Studien: U.S. Navy School of Music, Arlington, Virginia, USA
- Arrangier-/Kompositionsstudien am Berklee School/College of Music bei Herb Pomeroy, Joe Viola, Phil Wilson
- U.S. Army Band of the Pacific, Honolulu, Hawaii
- Musiktherapeut im Bundesstaat von Pennsylvania
- Stellvertretender Vizepräsident bei Frank Music Corp./Music Theatre International, New York City
- Tätigkeit als Musiker, Arrangeur: Steve Lawrence, Danny Thomas, Earl Grant, The Stylistics, Richie Cole, Charlie Mariano, Harvey Mason, Smokey Robinson and the Miracles, The 3 Degrees, Dave Stahl, Woody Herman
- derzeit Professor am Berklee College of Music, Boston, USA; Vorsitzender der „Core Music Studies" und Abteilungsleiter des „Harmony Departments"

Ausführlicher Privatunterricht von Sammy Nestico! Leicht verständlich geschrieben, wendet sich dieses Buch sowohl an den Schüler, der sein erstes Arrangement schreibt, als auch an den fortgeschrittenen/professionellen Arrangeur, mit einer Vielzahl von Themen, erstklassigen Musikbeispielen und Partituren, von denen die meisten auf der dazugehörigen CD zu hören sind.

Bestell-Nr. 11370 (340seitiges Buch mit CD)

DER PROFESSIONELLE ARRANGEUR

Rhythmus, Melodie, Harmonie, Form und Klang als wesentliche Bestandteile einer Jazzimprovisation stehen in Wechselwirkungen zueinander. Die verschiedenen Elemente bilden ein offenes und dynamisches System, welches ein umfassenderes und tiefergreifendes Verständnis für das Phänomen Jazzimprovisation ermöglicht. Unabhängig von stilistischen Vorlieben, werden sowohl im elementaren als auch im fortgeschrittenen Bereich verschiedenste Wege zum Erwerb vielfältiger Erfahrungen ermöglicht.

Bestell-Nr. 14405 (118seitiges Buch)

IMPROVISATION IM JAZZ

DAS JAZZ PIANO BUCH

Mark Levine

»Das Jazz Piano Buch« behandelt fundamentale Techniken und fortgeschrittene Spielweisen der Zeitspanne von Bud Powell bis zur Gegenwart. Musiktheoretische Fragen werden immer anhand von Transkriptionen und Stücken erläutert, die von Jazzmusikern häufig gespielt werden. Die Auswahl reicht von Standards wie »Just Friends« bis zu Wayne Shorters ungewöhnlicher und wunderschöner Ballade »Infant Eyes«.

Bestell-Nr. 09022 (272seitiges Buch)